权威·前沿·原创

皮书系列为
"十二五""十三五"国家重点图书出版规划项目

B

BLUE BOOK

智库成果出版与传播平台

京津冀蓝皮书

BLUE BOOK OF
BEIJING-TIANJIN-HEBEI

京津冀经济社会发展报告
（2019）

ANNUAL REPORT ON ECONOMIC AND SOCIAL DEVELOPMENT
IN BEIJING-TIANJIN-HEBEI(2019)

雄安新区：建设国际一流的创新型城市

张 贵 等/著

社会科学文献出版社
SOCIAL SCIENCES ACADEMIC PRESS (CHINA)

图书在版编目（CIP）数据

京津冀经济社会发展报告.2019：雄安新区：建设
国际一流的创新型城市/张贵等著. 北京：社会科
学文献出版社，2020.7
　（京津冀蓝皮书）
　ISBN 978 7 5201 7097 0

Ⅰ.①京…　Ⅱ.①张…　Ⅲ.①区域经济发展 研究
雄安新区 ②社会发展 研究 雄安新区　Ⅳ.①F127.2

中国版本图书馆 CIP 数据核字（2020）第 146431 号

京津冀蓝皮书

京津冀经济社会发展报告（2019）

——雄安新区：建设国际一流的创新型城市

著　　者 / 张　贵　等

出 版 人 / 谢寿光
组稿编辑 / 恽　薇
责任编辑 / 颜林柯

出　　版 / 社会科学文献出版社 · 经济与管理分社（010）59367226
　　　　　　地址：北京市北三环中路甲 29 号院华龙大厦　邮编：100029
　　　　　　网址：www.ssap.com.cn
发　　行 / 市场营销中心（010）59367081　59367083
印　　装 / 三河市东方印刷有限公司

规　　格 / 开　本：787mm × 1092mm　1/16
　　　　　　印　张：20　字　数：298 千字
版　　次 / 2020 年 7 月第 1 版　2020 年 7 月第 1 次印刷
书　　号 / ISBN 978 7 5201 7097 0
定　　价 / 168.00 元

本书如有印装质量问题，请与读者服务中心（010 59367028）联系

《京津冀经济社会发展报告》 编委会

主要编撰者简介

张　贵　南开大学经济与社会发展研究院教授、博士研究生导师，河北工业大学京津冀发展研究中心原执行主任，河北省社科联原挂职副主席，英国和澳大利亚的访问学者。河北省推进京津冀协同发展专家咨询委员会专家委员、河北省雄安新区专家咨询委员会专家委员、全国经济地理学会常务理事兼任京津冀协同发展专业委员会主任、中国工业经济学会理事兼任工业发展专业委员会副主任、中国区域科学协会常务理事、天津市经济学会副会长兼秘书长、北京城市管理学会副会长、河北省宏观经济研究学会副会长、天津市科技发展战略咨询专家（天津市科学技术局）、河北省政协咨询委员会委员、南开大学特约研究员、河北中青年社科专家五十人工程人选、河北省百名优秀创新人才支持计划人选等。研究方向：京津冀区域经济、创新生态、战略性新兴产业。在《经济研究》《中国工业经济》等刊物发表重要学术论文70余篇，先后出版了《创新生态系统：理论与实践》（2018）、《创新驱动与高新技术产业发展——产业链视角》（2014）、《高新技术产业成长——不确定性分析框架》（2007）等10多部有关创新的学术著作；目前主持国家重大社科基金招标项目《雄安新区创新生态系统构建机制与路径研究》，完成了国家社会科学基金重点项目1项和一般项目2项；参与国家和教育部重大招标项目3项，主持完成省部级以上项目30多项；获得天津市社科优秀成果一等奖1项、中国高校人文社会科学研究优秀成果二等奖三等奖各1项。近年来，多次参加中央政治局委员、天津市和河北省领导的专题咨询汇报。30多份咨询报告得到中央政治局委员、国务院副总理、河北省和天津市领导的高度重视，获得50多人肯定性批示，为各级领导的决策提供了有益参考和依据。

马树强 河北工业大学京津冀发展研究中心教授、博士生导师，河北省有突出贡献中青年专家、省管优秀专家。曾获全国普通高校优秀思想政治工作者称号，享受省级劳动模范待遇。研究领域和方向：区域经济学、京津冀地区经济。近年来，主持完成了多项省部级以及委办局科研课题，在《光明日报》、《经济日报》、《中国高等教育》、《中国监察》、《学术研究》、《理论前沿》等报刊发表论文；主持高等教育教学研究项目 2 项，获国家优秀教学成果二等奖，河北省一等奖、三等奖；主持调研课题获河北省决策科学研究优秀成果一等奖；主编《托起彩虹的年轻人》一书，原国务院副总理李岚清亲笔题写书名，被评为河北省社会主义精神文明优秀教材一等奖。

武义青 河北经贸大学副校长、研究员、中国人民大学博士生导师，全国经济复杂性跨学科研究会副理事长，河北经贸大学京津冀协同发展联合创新中心副主任，中共河北省委、省政府决策咨询委员会委员，河北省政府参事，河北省政协常委。研究方向涉及区域经济、产业经济、数量经济等学科领域。主持完成国家和省部级课题多项，发表学术论文百余篇，出版学术著作多部，获省部级奖励多项。曾获全国优秀科技工作者、河北省青年科技奖等称号。

王雅洁 河北工业大学经济管理学院副教授、硕士生导师，河北省投入产出协会常务理事。研究方向：产业与区域经济发展战略、人力资本管理与组织绩效。主持国家社会科学基金项目一项，参与国家社科基金重大项目一项，主持省部级课题四项；发表学术论文 20 余篇；获得河北省社会科学优秀成果二等奖三项。

李　峰 河北工业大学经济管理学院副教授、硕士生导师，中国工业经济学会理事、南开大学滨海开发研究院特邀研究员。研究方向：区域经济与产业创新。参与国家重大项目和教育部重大攻关项目三项，主持完成省部级项目六项。在《光明日报》《河北日报》《经济学家》《天津社会科学》《当代经济管理》等报纸、期刊上发表学术论文 20 余篇，部分论文被《中国社会科学文摘》、人大复印资料《工业经济》转载。

张　超　河北工业大学经济管理学院副教授、硕士生导师，研究方向为城市与区域经济。主持国家自然科学基金项目一项；参与国家社科基金重大项目、国家自然科学基金重大项目两项，河北省自然科学基金项目一项，河北省社会科学基金一项。在《科研管理》《科学学研究》《财经科学》《城市发展研究》等期刊上发表学术论文 20 余篇。

摘　要

党的十九大报告明确提出："以疏解北京非首都功能为'牛鼻子'推动京津冀协同发展，高起点规划、高标准建设雄安新区。"《河北雄安新区规划纲要》和《河北雄安新区总体规划（2018—2035 年）》强调了设立雄安新区的重大意义和其作为推进京津冀协同发展突破口的重要地位。雄安将被建设成国际一流创新城市，那么，雄安创新发展战略的创新元素、创新维度有哪些？怎么能提炼出"雄安样板"，以应对其宏大的战略定位？本报告结合京津冀协同发展的现实情况，从创新生态系统、产业体系、人才资源、科技金融等方面展开研究，试图为雄安建设国际一流的创新城市提供新思路与新方案。本报告由总报告、分报告和专题报告三部分组成，共 10 篇研究报告。

总报告提出雄安新区发展的根本动力是创新驱动，而模式是构建富有"雄安特色"的创新生态系统。通过对雄安新区创新生态系统的理论基础、运行机制和治理机制进行分析，结合京津冀区域和雄安新区创新生态系统构建现状以及国内外区域创新生态系统典型案例，总报告提出创新生态系统2.0 框架。由于雄安新区成立时间较短，系统构建尚不完善，为了对雄安新区创新生态系统构建的"过程导向"形成动态、有效的评估机制，总报告选择国内 36 个创新型城市进行"创新生态系统综合评价"对比分析，设立三大一级指标——成长性、活跃性和适宜性，对应编制集"发展指数""活力指数""适宜指数"于一体的创新生态指数评价体系，对雄安新区创新生态系统构建及成长进行综合评价，并建立结果反馈与运行机制和协调机制，更好地促进雄安新区创新生态系统孕育生成，并为创新生态系统成长指明方向。

分报告结合京津冀协同发展实际，从产业、人才、金融等方面论述雄安建设的具体路径和建议。主要观点有：雄安在初建期产业生态系统的塑造上，既需要关注新区整体产业布局与京津冀产业体系的融合，也应特别重视高端高新产业和传统产业群落发展关系的协调；京津冀三地之间的协同创新体系发展很不平衡，主要呈现北京持续领先、天津与河北大幅落后的态势，建议从科技协同创新、主体协同创新、绿色协同创新、产业协同创新方面建设雄安新区；雄安新区人才资源重构过程中，划分出核心层主体、辅助层主体和边缘层主体，不同层次主体的作用强度存在较大差异，须在多元主体的共同推动下，提高人才配置效率；科技金融对创新型城市的发展有显著的正向促进作用，政府创新投入或政策支持以及培养人才或者人才引进对创新型城市的发展起到更加直接的作用；雄安新区需要京津冀乃至全国的知识资本、创新资源与高新技术产业向雄安新区转移，完善区域创新生态系统。

专题报告结合国内外经验，对雄安新区如何建设成为国际一流城市提出对策建议。主要观点有：政府支持和金融服务对我国新区产业创新效率具有显著正向影响；传统制造业转型升级进程中，应借助政府力量并高度重视高端服务业的发展，高端高新产业抢占价值链高端环节过程中，应选择先低后高的投资策略，提高自身实力以实现对外投资利益最大化；从国内外经验来看，资金投入、人才投入、科技成果转化是雄安建设创新型国际一流城市的主要素；借鉴深圳特区创新驱动的经验，雄安新区应当构建雄安新区创新生态系统，集聚优质创新要素，打造一流的创新服务体系。

关键词： 雄安新区　创新　国际一流城市

目　录

Ⅰ　总报告

Ⅱ　分报告

Ⅲ　专题报告

皮书数据库阅读**使用指南**

总 报 告

General Report

B.1

区域创新生态：雄安新区创新驱动发展新思考

吕晓静　刘霁晴　张 贵*

摘　要： "建设国际一流的创新型城市"是雄安新区的战略目标，也是新时期雄安新区探索创新发展模式的历史使命。本报告提出，雄安新区发展的根本动力是创新驱动，而模式是构建富有"雄安特色"的创新生态系统。通过对雄安新区创新生态系统的理论基础、运行机制和治理机制进行分析，结合京津冀区域和雄安新区创新生态系统构建现状以及国内外区域创新生态系统典型案例，本报告提出创新生态系统2.0框架。

* 吕晓静，河北工业大学经济管理学院博士研究生；刘霁晴，河北工业大学经济管理学院博士研究生；张贵，南开大学经济与社会发展研究院教授、博士研究生导师，河北工业大学京津冀发展研究中心原执行主任，河北省社科联原挂职副主席，研究方向为京津冀区域经济、创新生态、战略性新兴产业。

由于雄安新区成立时间较短，系统构建尚不完善，为了对雄安新区创新生态系统构建的"过程导向"形成有效的动态评估机制，本报告选择国内 36 个创新型城市进行"创新生态系统综合评价"对比分析，设立三大一级指标——成长性、活跃性和适宜性，对应编制集"发展指数""活力指数""适宜指数"为一体的创新生态指数评价体系，对雄安新区创新生态系统构建及成长进行综合评价，并建立结果反馈与运行机制和协调机制，更好地促进雄安新区创新生态系统孕育生成，并为创新生态系统成长指明方向。

关键词： 雄安新区　创新生态系统　创新指数

党的十九大报告明确提出："以疏解北京非首都功能为'牛鼻子'推动京津冀协同发展，高起点规划、高标准建设雄安新区。"《河北雄安新区规划纲要》和《河北雄安新区总体规划（2018—2035 年)》强调了设立雄安新区的重大意义和其作为推进京津冀协同发展的突破口的重要地位。然而，当前雄安新区乃至京津冀及全国经济发展动力不足，体制机制约束长期存在，那么构建"雄安创新模板"的愿景是什么、步骤有哪些？与全国、全球其他地区特别是美国硅谷相比，雄安新区创新生态系统的独特性在哪里？构建机制和路径中独特的创新元素、创新维度又是什么？怎么能提炼出"雄安样板"，以应对其宏大的战略定位？为此，本报告拟结合京津冀协同发展的现实情况，对雄安新区创新生态系统构建的机制与路径展开研究，试图为创新生态系统形成提供新思路与新方案，针对怎样解决现有制度供给不充分、区际合作不充分、改革开放不充分、公共服务不充分的现象，怎样高起点、高标准、高水平、高要求地承接符合新区定位的功能，怎样吸纳和集聚创新要素资源的若干问题，通过合理、充分地发挥政府职能作用，推进体制机制改革，提出健全雄安新区科技创新体系的具体方案。

一 区域创新生态系统：雄安新区创新驱动发展的路径选择

（一）创新驱动：雄安新区前途和命运的重要抉择

作为未来影响国家和世界科技和经济发展的创新高地，雄安新区面临重大的历史机遇。创新驱动是雄安新区发展的根本动力，但是雄安新区目前面临着四大挑战。

一是地理区位方面，雄安新区不是典型的开放型地区。不沿海便难发展外向型港口经济，不沿江就难发展贯穿上中下游的链条经济，不沿边便难发展跨国性口岸经济。雄安新区不具备上海浦东和深圳等国家政策性扶持和发展壮大区域的特性。深圳是中国、亚洲乃至世界最大的陆路口岸，其门户区位不可动摇；上海是国家经济中心，浦东位于上海东部地带，是我国海岸的中点与长江入海口的交汇区，交通区位不可撼动。雄安新区既不是国家经济中心也不是对外开放的门户，作为国家战略性的节点和重点建设的创新地区，实现雄安新区与京津冀地区重要城市的联通衔接是增强雄安新区吸引力的首要任务。

二是产业基础方面，雄安新区需依靠承接北京非首都功能疏解。深圳特区的建设始于20世纪七八十年代，以劳动密集型加工产业为主奠定了区域工业化的初步基础，紧抓改革开放重大历史机遇，用"深圳速度"和"深圳胸怀"吸引世界范围内的技术和创新人才，从最初解决科技成果产业化问题到建立深圳创新生态系统，利用先发优势建立了科技与产业相结合的市场机制，建立了深圳高新技术产业竞争优势。浦东新区的提出是在20世纪90年代，背靠上海产业基础，走的是资本密集与技术密集相结合的发展模式。通过强化交通区位优势，着重建设城市基础设施和重点把握部分地区先发展的理念，坚持先试先行、规划先行和创新引领，逐步实现国家金融和科技中心的建设目标。雄安新区成立在以"互联网＋"为基础的网络时代，现代科技发展日新月异，知识和技术密集型的创新型技术产业已经逐步取代劳动和资本密集型产业，成为国家和社会财富累积的支柱。在科学技术和创新产业不断升级的背景下，雄安新区不能选择资源型与加工型发展模式。

三是发展方式方面，雄安新区肩负着探索国家经济发展新模式的使命。创新模式的形成是长期复杂的过程，在演化过程中可以逐渐归纳出独特的创新组织变革、技术进步与创新方式、政府与市场关系、创新环境等方面的特征。雄安新区作为一张"白纸"，其现实发展基础与国际标准、中国特色和高度定位之间存在鸿沟。在建设初期探索如何将国家和地方政策红利和举国建设体制转化为雄安创新发展的先发优势，实现科技资源与创新要素的集聚，带动地方科技创新发展，承担国家战略性重大科技创新任务，逐步形成京津冀引领、中国特色和世界一极的科技创新地位，总结出"雄安模式"、"雄安速度"和"雄安高度"是一项艰难而重大的任务。

四是世界趋势方面，在全球产能过剩的背景下，雄安新区不能走给钱、给政策的发展老路。随着全球经济一体化程度的提高，经济危机的影响力和波及效应愈发强烈，世界性产能过剩和经济持续低迷依旧是当前经济发展的难点。并且，第四次科技革命的到来给产业和技术的发展带来新要求，全新的绿色工业革命要求，在实现资源生产利用率提升的同时，经济增长与不可再生能源实现全面脱钩。因此雄安新区的建设发展要探索寻求经济复兴的新路径，区域发展必须依靠新思路，内涵式发展和创新驱动发展是应对全球科技竞争新挑战、适应开放式创新的新要求。

（二）创新生态系统：雄安新区创新驱动发展的新路径

创新的持续推进和创新元素的不断涌现，必须依托一个优良的"创新生态"。当前，我国发展模式由创新系统范式向创新生态系统范式逐渐过渡，构建多元创新主体、多维创新视角、多面创新发展的雄安新区创新生态系统是完成历史使命的最佳模式。作为综合性、开放式创新生态系统的"平台核心型地区"，雄安新区要坚持创新人才集中、创新资源集约和创新产业集聚的发展路线。总体来说，构建创新生态系统，实现雄安创新新高地的发展目标，主要包括三个方面。

从创新生态系统的视角，深刻把握雄安新区"白纸一张"的特点。雄安新区是目前国家规划最好的创新"试验田"，北京输入性创新基因与原生创新、绿色发展和产业生态结合，有利于促进雄安新区为全国创新发展提供经验和示范。雄安新区是未来中国城市的创新标杆，具有重大战略示范意义。

从创新生态系统的视角，深刻把握打造雄安新区创新发展新引擎的重要意义。从京津冀层面讲，有利于促进雄安新区成为新的区域增长极和世界级城市群的重要一极；从雄安新区层面讲，有利于促进新区成为区域协同发展的关键节点。

从创新生态系统的视角，深刻把握雄安新区肩负的多重历史使命。为以中央政府高能级行政力量为起点、以充分发挥市场配置资源的决定性作用为核心、以调动社会大众参与积极性为支点的，全新体制机制与治理模式建设提供了可能性。

雄安新区要充分释放区域间"人才、资本、信息、技术"等创新要素的活力，打造创新驱动经济增长新引擎。雄安新区的目标是建设全国创新驱动发展新引擎和具有国际影响力的创新、创业策源地。

二 雄安新区创新生态系统的理论基础和机制分析

（一）理论基础

本报告拟从复杂系统理论、创新地理学理论、生态学理论着手，深入探讨雄安新区创新生态系统的构建、运行、发展，为京津冀区域协同发展和雄安新区新增长极建设提供新思路。

1. 复杂系统理论

复杂系统理论主要基于非线性理论观察和分析事物，克服统一规律观察中的两元简单结构，将世界上的所有事物都归结为一个系统并且将其包含在一个更大的系统中。每个子系统相对于母系统都具有一定的层次结构，所占据的节点位置和自我属性的不同使每个子系统都成为不可替代的组成部分，所有子系统与其相对位置的关系构成了复杂网络结构。本报告结合复杂系统理论提出，雄安新区的发展首先应基于京津冀城市群复杂网络关系中的节点位置，强化交通枢纽地位，建立高效便捷的交通联络网络，以实现京津冀交通一体化，支持区域一体化协调发展，有效疏解北京非首都功能转移；同时，发达的交通网络结构是创新要素集聚的前提和基础，是建设可持续创新支撑的原动力。

2. 创新地理学理论

创新地理学理论主要将社会科学"空间化"，是研究人类创新活动与地理环境关系的理论科学。本报告基于此理论提出，雄安新区创新型城市建设要从创新要素空间分布、创新空间与物质空间融合、畅通城市知识通道和城市内部空间创新联系四个方面展开探讨。雄安新区建设创新型城市的核心是使其成为京津冀协同创新的重要平台和京津冀世界级城市群的创新策源地，在空间尺度上使雄安新区与京津冀区域创新发展建立联系是协同发展的必要过程。

3. 生态学理论

生态学理论认为，自然生态系统是一定时空内物种集聚所构成的各种生物群落在特定环境下与生态环境相互适应、相互作用并且不断进行物质、能量和信息交换的统一体。本报告基于生态系统的特性认为，在一定的地域范围内，科技产业集群与创新环境之间同样存在创新能力与外在创新条件之间的相互协调互动的联系；雄安新区创新生态系统的构建要进行时间维度生态系统发展阶段、空间维度系统要素匹配能力和生态系统本身活力程度等多维度思考，并基于理论和实证分析结果从创新条件改善、创新环境优化、创新方式调整等方面提出针对性政策建议。

（二）机制分析

1. 雄安新区创新生态系统的形成

创新生态系统的形成必须具备三个基本条件：一是由创新主体构成的创新链条和由创新链条构成的创新群落，每个创新主体的作用以及每条创新链条的作用是不同的，所以不同组成部分之间构成结构和比例的差异形成了不同的协调系统；二是创新链条、创新群落和创新主体之间，人才、技术要素和知识能量、成果价值可以实现交换；三是创新链条、创新群落和创新主体在各种机制协调作用下与外部环境相互融合、相互作用、相互平衡，形成具有生态属性的"官产学研用"多维融合的开放系统。

拟仿自然生态系统，将雄安新区创新生态系统的构成成分大致分为生物群落和环境群落两大部分，其中生物群落主要包含研究种群、开发种群和应用种群，同时在整个生物群落中还包含由科技园和工程技术研究院构成的"孵化器"。环境群落类似于自然生态系统中的空气、水分、土壤等生命生存的基础，在创新生态系统中，创新政策扶持体系和创业文化传承氛围以及资金、知识、技术等创新要素的自由配置和流动都是区域创新发展不可缺失的重要因素。

2. 雄安新区创新生态系统自组织机制

创新生态系统与自然生态系统类似，也是在一定的自组织机制中形成的。创新生态系统的自组织过程是系统内部创新主体通过相互作用产生有序运行结构并实现功能优化的动态过程。在自组织机制下，系统的要素特征优胜劣汰，竞争力、适应力强的创新主体占据更宽生态位，在系统发展中更加强大，不能适应变化的主体被更宽生态位主体吞噬淘汰。同时，创新系统内部以及区域创新系统之间的协同活动也是基于自组织机制而形成的。

自组织机制下的创新生态系统具有一定的系统自组织特性，主要包含创新生态系统开放性、非平衡性、突变性和非线性特征。主要表现为系统形成过程中需要开放吸取异质性知识技术能量，远离平衡态系统；创新要素变化超过一定的阈值会驱使系统平衡，要素结构由无序向有序转变，从而发生系统突变、释放创新能量，这一现象被称为耗散结构现象。

3. 雄安新区创新生态系统演进机制

创新生态系统是动态的、演化的、发展的系统。整个系统在各种系统作用力下从形成、发展走向成熟或衰落，由于生态系统中创新主体具有自组织的能动性特征，因此在系统运转中通常会克服反向影响力，趋向正向作用力，从而经历系统的孕育、成长、成熟、衰退或螺旋质变四个阶段。

系统孕育期主要是创新生态系统发展初期，雄安新区现阶段即创新生态系统孕育期。体现为创新要素和创新主体的空间集聚过程，创新组织间联络网络尚未形成，创新群落分散，生态优势尚未显现。本阶段，虽然有企业在雄安成立总部或科研分院，但是创新存量依然较低并且创新人才未发生实质性转移，系统内部作用力微弱，创新外部响应度低。

系统成长期主要是创新生态系统快速发展期，根据《河北雄安新区规划纲要》，预计 2022 年城市雏形基本形成，基础设施基本建成，由此步入生态系统快速发展期。国家级创新主体基本捕获，高端创新人才和物质资源基本集聚，优质创新项目基本落地，创新生态子系统间合作外溢力加强，科技企业孵化器、风险投资公司、众创空间等新型创新主体不断涌现，子系统间协作深度强化。但在此阶段可能会产生合作沉没成本，出现创新主体网络不规范现象，因此需要良好的创新系统治理机制以规范系统内部要素行为。

系统成熟期主要是创新生态系统技术创新和成果转化由量变速度转为质变速度的阶段，《河北雄安新区规划纲要》指出，预计 2035 年基本建成绿色、开放、智能、宜居的人与自然和谐发展的高水平现代化城市，彼时创新生态系统将步入成熟稳定阶段。系统内创新组织间知识、技术和产业联络网络将通过前期适应形成稳定且紧密的结构。研究群落、开发群落、应用群落、孵化群落和环境群落之间基于公共利益和共同认知将建立信任关系，产生认可度较强的网络治理机制。随着雄安创新生态系统的成熟壮大，占据稳定生态位的创新主体的合作正向力得到强化，主体间"竞合"共生关系走向动态平衡。

系统衰退或螺旋质变期指创新生态系统成长速度减慢阶段，知识、技术、环境等要素能否实现突破、产生势能、实现质变提升决定了系统是走向衰退还是步入新层次发展。雄安新区预计 21 世纪中叶成为京津冀世界级城市群的重要一极，为实现经济高质量发展提供样本。系统可能在此阶段后打破平衡走向衰落，也可能在外部作用力和内部作用力的双向推动下创造出新的技术和知识能量，推动雄安创新生态系统螺旋上升至更高水平的发展循环。

4. 雄安新区创新生态系统营养供给机制

创新生态系统是类自然生态系统，由"生物"和"非生物"两部分构成。生物因子主要指创新主体，包含用户创新者、社会创新者、协作创新者、研发创新者和创新消费者等创新利益相关者；非生物因子主要包含创新条件因子和创新环境及政策体系因子。在创新实现过程中，非生物因子如创新激励制度、创新财政补贴、创新外部支持等政策和服务体系为生物因子的形成和发展提供支持和"营养"。雄安新区构建开放型创新生态体系是提升创新能力的重要手段，也是获取阶段性竞争优势的重要渠道，创新环境、创新文化和创新政策体系等综合力量对整个产业集群的创新积极性产生补给作用，是区域创新生态系统中不可或缺的要素。

生态要素营养供给方式的异质性决定了生态因子具有不同的"营养供给"功能。一是创新生态系统中生态因子具有关联性。雄安新区各子系统因子不是独立存在的，而是相互影响、相互联系的。创新企业群落的快速聚集引起其他主体因子的变化，新中介在此过程中应运而生，创新技术联盟、科技创新协会等形式的科技企业孵化器结构随之调整升级，同时教育和研究部门、社会公共部门等子系统也会产生相应变化，众多创新因子在合力作用下对雄安新区整体创新产生综合作用。二是创新生态因子是非均衡的。雄安新区创新发展中发挥主要和决定性作用的因子被称为"主导因子"，其在目前阶段表现为政府力量因子，如创新成果流动、知识产权保护、公共服务支撑等政府政策，并且会引起其他非主导创新因子的变化。三是创新生态因子是不可或缺的。即使现阶段雄安新区市场主导因子力量较弱，但是随着系统生命周期的演进，创新生态因子的力量会发生变化，因此每个创新因子的作用都是独特且不可替代的。

5. 雄安新区创新生态系统驱动机制

创新生态系统的形成和发展需要创新主体与创新环境的互动、融合和适应，这一过程也被称作"驱动与反驱动过程"。政府主导过程中，雄安新区创新资源要素在驱动机制作用下实现有效配置，推动雄安创新生态系统螺旋升级。根据驱动力量的方向和强弱，可将驱动机制划分为推拉机制、传导机制和协同机制。

推拉机制主要表现为雄安新区创新生态因子之间的方向运动。当创新营商环境改善升级优于创新主体要素集聚水平时，良好的创新环境会吸引更大空间范围内的创新企业、高等院校、研究机构和金融服务等创新机构，此时创新环境因子对创新主体因子产生"推"力；在创新主体子系统平稳运行中，当营商环境急剧恶劣时，创新环境因子会对创新主体因子产生"拉"力，阻碍创新主体能级提升和创新要素集聚，部分创新主体甚至会转移出去；当创新环境和创新主体两因子同步运行提升时，雄安新区创新生态系统处于匀速发展状态。

传导机制指雄安新区开发种群、研究种群、应用种群、环境种群和孵化器等因子通过作用于其他因子产生系统合力的过程，即"1＋1＋1＋1＋1≥5"的过程。这种合力的产生不是各项驱动因子作用的简单相加，而是创新因子在相互传导作用中量变、质变和突变的交互过程。在雄安新区创新生态系统运行中，为减少创新因子传导损失，需要政府制定有效的系统运转规则，以保障各子系统因子在合理轨道上平稳持续运行。

协同机制主要表现为雄安新区创新生态各子系统相互作用、相互适应的过程。创新主体因子之间及其与创新环境的互动不是简单的线性行为，而是网络化复杂行为。当因子之间的创新联系通过驱动作用形成协调关系时，生态系统才会形成有效发展局面。雄安新区在吸引和集聚高新技术企业和高水平院校及研究院的过程中，不仅要重视创新硬环境的提升，同时还要重视给予软环境创新支持，政府通过调整优化营商环境以及创新优惠政策，实现区域创新竞争优势的转型发展。

三　雄安新区创新生态系统发展现状
　与国内外典型案例

（一）发展现状

雄安新区设立于2017年，两年以来，雄安新区已由顶层设计阶段发展到实质性建设阶段，各项规划建设工作正在高起点、高标准向前推进，为打造"雄安质量"奠定了坚实基础。雄安新区肩负着探索创新转型发展新路径的历史使命，创新是其发展的灵魂。目前，雄安新区正在政府政策创新、公共服务优化、高端高新产业部署、高校及科研院所转移、科技金融合作平台完善等创新主体入驻、培育方面为构建创新生态系统做着日益完善的铺垫。

政府政策创新为雄安新区提供了创新的制度保障。一是在行政体制改革方面，对行政管理人员采用聘任制，赋予了政府行政活力；全面实行负面清单制度，活跃了社会创新氛围。二是在人才制度改革方面，《河北雄安新区规划纲要》提出，要创新人才人口管理，积极探索人事、薪酬、住房、税收、养老等政策，实行个人所得税改革，建立人才特区，实施积分落户等政策，吸纳技术型和创新型人才，为构建雄安创新生态系统注入灵魂。

公共服务优化营造了雄安新区的创新软环境。雄安新区陆续承接了来自北京的优质教育和医疗资源，北京市与河北省共同签署的《关于共同推进河北雄安新区规划建设战略合作协议》明确提出，北京负责投资建成高水平的幼儿园、小学、中学、医院共四所，分别由北京市北海幼儿园、史家胡同小学、北京四中、宣武医院提供支持，以"交钥匙"的形式移交雄安新区，并交由北京一流管理集团管理，提高运营管理水平。另外，雄安新区正在快速融入京津冀立体交通网络，京雄铁路与北京大兴国际机场将同步建成投运，届时雄安将被纳入北京的半小时可达圈。优质的公共服务是吸引国内外创新型高端人才的重要因素。

高端高新产业部署培育了雄安新区创新发展的内生动力。《中共中央国务院关于支持河北雄安新区全面深化改革和扩大开放的指导意见》指出，雄安新区要严格执行产业准入标准，提升传统产业，淘汰落后产能，重点引进发展创新性、高成长性科技企业。包括阿里巴巴、腾讯、百度、眼神科技在内的100多家高端高新企业已在雄安新区挂牌，并陆续入驻办公，为打造高质量发展全国样板持续发力。雄安高科技企业创新联盟筹备大会由华为、阿里巴巴、360企业安全集团等52家单位共同发起，旨在发挥协调优势，成为政企的桥梁纽带，为企业提供多样化服务。高端高新产业集群的形成将提升雄安新区创新生态系统主体的高度和浓度，引领雄安创造"雄安质量"。

高校及科研院所转移提升了雄安新区的原始创新能力。《河北雄安新区规划纲要》指出，雄安将重点承接著名高校的分校、分院、研究生院等，培育特色学科和高精尖研究中心，建设世界一流的雄安大学，形成高水平、开放式、国际化的高等教育聚集高地。在河北省省长许勤会见诺贝尔奖获得者、科学联盟主席理查德·罗伯茨（Richard J. Roberts）爵士时，双方表示愿意探讨在雄安新区设立诺贝尔奖获得者科学创新论坛和国际应用科学大奖、建立诺贝尔奖得主中国实验室、建设诺贝尔奖得主科学小镇等。目前，北京大学、清华大学、浙江大学、天津大学等国内知名学府以设立分校或研究机构的形式，发挥学科特长主动支持雄安新区建设。高校和科研院所的集聚为雄安新区创新生态系统提供了创新原动力。

科技金融合作平台完善支撑了雄安新区的创新成果转化。《中共中央国务院关于支持河北雄安新区全面深化改革和扩大开放的指导意见》明确提出，要深化改革，探索知识产权证券化，创新投融资机制，筹建雄安股权交易所，设立雄安银行，成立资本市场学院等。目前，中国工商银行、中国农业银行、中国银行、中国建设银行等大型银行已设立河北雄安分行，安信证券、长江证券、财达证券等设立了雄安分公司，中国人民养老保险已在雄安新区注册，中国人寿、阳光保险、中华保险、中国太平等保险机构已经成立了雄安工作小组。金融机构总部、区域总部或分支机构落户雄安新区，将为雄安新区的科技研发和成果转化提供有力支撑。

（二）国外典型案例

本报告通过研究分析国外典型区域创新生态系统，寻找它们共同的成功要义，对比本质上的特征差异，思考如何将这些成功经验"复制"到雄安新区创新生态系统的构建过程之中。

1. 美国硅谷

硅谷位于美国加利福尼亚州北部、旧金山湾区南部的圣塔克拉拉谷，靠近旧金山市和奥克兰港口，有着宜人的气候。这里居住着来自不同国家、有着不同文化背景的人，各种文化碰撞融合、共同生长，激荡着想象力和创造力。宜居的自然环境和自由宽松的人文氛围孕育了高科技企业层出不穷的硅谷创新生态的初始环境。

创新文化引领创新生态系统的演化与发展。在硅谷生态圈的发源与成长中，大学发挥着不可磨灭的作用。著名的斯坦福大学就是硅谷创新生态系统重要的发源地，惠普公司就是由其副校长特曼教授支持休利特和帕卡德两名博士研究生于 1938 年创办的，这开创了斯坦福师生和校友共同创业的风气，并一直影响至今。另外，硅谷的成功与硅谷人"活着为了工作"（live to work）的人生理念和精神是分不开的，他们不追求高薪资带来的高水平生活，而是以创业和创新为乐趣。

创业生态系统与创新生态系统相辅相成。硅谷的创新常见于新生的科技型小企业，这得益于它给创业者提供的容错氛围以及宽松的法律环境，这些都极大提高了人们创业的积极性。新生创业公司的产品或技术本身就是创新。

完善的科技服务机构是创新生态系统创新涌现的关键。硅谷集聚了多家国际一流的会计师事务所、律师事务所、风投公司、猎头公司、咨询公司和研究机构等为科技型企业提供技术和服务支持的机构，使企业能快速搜寻到目标资源，节约了研发生产以外的由非专业带来的额外成本。

政府的政策支持弥补了创新生态系统中市场失灵导致的弊端。资金方面，联邦政府投入了大量研发经费用于周期长、回报慢的基础研究，在国防、航空航天、通信、材料等领域成果斐然，为创新提供了原始动力；还增加了教育投入，培养了大批高素质创新型人才，使创新可持续地进行下去；政府采购和对创新型企业的低息贷款也是硅谷迅速发展的至关重要的因素。法律方面，联邦政府十分重视知识产权保护，有严格的专利制度，激发科技工作者的创新动力；适当放宽对垄断的限制，使企业能充分享受创新成果带来的红利，这既起到了激励作用，又有助于企业迅速成长。

2. 印度班加罗尔

班加罗尔位于印度南部，是世界著名的软件外包生产地。班加罗尔的兴起相比硅谷而言，政府的主导作用更加明显。印度政府将印度太空研究机构、武器和航天实验室、国家软件中心等科研机构设在印度科学院所在地——班加罗尔，使其成为印度的电子工业中心。21世纪以来，诸多信息技术企业纷纷落户班加罗尔，大量创新型企业发展壮大。如今，班加罗尔在世界信息产业科技中心中位列前五，是亚洲最大的计算机软件生产基地。

班加罗尔的创新生态系统具有"官产学"紧密结合的特点，IT产业位于系统的核心位置，是直接推动创新成果密集涌现的创新主体。围绕IT产业，政府在基础设施、战略制定、法律保障、政策扶持等方面营造了利于产业发展的基础环境，高校集群则为IT产业发展提供了研究成果，输送了大量人才。

政府的政策支持为创新生态系统发展创设了良好环境。在税收、产业扶持、人才、风险投资等方面，印度政府制定了相应的鼓励政策和优惠待遇。在税收政策方面，对软件出口商、软件服务企业实行部分免税政策，对IT产业征收最低额度的税收；在产业扶持方面，对印度公民购买计算机或软件的那部分收入减免个人所得税，政府投入2%~3%预算用作IT产业发展专项资金；在人才政策方面，开展不同层次的人才培养课程，扶持高等院校加强对IT高端人才的培养，在中学、专科院校等开展对基础性IT人才的培养，还鼓励IT企业筹办培训机构等；在风险投资政策方面，鼓励国际风险投资与直接投资，设立国家层面的IT产业风险投资基金，鼓励IT企业上市融资，对风投收益实行免税政策等。

充足的人才储备为创新生态系统注入了发展动力。班加罗尔是印度的文化中心，集聚了众多诸如印度科学院、国家动力研究所、国家软件中心、印度科学研究所、印度理工大学、班加罗尔大学、印度信息技术学院等国家级科研院所和著名高等院校，它们既为其提供了研究成果，又输送了专业人才。此外，印度鼓励民间兴办培训机构，以就业为导向培养IT服务业人才，最知名的就是印度国家信息学院。同时，印度的软件公司大多有专门的培训部门，借助与海外企业的商业合作，培养和储备了大量具有国际化视野的计算机人才，同时吸纳了很多海外人才。班加罗尔的创新生态系统如图1所示。

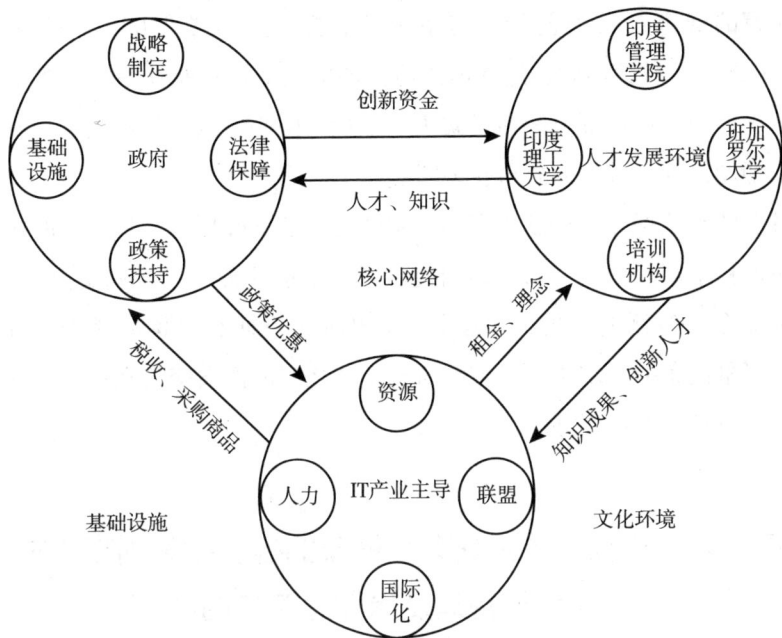

图1　班加罗尔的创新生态系统

3. 日本筑波科学城

日本筑波科学城建于1968年，距离东京约60千米，距离成田机场约40千米，其创新生态系统的形成与发展具有明显的行政管理导向特征，从规划、选址到审批、科研，都是由政府决策和实施的。政府积极参与创新生态形成、资源配置和科技管理，直接投资公用事业为私人投资创造条件，并通过优惠财税政策积极引导民间资本参与，制定法律政策等为产业创新发展战略和重要领域的研究开发计划指明方向。但是在20世纪，筑波科学城建成后的一段时期内，政府指令模式带来了相当多的弊端，如僵化的科技创新体制、不注重科技成果转化、缺乏市场活力等，这与筑波科学城的建立初衷背道而驰。因此，从20世纪90年代开始，日本政府进行了一系列体制变革，在行政管制之外引入了市场化机制，2011年筑波科学城成为日本的国际战略综合特区。筑波科学城由原来的"官学研"合作模式逐渐转变为"产学研"合作模式，更加注重科技成果转化，培育产业竞争力。

丰富的资金投入为创新生态系统发展提供了重要保障。政府建立了"企业主导型"科技体制，这种模式的主要特点是将政府补贴转化为企业科研经费，形成了以这部分科研经费为资金投入中心，以大学和其他科研机构投入为辅助的综合性科研资金投入机制。

健全的制度保障为创新生态系统发展提供了良好环境。日本政府在规划建设筑波科学城时制定了《筑波研究学园都市建设法》、《研究交流促进法》及《实施令》等制度法规，并且向企业开放国有研究机构的科研设备，大大提升了科研条件，增进了研究院所与企业之间的沟通交流和技术共享，促进了"产学研"融合发展。

四　基于创新生态系统2.0框架的雄安新区创新生态系统构建及治理思路和内容

（一）雄安新区创新生态系统2.0的理论框架

本报告将詹姆斯·弗·穆尔（James F. Moore）和罗恩·阿德讷（Ron Adner）等人提出的"创新生态系统"统称为"创新生态系统1.0"，其是创新生态系统体系的经典理论。雄安新区是政府在新时代、新条件、新征程下提出的为疏解北京非首都功能和加速京津冀一体化协调发展的新路径，因此雄安新区创新生态系统的构建需求与传统的"创新生态系统1.0"理论存在差异。在对创新主体、创新方式、创新机制等方面做出重要修正后，本报告特提出"创新生态系统2.0"框架。

一是对创新参与者定义的修正，突出社会大众参与创新活动。已有理论仅考虑工业界、研究机构或传统中介商会、专利转让机构等参与者。而事实上，越来越多的创新是由非经济主体、社会大众和新参与者群体针对一个特定问题提出和推动的；另外，支持其成员特定利益的集群和网络管理组织也是一类新型中介机构，此前也未被纳入传统创新系统中。毕竟突出的是创新系统的不同新功能，而不是具体的参与者团体的角色。

二是对创新方式的丰富，突出社会机制引发创新行为。新一轮科技革命和产业变革正在深刻改变着传统的产业组织方式和创新组织方式，由用户群体引发的用户创新在生态系统中发挥着重要作用，社会需求和创新者自身需求引发了社会创新、公益创投，"互联网＋"引发了协作创新、开源创新。例如，小尺度的区域创新生态系统中的集群是一种高度网络化的产业组织，也是高效协同、开放共享、富有活力的新时代创新生态系统。它需要一种包含网络治理、层级治理和市场治理的多元化、共生化、网络化的治理模式，能够整合和协调产业集群涉及的类型各异、数量众多的组织及主体，促进空间集聚、创新网络、集群网络等共同协调发挥动力作用，形成集群网络化发展格局。

三是对形成机制的修正，强调以生命周期为视角，突出政府、市场和社会三种机制的转换及影响。本报告认为，创新生态系统构建应抓住系统演化的内在异质性和影响根源，在充分考虑特定制度、文化、经济等情景因素的基础上，在不同生命周期演化阶段采取不同的政府、市场和社会三种机制，使其得到有序转换与推进。鉴于此，创新生态系统应具有较为明显的政策导向，国家应尽可能出台相关措施，推进最新创新政策的实施，也应充分注重市场机制、创新精神、创新氛围、隐性知识、文化环境的能动作用，将注意力集中在塑造政府、市场及社会治理结构上，使政府、市场与社会保持协调一致和有效平衡。

概括起来，本报告认为"创新生态系统2.0"是在经典理论基础之上，更加注重输入创新基因、培植原生创新，以具有竞争优势、转型能力的企业为系统"核"，多元主体参与，多种创新方式并进，创新密度、浓度、活跃度和响应度较高，多维网络化协同治理，以产业生态化为取向，以绿色发展为约束的复杂适应性系统。创新生态系统2.0理论构架见图2。

（二）雄安新区"四位一体"创新生态系统的构建

雄安新区创新生态系统的构建和发展是多元主体、多维视角、多重利益孕育、生成、成长和成熟的过程。依据生态系统构成要素和运行条件，围绕

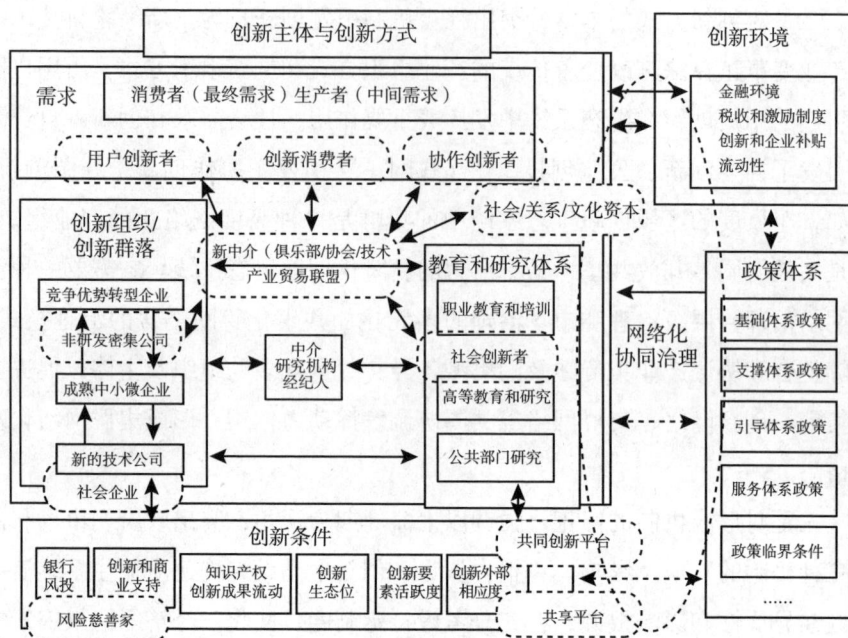

图 2　雄安新区创新生态系统 2.0 理论框架

创新主体、创新方式、创新条件和创新环境四大构件打造雄安新区创新生态系统。

一是凝聚高水平科研队伍，培育创新人才，引进和建设一批综合性、引领型的创新型大学、重点科研院所作为"创新源"，积极吸纳和鼓励用户、社会资本和非营利性组织等多元主体参与创新，借鉴深圳特区建设经验，着力建设容纳最好人才、最好项目、最好技术的"三位一体"课题组织创新平台，引进和建设一批具有世界影响力的创新型企业作为"创新组织"，围绕这些创新主体形成"创新物种、创新种群、创新群落"，通过知识链、技术链、产业链等形成创新网络。

二是强化社会机制引发创新行为的多维度创新，形成地区创新产业链，丰富创新网络、渐进性创新、颠覆性创新、协同创新、开放式创新、TRIZ创新方法等。在新一轮科技革命改变生产和生活方式的同时，用户群体消费导向引发的用户创新和社会万众创新也在发挥重要作用，通过社会创新文化氛围营造生态属性更强的创新系统。

三是提供充裕的、有利于科技创新的资金，建立统一产权交易市场、统一创新要素市场、统一市场法规体系等，通过完善健全多种创新条件，提高创新成果流动性，畅通知识流、信息流，提高经济自由度、外部响应度、要素活跃度等。

四是从硬件、软件两个方面健全和优化创新环境，前者特别强调形成以绿色宜居、智慧互动、人文和谐为特征的城市建设格局，高效便捷、低成本、大容量的综合性公共交通基础设施，权威且优质的"文教体卫医"公共服务体系。"软件"强调围绕创新的基础体系、支撑体系、引导体系、服务体系制定实施的体系化政策，以及形成崇尚创新、容忍失败的良好区域人文社会环境。

（三）雄安新区创新生态系统运行机制

作为自然生态系统在科技、经济领域的衍生发展，创新生态系统参照自然界有机循环机理。本报告系统全局分析创新生态系统的特性，主要围绕四大构成要件从搜寻、决策、执行、约束等方面，提出五种构建机制，推进雄安新区创新生态系统的构建。

扩散与捕获机制。生态系统从孕育到成熟的必经阶段首先是创新理念、创新技术和创新方法在时空维度的延伸、演化、扩展、孵化及其应用的扩散过程。其次是创新主体基于学习机制对创新要素、创新技术的再消化和再吸收，从而提高创新主体和创新生态系统创新能力的捕获过程。针对雄安新区而言，一是重点捕获北京、天津高端创新要素和创新资源的扩散，首先从高等院校和科研院所的创新源头，逐步承接高新技术企业总部，使创新组织集聚，形成创新种群；然后依次从金融创新机构、现代物流和电子商务等总部经济多方面承接科技企业转移，多维度促进"金融链"和"服务链"向"金融生态"和"服务生态"转变。二是重视捕获全国及全球范围内的创新要素，建立以企业为主体、市场为导向、"产学研用"全域融合的创新生态体系，将雄安新区建设成京津冀与世界创新城市群的连接窗口。三是搭建良好的捕获平台，通过大学科技产业园、工程技术研究院和院士流动工作站等形式构建国际一流科技创新服务体系。基于疏解北京非首都功能，制定创新要素捕获政策，塑造知识、信息、资本、文化等"流"的空间，连通全球创新资源要素。

竞合与共生机制——实现多元创新主体间的竞合共生是构建创新生态系统的关键。系统内有限资源的供给和分配加剧了竞争的产生；而在系统内部形成的信任和共享机制则促进了合作的产生。因此，竞合共生是创新主体赖以生存的法则。沿着"要素—动力—效应"的逻辑主线，创新生态系统的竞合共生机制包含了竞合共生要素、竞合共生动力、竞合共生效应三大部分。相对而言，雄安新区创新生态基础极为薄弱，本地的创新主体极为缺乏。由此，一是要引进、承接、培育与发展四类要素，即竞合共生单元（企业、高校等多元创新主体），竞合共生平台（如众多孵化器），竞合共生界面（如科技园区、创新社区）以及竞合共生网络（在市场、创新成本、创新风险、创新收益、创新竞争、创新关系等作用下，众多竞合共生界面相互联系发生的关系）；二是要识别并激发影响共生型创新组织在系统中"出生率"的主要动力，包括资本积累、资源瓶颈突破、降低交易成本、提高创新学习效应等；三是要推动系统产生资源配置、风险规避、规模经济和信息共享等竞合共生效应。

催化与涌现机制——创新生态系统从量变到质变的过程。前者指系统内、外部的创新要素相互作用，形成一个密切关联的、动态的、集群的、开放的有机整体（系统）。后者出现在系统的宏观层次上，是系统整体具有而部分不具有的创新喷涌现象。对雄安新区而言，制度在某种程度上高于技术，因此政府在创新中要充分发挥其催化作用，通过制定政策和建立相关机制促进创新涌现。一是要加强政府投入，如通过金融支持、专项资金、天使投资、税收政策、政府采购等提高创新速度；二是要为创新营造良好的外部环境，支持产业环境建设、共性公用平台打造，以及加强对市场推介、国际资质认证、创新体系的构建；三是要重点规范创新制度，维护良好的竞争秩序，保障创新者利益。

学习与反哺机制——创新生态系统充满活力、生生不息的根本所在。学习活动是指在系统中的各创新主体之间进行知识和信息的输入、输出和反馈，实现知识开发、扩散和应用的过程；学习主体进入一定的成长周期后，其将通过自身具备的经济与社会资源反过来对被学习主体进行创新援助或者帮助。生态系统孕育时，学习与反哺就已经开始了，这一机制是低收益创新策略不断被高收益创新策略取代直至系统整体成熟的过程。就雄安新区来说，一是要根据学习机制，鼓励创新主体通过人员流动、创新模仿和主体沟通，建立某种知识共享、吸收整合的联系，特别是通过"双创"活动让新进入或潜在进入的创新主体向成功的创新主体学习，从而促进技术创新和产品创新；并通过引进先进技术和设备，进行"再创新"活动。二是根据自身需要，通过与其他企业主体之间的知识交流，建立技术联盟，提高彼此的创新能力，最终学习活动将有利于形成有效的系统创新机制。

开放与共享机制——一个创新生态系统良性循环的必备品质。开放是指各个创新主体通过开放式创新活动形成有效的竞合共生关系，进而促进资本、知识等创新资源流动，最终形成能够使各创新主体共享价值观、合作共赢的创新生态系统；共享是指创新主体在相同创新环境的基础上进行合作创新活动，它以契约关系为基础，以资源共享和优势互补为前提，有明确的创新目标、期限和规则，并按照事先确定的方式分担创新风险、分配创新收益。就雄安新区而言，一是要探索建立区域内科技资源的开放共享机制，推进跨区域、跨组织、跨文化的合作创新活动，实现跨区域创新主体和创新资源的耦合，打破地域分割、人员分类的传统管理体制，优化配置和高效利用三地科技资源，弥补企业综合利用外界多维资源方面的弊端，创新京津冀三地高等教育、研发部门、信息技术服务部门的知识生产与配置模式。二是要转变原有创新资源利用方式，基于创新主体资源的稀缺性和互补性，弱化区域内层级创新要素的供给与配置，构建以认知和共享为纽带的知识网络，增强企业获取外部创新资源的能力，大幅降低创新主体的研发及交易费用，实现区域创新资源和知识技术的再生产与增值。三是既要实现雄安新区创新体系建设及其与北京科技创新中心的错位协同发展，又要实现新区创新体系与京津冀现有产业基础的协同发展，还要兼顾其与河北省内其他地区技术创新的协同发展，更要与国际开展创新合作，聚集全球英才，共筑雄安新区创新生态系统。

（四）雄安新区创新生态系统治理机制

创新生态系统作为介于政府和市场之间的系统自我修复制度安排，本质上是一种全新治理机制的深入变革。雄安新区通过构建一个多元主体、多重利益相互协调、协作、协助的共存共赢的系统，将政治、经济、社会、文化等各个方面包含在内。治理机制的建构是区域创新生态系统各组成部分相互作用及其相互关系运作的外化形式，因此一种网络化协同治理机制是创新生态系统顺利运行的基础和条件，主要包含正式机制和非正式机制。正式机制主要指由政府、企业、行业联盟等提供的激励约束、利益分配和协调保障三大机制，非正式机制主要存在于生态系统主体和成员之间的动态关系中的信任关系、声誉体系、文化制度、集体惩罚、进入壁垒等。本报告基于治理动因，以雄安新区治理目标为导向，以治理逻辑为线索，提出可以通过治理机制激发系统创新主体的创新活力，制约与协调合作伙伴的行为，保证生态系统的顺利运行。

激励约束机制。对雄安新区而言，应推进管理体制和治理机制创新，打造创新发展新高地。一是深化科技管理机制体制改革创新，加速推动政府服务职能由研发管理向创新服务转变，积极推进"放管服"改革，坚持利用市场筹措建设资金。二是打造网络化治理结构，建立平台式核心治理体系，政府通过主导非营利性创新服务网络平台的建设，降低系统成员之间的合作交流成本和功能性建设成本，提高区域创新生态系统的创新效率。三是加强社会治理，充分发挥行业联盟和自治组织的治理能力，激发社会创新活力、创业动力，形成协同互动的创新主体关系网络新格局。

利益分配机制。雄安新区应完善以金融支持和税收补贴为核心的激励机制和收益分配机制，提高创新成果转化率和科技企业存活率。一是要打破创新成果使用权、处置权和收益权的壁垒，探索基于公平分配的"产学研"联合体和技术创新联盟利益分配新机制。二是要在"利益共享、风险共担"原则下，坚持个体利益和集体利益并重，将创新要素投入、创新成果贡献等因素纳入综合考量体系，以确定区域创新生态系统利益分配制度。

协调保障机制。雄安新区应健全知识产权和社会保障等方面的法律法规，打造公开、公平、公正的公共政策环境。一是要构建政府、企业、高校、科研院所、用户等多维主体共同参与的人才保障机制，破除京津冀及区域内部创新主体间的机制障碍，形成以具有竞争优势的科技企业为核心的科技人才协同保障体系。二是要统筹制定产业优惠政策、企业扶持政策、成果转化政策、利益分配政策等，形成集中系统的政策体系优势。政府通过设立专项补贴和引导基金，强化对关键科学技术和重要创新成果的资金支持，推动科技成果落地。三是要推进新兴科技创新投融资平台的建立，完善产业金融、科技金融、互联网金融等政策性与开发性金融体系，加大社会资本的活力，为科技企业提供全域投融资服务。四是制定市场管理、户籍管理和社会保障等方面的法律法规，保证创新政策在实施阶段的延续性和严肃性，为创新活动提供公平竞争的社会环境。

雄安新区创新生态系统治理机制依托了多层级、多中心、网络化的"三位一体"创新生态系统治理结构。外围治理以政府为中坚力量，并形成了市场和社会补充治理的协同格局；辅助层治理主体以行业协会、技术创新联盟和创新中介机构为中心；核心层治理主体是企业间网络化关系，通过层级、柔性化、全方位、自组织等形式完成内部治理。三层网络治理在正式与非正式规则的约束下，共同组成创新生态系统的多层次、多中心治理网络体系，治理的最终目的是调动企业、政府、社会组织在参与产业、区域以及国家创新生态系统构建的过程中找准各自的"治理空间"，加快雄安新区创新生态系统构建和助推京津冀创新共同体建设。雄安新区创新生态系统治理机制如图 3 所示。

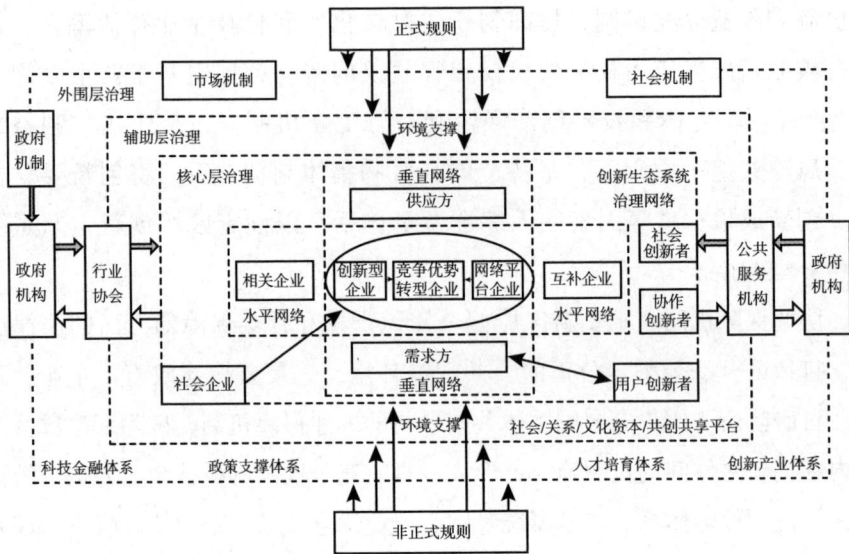

图3 雄安新区创新生态系统治理机制框架

资料来源：张贵等：《创新生态系统：理论与实践》，经济管理出版社，2018。

五 创新型城市创新生态系统综合评价与分析：对发展指数、活力指数、适宜指数的比较

为对雄安新区创新生态系统构建的"过程导向"形成有效的动态评估机制，拟进行"雄安新区创新生态系统综合评价"（"创新生态指数"）。本报告设立三大一级指标——成长性、活跃性和适宜性，对应编制集"生命周期指数""活力指数""适宜指数"为一体的创新生态指数评价体系，对雄安新区创新生态系统构建及成长进行综合评价，并建立结果反馈与运行机制和协调机制，更好地促进雄安新区创新生态系统孕育生成，并为创新生态系统的成长指明方向。由于数据统计的滞后性，雄安新区设立两年来的大部分数据尚不可得，因此为形成对比分析，特选取我国直辖市、副省级城市和省会（首府）城市（不包括拉萨），拟采用保定数据暂代雄安新区数据，并对其创新生态指数进行分析。

（一）数据来源

结合各指数、指标数据的可获得性，以全国大中型城市（各省或自治区的省会或首府城市、直辖市与副省级城市）为主要研究单元，剔除数据缺失严重的拉萨市，用保定市的数据代替暂无数据的雄安新区做进一步的分析。根据所构建的城市创新生态系统评价指标体系，从《中国城市统计年鉴》、《中国火炬统计年鉴》、各省（区、市）经济年鉴、各城市经济年鉴以及 Wind 数据库中获取相关指标数据。

（二）评价方法

1. 标准化处理

由于城市创新生态系统评价体系中各个指标的量纲不同，因此需要对原始数据进行无量纲化处理。

根据指标的不同特性，采用不同的标准化方法。

第一，如指标是正向指标，即数值越大越好，那么采用的标准化方法是观测值与最小值的差除以极差，如式（1）所示。

$$Z_i = \frac{X^i - X^i_{\min}}{X^i_{\max} - X^i_{\min}} \tag{1}$$

第二，如果指标是逆向指标，即数值越小越好，那么采用的标准化方法是观测值的最大值与观测值的差值除以极差，如式（2）所示。

$$Z_i = \frac{X^i_{\max} - X^i}{X^i_{\max} - X^i_{\min}} \tag{2}$$

其中 X^i 为第 i 个城市的观测值，Z_i 为标准化结果。

各项指标经过标准化处理后，指标值均分布在 [0, 1]，1 代表最高水平。

2. 熵权法

熵权法是一种确定客观评价指标权重的度量方法，有一系列优点，相对于其他权重确定方法主观性强的特点，熵权法对指标权重的确定更加客观真实。熵是对与系统信息混乱程度的度量，某个指标信息熵越小表明该指标所提供的信息量越大，相应的指标在系统评价中所起的作用也就越大，该指标的权重从而就越大。

熵权法的求解步骤如下。

第一，将原始数据进行标准化。设有 m 个评价指标，n 个被评价对象，需评价的原始数据矩阵为：

$$X = \begin{bmatrix} x_{11} & x_{12} & \cdots & x_{1n} \\ x_{21} & x_{22} & \cdots & x_{2n} \\ \vdots & \vdots & \vdots & \vdots \\ x_{m1} & x_{m2} & \cdots & x_{mn} \end{bmatrix} \tag{3}$$

对该矩阵标准化得到：

$$R = (r_{ij})_{m \times n} \tag{4}$$

式（4）中，r_{ij} 为第 j 个评价对象在第 i 个评价指标上的标准值，$r_{ij} \in [0, 1]$。

第二，定义熵。在有 m 个指标，n 个被评价对象的评估问题中，第 i 个指标的熵定义为：

$$H_i = -k \sum_{j=1}^{n} f_{ij} \ln f_{ij} (i = 1, 2, \cdots, m) \tag{5}$$

式（5）中 $f_{ij} = \dfrac{r_{ij}}{\sum\limits_{j=1}^{n} r_{ij}}$，$k = \dfrac{1}{\ln n}$，当 $f_{ij} = 0$ 时，令 $f_{ij} \ln f_{ij} = 0$。

第三，定义熵权。在定义了第 i 个指标的熵之后，可以得到第 i 个指标的熵权定义，即：

$$\omega_i = \frac{1 - H_i}{m - \sum\limits_{j=1}^{m} H_i} \tag{6}$$

其中，$0 \leqslant \omega_i \leqslant 1$，$\sum\limits_{i=1}^{m} \omega_i = 1$。

熵权的大小并不能说明指标在所研究问题中的重要程度，熵权的大小是建立在指标体系原始数据基础之上的，表示各个指标在竞争意义上的激烈程度。从提供有效信息多少的角度来看，熵权表示在对对象进行评价时各个指标提供有效信息量的多少。

3. 生态位模型

一般情况下，生态位模型设有 m 个区域创新生态系统，n 个创新生态因子。X_{ij}（$i = 1, 2, \cdots, m$；$j = 1, 2, \cdots, n$）指第 i 个区域创新生态系统的第 j 个生态因子的实际生态位，于是不同地区的生态因子构成了 $m \times n$ 维生态位空间。

首先，需要对实测指标进行标准化处理，以便去除不同量纲带来的误差。

$$Z_{ij} = \frac{X_{ij} - X_{\min}^{ij}}{X_{\max}^{ij} - X_{\min}^{ij}} \tag{7}$$

式（7）中，$X_{\min}^{ij}$、$X_{\max}^{ij}$ 分别代表每一个创新生态因子中的最小值与最大值。

设 $Z_{aj} = \max(Z_{ij})$，代表第 j 个生态因子的最优生态位。则第 i 个区域创新生态系统的生态适宜度为：

$$S_i = \sum_{j=1}^{n} \omega_j \frac{\min |Z_{ij} - Z_{aj}| + \varepsilon \max |Z_{ij} - Z_{aj}|}{|Z_{ij} - Z_{aj}| + \varepsilon \max |Z_{ij} - Z_{aj}|} \tag{8}$$

若再设：$\gamma_{ij} = |Z_{ij} - Z_{aj}|$，$\gamma_{\max} = \max(\gamma_{ij})$，$\gamma_{\min} = \min(\gamma_{ij})$，$\bar{\gamma}_{ij} = \frac{1}{mn} \sum_{i=1}^{m} \sum_{j=1}^{n} \gamma_{ij}$，则上式也可以写作：

$$S_i = \sum_{j=1}^{n} \omega_j \frac{\gamma_{\min} + \varepsilon \gamma_{\max}}{\gamma_{ij} + \varepsilon \gamma_{\max}} \tag{9}$$

其中，ω_j 为生态因子权重，反映的是第 j 个生态因子对区域创新生态系统适宜度的影响程度；$\varepsilon (0 \leq \varepsilon \leq 1)$ 是模型参数，它的值一般情况下由

$S_i = 0.5$ 进行估计。在进行参数估计时，先令 $\omega_1 = \omega_2 = \cdots = \omega_n = \dfrac{1}{n}$，

$\gamma_{ij} = \bar{\gamma}_{ij}$，则由 $0.5 = \dfrac{\gamma_{\min} + \varepsilon\, \gamma_{\max}}{\bar{\gamma}_{ij} + \varepsilon\, \gamma_{\max}}$，推导可得参数 $\varepsilon = \dfrac{\bar{\gamma}_{ij} - 2\,\gamma_{\min}}{\gamma_{\max}}$，在确定

参数值以后，就可以进行 S_i 的计算。

但是在传统的生态位模型中最终计算适宜度时，认为生态因子的权重是完全一样的，通常令 $\omega_{ij} = \dfrac{1}{n}$，这种假设比较不符合实际情况，我们采用前文所述的熵权法来计算生态因子的权数。之后将计算出的权重代入 S_i 的计算式中即可得到生态位适宜度 S_i。

此外，EM_i 表示进化动量，其计算公式如下：

$$EM_i = \sqrt{\dfrac{\sum\limits_{j=1}^{n} \gamma_{ij}}{n}}\,(i = 1,2,\cdots,m; j = 1,2,\cdots,n) \tag{10}$$

（三）成长性评价（发展指数）

创新生态系统与自然生态系统一样在不断地繁衍变化，这种变化是系统内外部相互作用的结果，系统能量积存的变化会直接作用于系统内部结构的变化，当系统随时间而壮大、强健时，创新生态系统即处于成长状态。城市创新生态系统成长的内涵也在随着城市功能的扩展和城市发展阶段的演变而不断丰富，不仅包括创新成果的增加和创新能力的提升，而且包括政策环境、服务环境以及创新文化环境等多个维度的环境水平的优化。创新生态系统的成长并不完全等同于创新生态系统的演化，完整的演化包含衰退阶段。

1. 发展指数评价体系构建

城市创新生态系统的成长性体现在规模、质量等多个维度，为了更加全面、综合地测度系统成长性，借鉴以往研究成果，以"规模—能力—环境"为框架构建了城市创新生态系统发展指数评价指标体系。从系统规模、系统能力和系统环境三个维度构建一级生态因子体系，具体划分出 7 个二级因子

和20个三级因子，对规模成长性、能力成长性和环境成长性进行多维评价，如表1所示。

表1　城市创新生态系统的发展指数评价指标体系

一级指标	二级指标	三级指标	指标含义
系统规模（A1）	经济规模（B1）	地区生产总值（C1）	系统成长的经济基础
		规模以上工业企业单位数（C2）	系统成长的直观表达
		城镇单位从业人员期末人数（C3）	从劳动要素角度反映投入规模
		规模以上工业企业资产总计（C4）	从资本要素角度反映投入规模
	创新资源（B2）	R&D人员全时当量（C5）	系统进行创新的劳动力要素投入规模
		R&D经费内部支出（C6）	系统资金运用的高级化程度
		研究生在校学生数（C7）	系统人力资源的高级化程度
系统能力（A2）	创新绩效（B3）	专利申请受理量（C8）	系统创新密度的直观表现
		发明专利申请受理量（C9）	系统技术创新密度的直观表现
		专利申请授权量（C10）	系统创新能力的直观表现
		发明专利申请授权量（C11）	系统技术创新能力的直观表现
	协作力度（B4）	规模以上工业企业R&D项目数（C12）	企业主体进行创新的复杂度
		开展R&D活动的规模以上工业企业数（C13）	企业主体进行创新的密度
	竞争活力（B5）	规模以上工业企业新产品销售收入（C14）	系统将创新投入转化为收入的能力
		规模以上工业企业出口销售收入（C15）	
		规模以上工业企业销售利润总额（C16）	市场竞争活力的直观表现
系统环境（A3）	政策支持环境（B6）	公共财政科技、教育支出（C17）	政府对系统研发资本的支持力度
	创新资源环境（B7）	高等学校在校学生数（C18）	系统所需人才环境
		高新技术企业R&D经费内部支出（C19）	系统企业主体成长必需的资本基础
		规模以上工业企业R&D人员全时当量（C20）	系统企业主体成长必需的人才基础

2. 发展指数计算过程及评价结果

结合发展指数评价指标体系数据的可获得性，选取北京、上海和深圳这几个国内较为典型的城市创新生态系统案例进行分析，根据构建的城市创新生态系统发展指数评价指标体系，从《中国城市统计年鉴》（2012～2018）、《北京经济年鉴》（2012～2018）、《上海经济年鉴》（2012～2018）、《深圳经济年鉴》（2012～2018）以及 Wind 数据库中获取相关指标数据。通过计算各指标历年数据的平均值，采用熵权法确定各生态因子的权重，具体结果见表2。

表2　城市创新生态系统发展指数评价指标体系权重

一级因子	权重	二级因子	权重	三级因子	权重
A1	0.3081	B1	0.1515	C1	0.0366
				C2	0.0396
				C3	0.0402
				C4	0.0352
		B2	0.1566	C5	0.0651
				C6	0.0492
				C7	0.0424
A2	0.5162	B3	0.2744	C8	0.0606
				C9	0.0702
				C10	0.0502
				C11	0.0935
		B4	0.0789	C12	0.0367
				C13	0.0422
		B5	0.1629	C14	0.0521
				C15	0.0353
				C16	0.0755
A3	0.1757	B6	0.0352	C17	0.0352
		B7	0.1405	C18	0.0355
				C19	0.0594
				C20	0.0456

3. 国内典型城市创新生态系统成长性分析

结合表2计算出的城市创新生态系统发展指数评价指标体系权重，可以得到北京、上海和深圳三个城市创新生态系统2011～2017年的发展指数，分

别表示为 J_t、H_t 和 S_t（t = 2011，2012，…，2017），具体结果如表3、图4所示。

表3　2011~2017年北京、上海、深圳城市创新生态系统发展指数

城市	2011年	2012年	2013年	2014年	2015年	2016年	2017年
北京	0.6242	0.6702	0.6294	0.6501	0.6349	0.5751	0.5931
上海	0.6059	0.6185	0.5590	0.5545	0.5432	0.5291	0.3947
深圳	0.1704	0.1453	0.1236	0.1190	0.1797	0.2778	0.4292

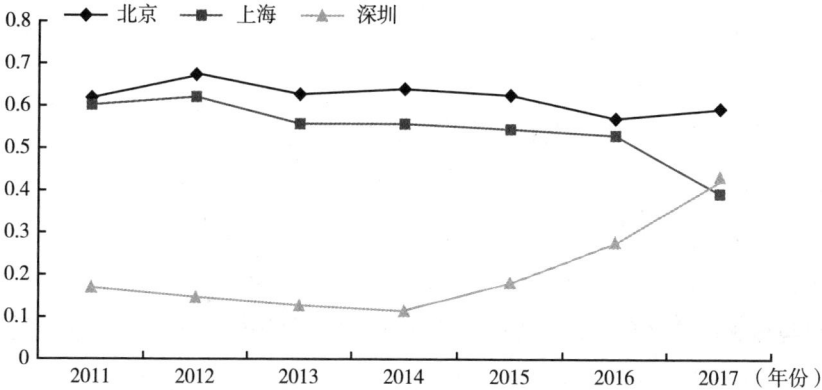

图4　2011~2017年北京、上海、深圳城市创新生态系统发展指数

从计算结果可知，北京的创新生态系统发展指数在2011~2017年处于平稳波动的状态，近两年有轻微下降趋势，但始终稳定在0.6附近，且北京相对于上海和深圳来说，其发展指数始终是最高的，这说明北京的创新生态系统一直处于高速平稳的增长态势之中。上海的创新生态系统发展指数在2011~2017年处于下降趋势，2011~2012年保持在0.6以上，2013年进入0.5~0.6的区间，2017年的0.3947与之前年份的水平相差较远，与北京的差距也扩大了，2017年的发展指数被深圳反超。深圳的创新生态系统发展指数在2014年以前处于下降状态，但2014年以后突飞猛进，进入了超高速成长阶段，2017年超越上海，但与北京仍有一定差距。

通过对比分析北京、上海和深圳的各项评价指标，发现北京的创新绩效一直相对较高，尽管2011年的专利申请受理量和2011年、2012年的专利申请授权量落后于上海，但发明专利申请受理量和授权量在2011~2017年始终是三个城市中最高的，究其原因，这与北京丰富的创新资源和强大的政策支持是分不开的。北京拥有众多知名学府和科研院所，在科研人才、科研环境方面具有得天独厚的优势，北京的研究与试验发展（R&D）人员全时当量和研究与试验发展经费内部支出明显高于上海和深圳，且在研究生在校学生数和高等学校在校学生数上拥有绝对优势。另外，北京市政府为科教事业发展提供了强大的政策支持，公共财政科教支出相对较高。

上海的优势在于其雄厚的经济基础和活跃的竞争活力。上海的地区生产总值始终是三个城市中最高的，且拥有最多的规模以上工业企业，这些企业中开展研究与试验发展的比例高，企业的创新活力带动了城市创新生态系统的活跃与成长。上海的规模以上工业企业不仅数量多，而且资产总计多，销售利润总额也是最高的，其中新产品销售收入和新产品出口销售收入也在2011~2016年稳居第一，2017年被深圳反超，强大的市场竞争力保障了上海城市创新生态系统的高效运转。

深圳的城市创新生态系统是后来者居上的典型案例，2011年深圳的创新生态系统发展指数远落后于北京和上海，但自2014年起稳步上升，2017年赶超上海，与北京的差距也在逐步缩小。深圳的经济体量无法与北京和上海相比，地区生产总值、城镇单位从业人员期末人数始终低于北京、上海两城市；深圳的高等教育资源也不具备先天优势，优质高校的匮乏所导致的高水平创新人才的缺失制约了深圳创新生态系统的发展。深圳创新生态系统的快速发展得益于企业对创新研发的高投入，深圳的规模以上工业企业研究与试验发展人员全时当量和R&D项目数始终是最高的，开展研究与试验发展活动的规模以上工业企业数2014年超过北京，2016年成为三个城市中最多的。高研发投入带来了好的创新绩效，2013年起，深圳的专利申请授权量、专利申请受理量和发明专利申请受理量陆续超过上海，规模以上工业企业新产品销售收入、规模以上工业企业新产品出口销售收入和规模以上工业企业销售利润总额陆续超过北京。深圳市政府也出台了很多支持政策，如制定"孔雀计划"来吸引创新型高端人才，资助初创科技型企业，打造智慧城市项目为创新产品提供终端消费市场等，对创新生态系统的发展起到了重要的作用。

雄安新区目前处于建设初期，借鉴国内典型的城市创新生态系统案例，对思考如何建设好雄安新区创新生态系统至关重要。

（四）活跃性评价（活力指数）

1. 活力指数评价体系构建

从区域创新体系到区域创新系统直至区域创新生态系统，学术界探讨的一直是实现创新或何种创新系统结构可以支撑区域经济的高速运转。国家设立雄安新区一方面是为了疏解北京非首都功能，推动京津冀一体化协调发展；另一方面是为了缓解沿海地带三大城市群发展的不平衡以及缩小南北经济发展差距。对比长三角和珠三角城市群，其区域内创新系统的协调性和有效性远高于京津冀区域。为何京津冀区域在创新要素齐全、创新投入充分、创新环境优良的前提下仍旧缺乏创新竞争力和吸引力？以创新生态系统理论解释此现象，创新要素的完备是实现创新的必要条件而非充分条件，创新的实现还与创新资源的浓度、创新主体要素的高度、创新条件的活跃度、创新方式的有机度和创新环境的响应度有关，要素的结构和功能比要素完备更重要。

区域创新生态系统活力指数评价指标体系的建构主要包括指标设计、权重设定和方法选取三个环节。在本报告中，区域创新生态系统活力指数评价指标包含创新浓度（A1）、创新高度（A2）、创新活跃度（A3）、创新有机度（A4）和创新响应度（A5）五个一级指标，根据指标设定理念的需求制定了 12 个二级指标以及 35 个三级指标，表 4 是本报告所采用的区域创新生态系统活力指数评价指标体系。

本套评价指标围绕创新生态系统的生态性和活力性编制，目的是让评价结果为创新型城市和雄安新区区域创新生态系统的构建提供决策依据，为创新政策的制定和实施提供可行方案和可操作措施。

表4 创新生态系统活力指数评价指标体系及其权重

一级指标	权重	二级指标	权重	三级指标	权重
创新浓度 （A1）	0.144	主体浓度 （B1）	0.094	每万人规上工业企业数 X1	0.026
				每千万人创新集群个数 X2	0.026
				每百万人高等学校个数 X3	0.007
				每百万人科技企业孵化器 X4	0.016
				每百万人众创空间 X5	0.017
		要素浓度 （B2）	0.049	R&D人员占劳动人口比重 X6	0.007
				科技支出占财政支出比重 X7	0.012
				每万人公共图书馆图书总藏量 X8	0.020
				每万人大学生数 X9	0.008
创新高度 （A2）	0.340	主体高度 （B3）	0.276	双一流大学或学科 X10	0.036
				国家级高新技术企业 X11	0.046
				独角兽企业数 X12	0.094
				上市公司 X13	0.030
				院士专家工作站 X14	0.025
				科技企业孵化器（国家级）X15	0.021
				众创空间（国家级）X16	0.020
		产出高度 （B4）	0.064	出口总额（千元）X17	0.032
				高新技术企业主营业务收入（千元）X18	0.032
创新活跃度 （A3）	0.109	要素流动 （B5）	0.029	实际利用外资总额（万美元）X19	0.026
				内外资投资指数（营商环境报告）X20	0.003
		知识流动 （B6）	0.079	高新区技术收入（千元）X21	0.047
				发明专利授权数 X22	0.032
创新有机度 （A4）	0.162	政府维度 （B7）	0.059	科教支出（万元）X23	0.023
				绿化率 X24	0.004
				数字政务 X25	0.031
		市场维度 （B8）	0.035	人口吸引力指数 X26	0.019
				市场环境指数（营商环境报告）X27	0.016
		社会维度 （B9）	0.048	"互联网+"指数 X28	0.030
				民航 X29	0.017
		用户维度 （B10）	0.019	百度创新指数 X30	0.007
				百度创业指数 X31	0.011
创新响应度 （A5）	0.243	感召力 （B11）	0.102	技术合同输入金额 X32	0.052
				技术合同输入数量 X33	0.049
		影响力 （B12）	0.141	技术合同输出金额 X34	0.079
				技术合同输出数量 X35	0.061

一是创新浓度指标。主要包含创新主体浓度和创新要素浓度两个维度，只有达到一定的要素浓度，物质间才会产生化学反应。以北京中关村为例，这里聚集了 90 余所高等院校、400 余家科研院所、80 余万在校大学生和 260 多万科技型企业从业人员，创新要素和创新主体在一定空间范围内集聚产生规模效应，扩大了创新发生的可能性。

二是创新高度指标。主要包含创新主体高度和创新产出高度。一定的创新高度是实现创新的前提，创新主体和创新产出的高度是实现创新效果的重要影响因素，空间内高端要素的集聚是创新竞争力提升的有效临界点。以清华大学和北京大学为代表的世界一流高校和以中科院为代表的世界一流研究院在地理空间尺度内形成集聚效应，它们比同比例或更高浓度比例的普通大学城更具关键作用。

三是创新活跃度指标。主要用于测度创新条件的活跃度，包含创新要素流动活跃度和创新知识流动活跃度。人才、技术、资金、知识、信息、数据、创新设备等创新资源类要素形成的创新生态位、创新生态因子、能量流动、创新成果流动（物质流动）、知识流、信息流、经济自由度、外部响应度、要素活跃度和政策临界条件等对区域创新生态系统的活跃性产生协调作用。

四是创新有机度指标。主要用于测度创新方式的有机度，包含政府驱动维度、市场竞争维度、社会发展维度和用户需求维度。创新生态系统既是一种介于企业与市场之间的中间性经济组织，也是一种全新的治理机制变革，网络经济时代的协同机制不仅包含政府和市场两种治理机制，科技项目的公益性和社会性导向会聚集更多的创新人才和创新项目，公共创新和用户创新成为常态，拓展了创新方式的维度。

五是创新响应度指标。主要用于测度区域创新影响力和感召力。区域创新生态系统及系统内部主体间知识和信息的输入、输出及反馈是实现技术开发、扩散和应用的基础，系统成长到一定阶段后会反向输出创新知识、反哺社会创新和经济发展。

2. 活力指数计算过程及评价结果

活力指数评价选取 36 个创新型城市，按照熵权法确定各级指标的权重，并进行定量分析，由于无量纲的数据标准化过程将数据整体固定在［0，1］范围，为便于比较分析，现将结果整体扩大100倍，如表5所示。

表5　城市/经济区活力指数评价

城市/经济区	创新活力指数	创新浓度指数	创新高度指数	创新活跃度指数	创新有机度指数	创新响应度指数	排名
北部沿海经济区	24.35	23.73	26.12	27.83	24.87	20.35	1
北京	83.68	26.51	95.98	99.02	73.90	100.00	1
天津	20.19	29.04	17.72	18.76	24.58	16.11	6
石家庄	6.47	15.45	4.17	5.87	12.56	0.55	30
济南	12.60	34.23	10.51	9.82	15.12	2.29	12
青岛	12.04	20.35	9.81	14.94	20.69	3.15	13
保定	11.14	16.81	18.52	18.55	2.36	0.01	18
东部沿海经济区	24.23	31.84	27.36	23.22	32.87	10.03	2
上海	47.67	35.38	60.64	46.03	60.84	28.75	2
南京	17.13	32.75	17.14	14.43	22.52	5.46	9
杭州	20.85	34.36	22.69	21.97	29.61	3.93	5
宁波	11.28	24.85	8.98	10.43	18.53	1.99	16
南部沿海经济区	18.86	39.79	12.14	13.22	40.36	4.02	3
福州	7.98	17.99	5.31	6.18	16.81	0.68	21
厦门	14.32	54.41	8.23	6.45	17.20	0.69	11
广州	29.02	42.08	18.22	19.77	76.08	9.05	4
深圳	39.56	76.57	27.40	31.08	82.84	9.48	3
海口	3.45	7.90	1.56	2.63	8.85	0.21	36
长江中游经济区	12.64	24.53	10.17	15.08	18.88	3.77	4
合肥	11.13	26.07	8.86	13.36	13.63	2.77	19
南昌	7.44	22.07	4.30	7.34	11.29	0.63	23
武汉	19.98	26.16	18.24	26.69	27.73	10.56	8
长沙	12.00	23.82	9.27	12.94	22.88	1.11	14
大西南经济区	10.18	14.07	6.75	10.65	21.59	4.85	5
南宁	5.18	12.60	3.25	4.11	10.65	0.30	32
重庆	11.88	5.95	9.15	17.02	30.11	4.72	15
成都	20.02	16.72	14.50	22.21	37.11	17.29	7
贵阳	6.60	19.77	2.86	4.91	12.47	0.85	29
昆明	7.24	15.33	3.98	4.99	17.61	1.07	27
黄河中游经济区	9.84	23.64	6.59	8.97	15.60	2.74	6
太原	7.43	28.89	3.56	2.68	9.68	0.74	24
呼和浩特	4.13	17.09	0.48	2.65	7.19	0.18	34
郑州	11.26	25.04	6.95	13.32	22.59	0.61	17
西安	16.54	23.52	15.37	17.25	22.94	9.44	10

城市/经济区	创新活力指数	创新浓度指数	创新高度指数	创新活跃度指数	创新有机度指数	创新响应度指数	排名
东北经济区	7.99	19.22	5.92	7.15	11.09	2.55	7
沈阳	7.96	20.50	5.77	4.73	10.90	3.10	22
大连	9.46	26.22	6.44	6.97	11.89	3.26	20
长春	7.39	16.93	5.13	7.45	10.66	2.69	25
哈尔滨	7.16	13.24	6.36	9.45	10.92	1.13	28
大西北经济区	5.55	24.81	2.12	2.10	5.20	0.73	8
兰州	7.32	30.24	3.43	3.20	6.41	1.64	26
西宁	4.80	24.90	1.13	1.15	3.27	0.69	33
银川	3.74	17.89	0.82	1.10	4.20	0.34	35
乌鲁木齐	6.35	26.20	3.09	2.97	6.93	0.27	31
平均	14.79	25.22	12.77	14.23	22.04	6.83	—

从创新生态系统整体活力指数来看，地区发展差异较大，北部沿海和东部沿海经济区活力指数最高，其次是南部沿海经济区，东北及中西部地区创新生态系统活力指数居后。这表明与其他区域相比，京津冀区域和长三角区域活力更强劲，区域创新系统生态性更强。东部地区创新环境和创新条件基础良好，也是国家创新政策的先行试验田，创新生态系统发展较其他区域更加成熟。南部沿海经济区包含福建和海南，较大的区域不平衡性拉低了区域平均水平，较北部和东部沿海经济区有所落后。东北及中西部经济区虽然经济发展态势不断优化，但与东部沿海经济区依然存在较大差距，创新生态系统结构优化性可提升空间较大，创新生态系统后发优势潜力巨大。对比分析中西部区域，长江中游经济区优于其他区域，近些年成渝城市群的快速发展、国家区域平衡发展战略调整带动了区域创新主体和创新要素功能的调整，地区间交流更加密切，这在一定程度上带动了区域整体创新能力的提升，是中西部其他区域创新生态系统结构调整的样板模型。

为了深入了解区域创新生态系统活力指数各维度具体情况，本报告进一步进行对五大分项指数的对比分析。创新浓度指数和创新有机度指数整体高于创新高度指数、创新活跃度指数和创新响应度指数（见图5）。这说明，区域创新主体和要素的空间集聚程度以及政府、市场、社会和用户在区域创新发展中的治理作用机制两个方面优于其他三个维度。

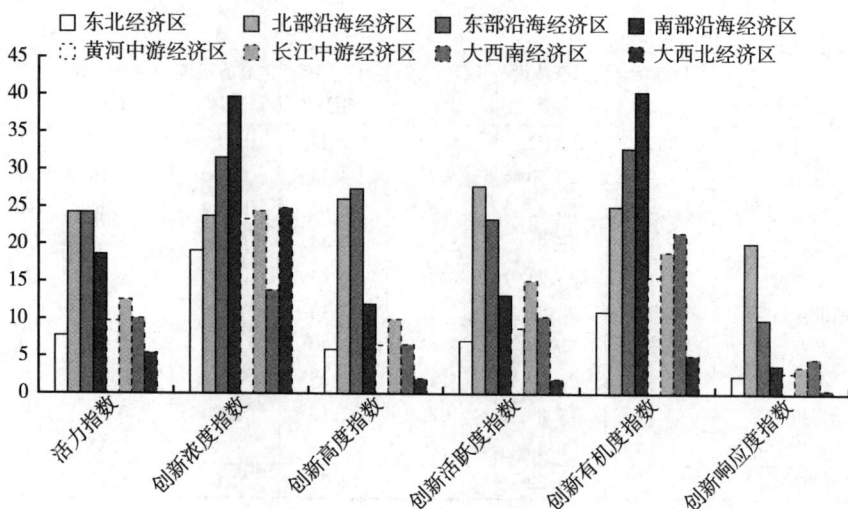

图5　区域创新生态系统活力指数及评价指标分布

（1）创新浓度指数

创新浓度指数中，南部沿海经济区明显优于其他地区，其次是东部沿海经济区和大西北经济区，且大西北经济区创新浓度指数较均衡（见图6）。南部沿海经济区主要依靠珠三角区域带动创新发展，广州和深圳在国家政策倾斜下率先形成具有区域特色的创新生态系统，深圳引进、新建和搬迁集聚国家一流科研院所分院以及科技领军人才，形成了代表性的院士经济和课题组制创新，在创新浓度方面独树一帜。北部沿海经济区，虽然北京集聚世界和国家一流高等学府和科研机构，但天津、河北和山东创新主体结构远不及北京，"产学研"创新主体、创新人才和创新资源要素空间集聚程度较低（见图7）。黄河中游和长江中游经济区表现中等、较均衡。在上述部分地区各省（自治区）内主要选取省会（首府）城市。在本省（自治区）区域内，省会（首府）城市的创新环境最好、创新条件最优，基本汇集全省（自治区）创新要素，是各省（自治区）高等学历人才返乡的集聚地，在区域创新发展过程中是本省（自治区）创新的"领头羊"，但这部分地区与沿海经济区仍有较大差距，中国整体创新浓度指数的平稳及提高依赖于较落后地区的综合发展。

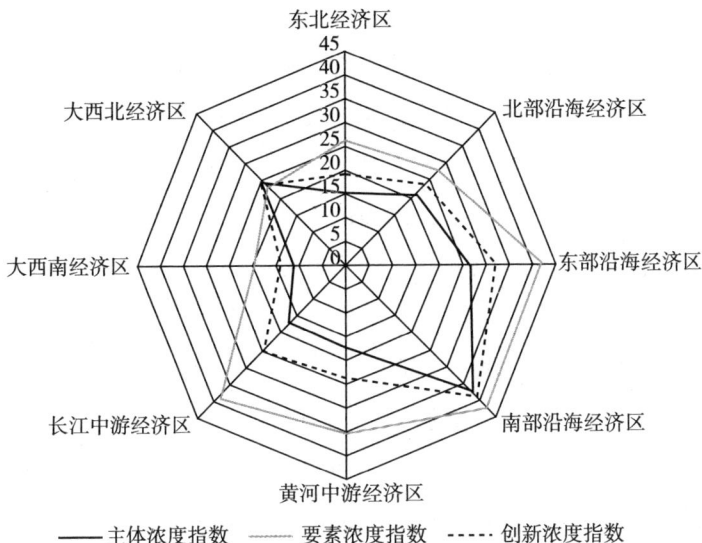

图6 区域创新生态系统创新浓度指数分布

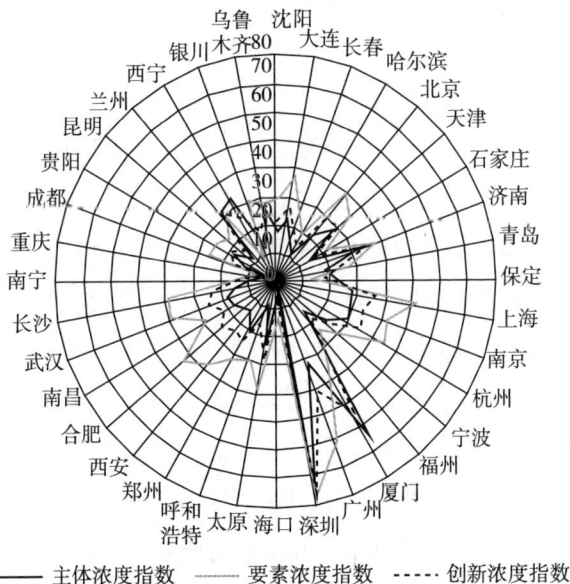

图7 城市创新生态系统创新浓度指数分布

主体浓度指数和要素浓度指数分布态势趋同，其中主体浓度指数方面，南部沿海、东部沿海及大西北经济区位列前三名，其次是北部沿海经济区，然后是长江中游和黄河中游经济区、东北经济区及大西南经济区。具体城市中，深圳排名第一，显示了深圳在改革开放以来，通过后发优势弥补了创新主体不足的劣势。自2000年成立深圳大学城以来，深圳市政府联合著名大学成立研究生院群，目前已集聚清华大学、北京大学、中国科学院、哈尔滨工业大学等十几所高等院校及科研单位。并且大学城内设立了公共图书馆、网络信息中心等公共服务机构，已经成为我国高层次人才、高水平科研、高技术信息和高品质交流的重要平台。

要素浓度指数中，东部、南部沿海经济区同属第一梯队，黄河中游和长江中游经济区属第二梯队，东北经济区、北部沿海经济区和大西北经济区属第三梯队，大西南经济区属第四梯队。相对主体浓度指数，广州要素浓度指数表现优异，作为南部沿海地区一线城市，在2017年各大城市人口吸引力排名中，广州位列第一，科技创新人才聚合，同时政府加大政策补贴力度，这是城市创新要素浓度提升的重要因素。

（2）创新高度指数

创新高度指数中，东部沿海经济区和北部沿海经济区位列第一、二名，其次是南部沿海经济区和长江中游经济区，然后是大西南经济区、黄河中游经济区和东北经济区，大西北经济区排名最后（见图8）。高等教育院校的数量和质量是影响地区经济发展的重要因素，北京作为国家首都也是我国的创新之都，这里不仅拥有数量最多的大学而且其大学的整体实力也位居全国首位，囊括26所"211工程"院校（其中包含8所"985工程"院校）。高水平院校的市场化发展推动科研团队面向社会传播知识技术和孵化科技成果，因此高校和科技园及工程技术研究院等科研院所在空间集聚演变过程中具有部分同步性特征，形成高校院所科研创新发展模式引领区域创新水平提高。东部沿海经济区创新高度指数位列第一，与北部沿海经济区有所差异。长三角区域协调发展程度优于包含珠三角城市群在内的国内其他所有城市群。区域一体化进程中城市突破边界效应成立科创走廊，整合公共研发平台，吸引高端人才、院士团队成立工作站，科技成果在配套的高水平科技企业孵化器和众创空间内汇聚，加速科技成果转化为现实生产力。

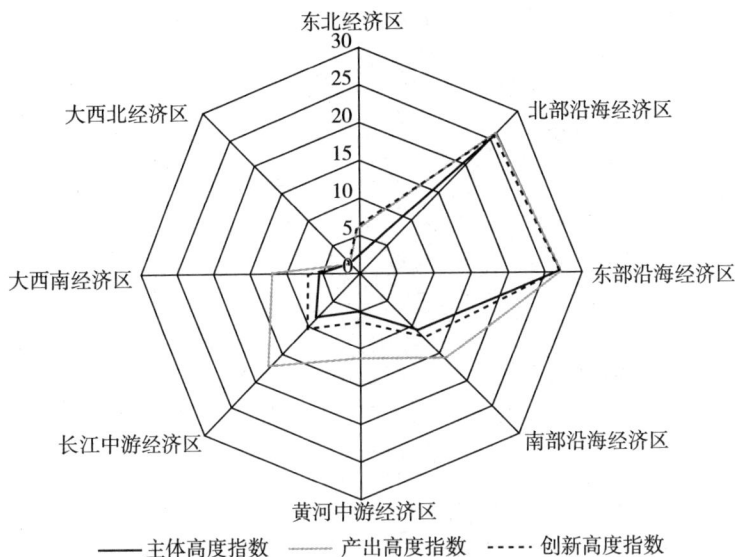

图8　区域创新生态系统创新高度指数分布

　　主体高度指数和产出高度指数分布规律类似，北部沿海经济区和东部沿海经济区属第一梯队，其次是南部沿海经济区、长江中游经济区、大西南经济区，黄河中游经济区、东北经济区和大西北经济区较落后（见图8）。具体城市中，北京、上海主体高度指数和产出高度指数均位列前二，其次是西安、深圳、武汉和成都（见图9）。除北京之外，武汉是我国高等教育第二重地，在校生规模居全国前列，有普通高等院校84所，"211工程"院校七所（其中包含两所"985工程"院校），高水平大学和学科为创新活动的开展提供了人力资源和技术活跃的基础，为武汉的创新创造了巨大优势。在国家"一带一路"倡议大背景下，国际化大都市和国家中心城市等众多国家级定位为西安的创新发展提供了黄金机遇。西安深入实施百万校友回归招才引智活动，引进全球顶尖科学家及创新团队，设立高级别科技孵化器，引导全球范围内优质资本和人才项目，同时政府增加科研经费支出，高新技术企业、上市公司、科技型中小企业和"独角兽"企业呈井喷式增长态势，这些为西安创新驱动发展奠定了基础。

——主体高度指数　------产出高度指数　-----创新高度指数

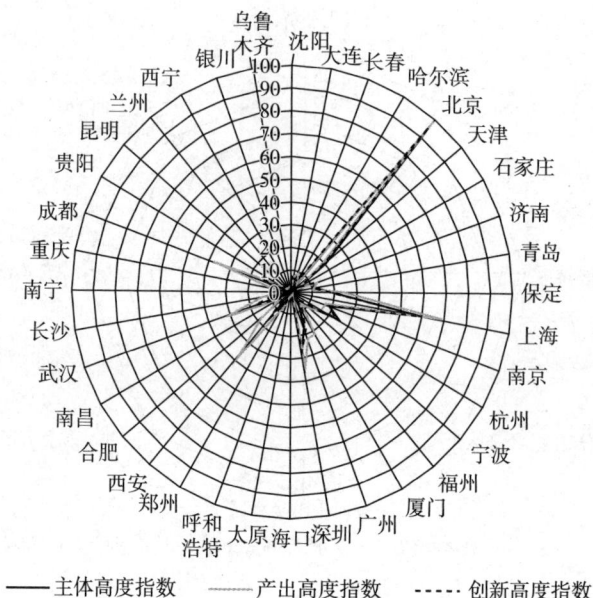

图9　城市创新生态系统创新高度指数分布

（3）创新活跃度指数

创新活跃度指数中，北部沿海和东部沿海经济区位于第一层级，南部沿海经济区、长江中游经济区和大西南经济区属第二层级，东北经济区和黄河中游经济区位于第三层级，大西北经济区较落后（见图10）。具体城市层面，北京、上海、深圳三个城市创新活跃度指数位列前三名，指数值分别为99.02、46.03和31.08，呈现断崖分布。纵观36个城市创新活跃度指数分布，大部分城市的创新活跃度指数小于20（见图11）。沿海地区创新活跃度指数最高，主要由于在改革开放第一阶段（1978年至1991年），国家率先在深圳实施改革开放战略，深圳作为第一个窗口在经济、科技、教育等方面开始与世界正式联通。深圳毗邻香港，地理位置优越，利用国家针对特区的技术政策、管理政策等优势积极吸引外资和归国华人华侨人才，创造了改革开放的第一个奇迹。第二阶段从1992年至2007年，"深圳速度"的成功给城市发展指明了道路，1992年国家先后成立浦东等国家级新区和自由贸易区，在生产、贸易、投资等多方面出台优惠措施，通过物力和人力要素的活跃流动带动技术、知识和管理等要素的跨区域流动，实现了东部沿海地区的全面发展，内陆地区人才不断向沿海地区流动，东、中、西部地区经济发展差异逐渐显著。第三阶段从 2008 年至今，经济危机后沿海地区外向型经济下行趋势较明显，随着绿色工业革命的深入推进，科技和创新力量对城市经济增长的作用日益凸显，地理位置对区域发展的约束力减小。同时在国家对中西部政策偏移之际，伴随老一代农民工逐渐退出劳动力市场，长江中游经济区和大西南经济区发展势头强劲，如成都、西安等城市成为中西部地区人才和资金等创新要素集聚的增长极。

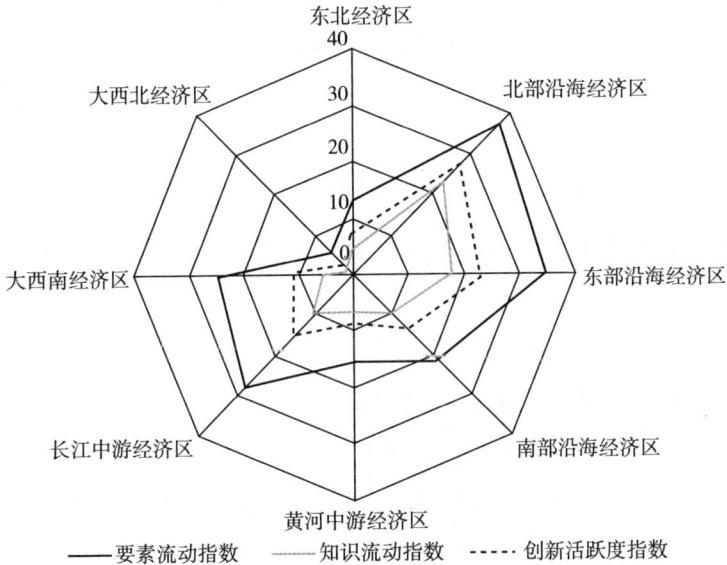

图 10　区域创新生态系统创新活跃度指数分布

创新活跃度指数地区分布规律与创新高度指数大致相似，但是在中国八大区域间，要素流动指数整体高于知识流动指数。说明目前我国地区和城市间创新要素的流动还是以人才要素和资本要素等创新初级要素为主，知识、技术等创新产出和成果要素流动发展较落后，体现了城市或区域间创新要素的交流目前处于初级阶段，虽然高铁、互联网等交通和交流工具

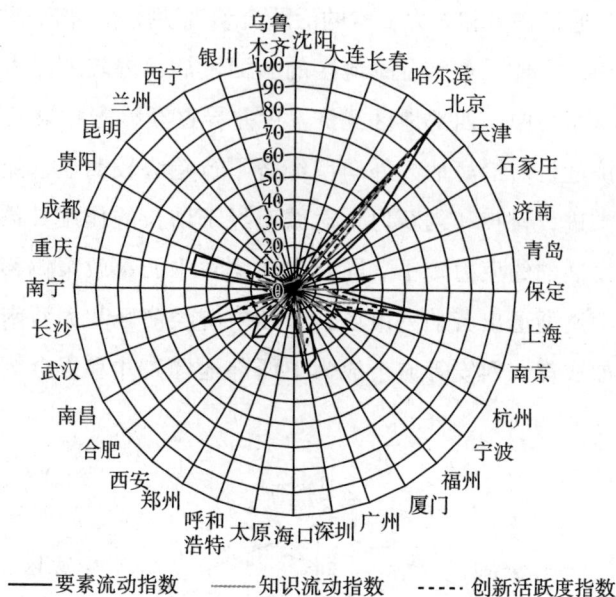

图11　城市创新生态系统创新活跃度指数分布

愈发便捷，但是在互动转移过程中，对科学技术和创新知识等的交流存在相对滞后性。

（4）创新有机度指数

创新有机度指数中，南部沿海经济区表现最佳，其次是东部沿海经济区，北部沿海经济区和大西南经济区表现中等，东北经济区、长江中游经济区和黄河中游经济区表现较落后，大西北经济区表现较差（见图12）。具体城市中，北京、深圳和广州遥遥领先，其次是上海，其余城市表现并不出色（见图13）。创新有机度指数主要衡量区域创新生态系统治理能力，北京、深圳、广州和上海属于一线特大城市，开放式创新、用户创新、协作创新等社会创新模式发展成熟，从创新参与者到创新模式与其他城市相比发展更完善，创新生态系统的生态性和有机性更高。一线城市经济发展对人才、技术等创新要素的吸引性和包容性更强，形成了网络化协同治理模式。这种治理包含了网络治理、层级治理和市场治理的多元化、共生化、网络化，贯穿了创新生态系统的整个生命周期。

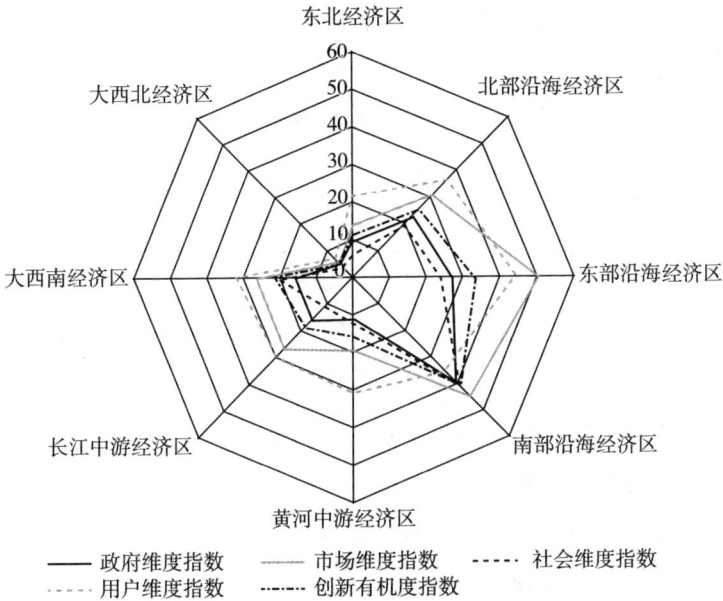

图 12　区域创新生态系统创新有机度指数分布

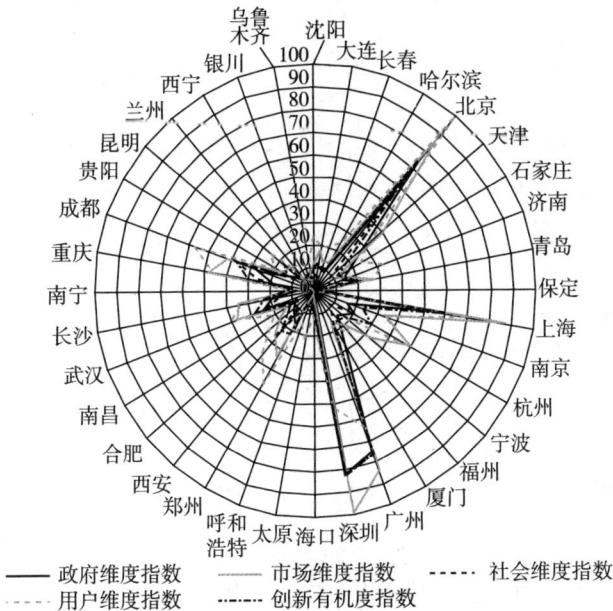

图 13　城市创新生态系统创新有机度指数分布

创新有机度指数包含四个二级指标，分别是政府维度、市场维度、社会维度和用户维度。政府维度和社会维度指数方面，南部沿海经济区表现最好；在市场维度和用户维度指数上，东部沿海经济区表现最好。深圳虽然社会维度和市场维度指数出众，但是用户维度指数表现较差，本报告使用百度指数测度用户维度指数。百度指数是根据地区网民行为和搜寻结果的基础数据构建的综合指标，用百度网民搜索"创新"和"创业"的词频数据代表用户维度指数。深圳作为我国改革开放的窗口是人才集聚中心，人口流动量大，现阶段以高技术人才集聚为主，其市场治理机制是我国当前城市中最完善的，相对市场机制，创业需求对当地居民而言重要程度小于其他地区。

（5）创新响应度指数

创新响应度指数分布中，北部沿海经济区位列第一，其次是东部沿海经济区，其他六大区域表现不佳（见图14）。本报告用技术合同输出数量和金额以及输入合同数量和金额衡量创新响应度指数，北京作为我国政治、经济、技术等活动的中心，技术活动交易额在全国创新型城市中遥遥领先，

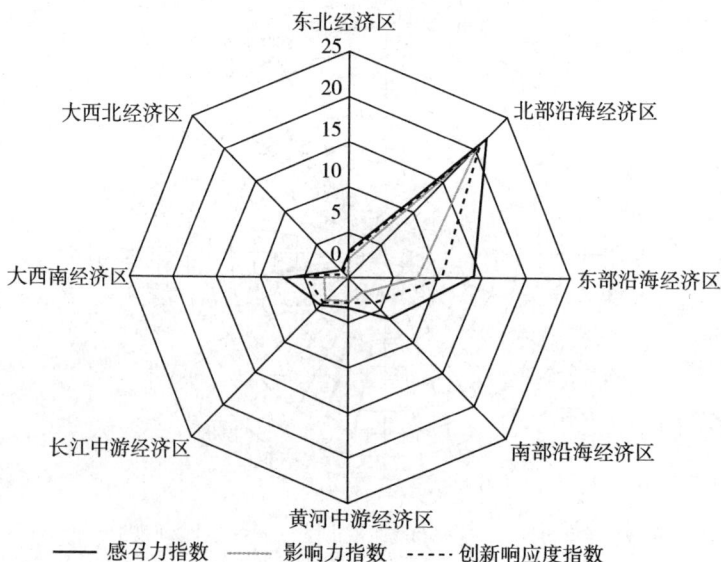

图14 区域创新生态系统创新响应度指数分布

一定程度上带动了北部沿海经济区创新响应度指数的上升，上海、深圳和广州等一些创新型城市创新响应度指数中的感召力指数表现优于影响力指数（见图15），说明这部分地区的创新技术和科技成果吸纳能力更强，输出能力较弱。这是因为这部分地区是我国的创新强市，技术转移机构和科技创新媒介多，科技成果产业化效果好，并且吸纳的技术比较高端，主要表现为单笔成交额大和创新能力强。东北经济区和大西北经济区感召力指数与影响力指数表现较落后，主要由于这部分地区创新能力较东部沿海经济区稍弱，所以创新影响力指数表现不如其他地区表现突出，因此在创新响应度指数表现上并不突出。

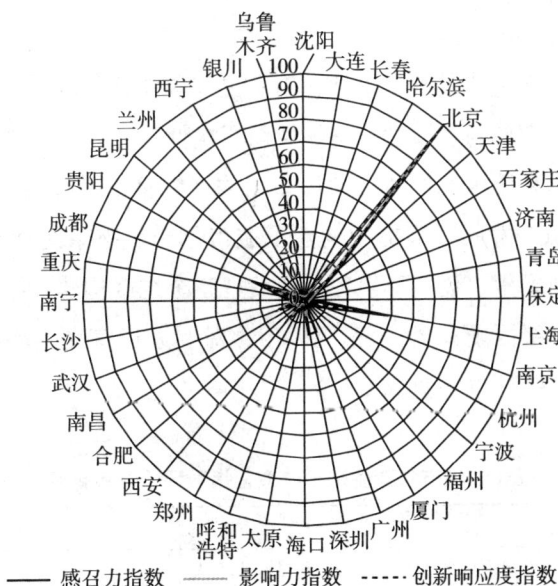

图15 城市创新生态系统创新响应度指数分布

（五）适宜性评价（适宜指数）

区别于以往注重分析产业、企业和产品的创新效率和竞争力的分析范式，创新生态系统不强调系统之间的竞争关系，更加注重的是系统内部要素之间是否匹配，以及系统与外界是否相合的问题，因此本报告引入创新生态系统的生态位适宜性评价。"生态位"是生态学中的核心概念，指的是种群在生态系统中为了生存所必须占据的资源和位置及其与系统中其他种群之间的互动关系。创新生态系统的"生态"强调的就是它与自然生态系统的相似性，具体表现为系统的自组织性、多样性、平衡性以及创新主体的共生共荣，因此更加注重系统的内外部环境是否有助于系统良好成长。生态位适宜性测度的即系统现有的资源条件所构成的现实资源位与系统良好发展对资源所要求的最适资源位之间的相合程度，描述了创新主体在创新过程中对环境的需求和供给之间的贴近程度，反映了现有资源状况对发展的适宜程度。

1. 适宜指数评价体系构建

城市创新生态系统具有复杂性，为了更加科学地测度、评价其生态位适宜性，在坚持科学性与实践性、整体性与层次性等原则的基础上，充分分析了城市创新生态系统生态位适宜性体系的内在特征，并借鉴已有研究成果，以"要素—环境—发展"为框架构建了城市创新生态系统适宜指数评价指标体系。从创新要素、创新环境和创新发展三个维度构建一级生态因子，具体划分出 8 个二级因子和 27 个三级因子，对要素适宜度、环境适宜度和发展适宜度进行多维评价（见表 6）。

表6　城市创新生态系统适宜指数评价指标体系

一级因子	二级因子	三级因子	因子含义
创新要素（A1）	人力资源（B1）	规模以上工业企业研究与试验发展人员（C1）	衡量企业对研发人员的投入情况
		研究与试验发展人员全时当量（C2）	衡量城市对研发人力的投入情况
	资本要素（B2）	研究与试验发展经费内部支出（C3）	衡量城市对创新资本的投入情况
		规模以上工业企业研究与试验发展经费内部支出（C4）	衡量企业对研发资本的投入情况
		公共财政科技支出（C5）	衡量政府对科技发展的重视程度
		公共财政教育支出（C6）	衡量政府对培养人才的重视程度

一级因子	二级因子	三级因子	因子含义
创新环境（A2）	基础环境（B3）	移动电话年末用户数（C7）	衡量城市通信基础设施环境
		互联网宽带接入用户数（C8）	衡量城市信息基础设施环境
		高等学校数量（C9）	衡量城市科学研究基础环境
		规模以上工业企业销售利润总额（C10）	衡量城市规模以上企业发展情况
	经济环境（B4）	进出口总额（C11）	衡量城市经济开放程度
		在岗职工平均工资（C12）	衡量城市居民收入能力
		地区生产总值（C13）	衡量城市经济发展程度
		第三产业增加值（C14）	衡量城市第三产业发展情况
		GDP增长率（C15）	衡量城市经济增长情况
	孵化环境（B5）	科技企业孵化器数量（C16）	衡量城市创业孵化基础设施情况
		科技研究和技术服务业从业人员数（C17）	衡量城市科技服务业发展情况
创新发展（A3）	创新绩效（B6）	规模以上工业企业新产品销售收入（C18）	衡量企业新产品开发情况
		发明专利申请受理数（C19）	衡量城市创新产出和技术情况
		规模以上工业企业有效发明专利数（C20）	衡量企业核心技术情况
	竞争潜力（B7）	污水处理厂集中处理率（C21）	衡量城市污水治理能力
		生活垃圾无害化处理率（C22）	衡量城市垃圾治理能力
		工业烟（粉）尘排放量（C23）	衡量废气中主要污染物排放量和可持续发展情况
		售水量（C24）	衡量城市用水情况
		城市用电量（C25）	衡量城市电耗水平
	创新活力（B8）	开展研究与试验发展活动的规模以上工业企业数（C26）	衡量企业开展研发活动情况
		规模以上工业企业中有研发机构的企业数（C27）	衡量企业研发基础设施环境

2. 适宜指数计算过程及评价结果

结合适宜指数评价指标体系数据的可获得性，以全国大中型城市（各省或自治区的省会或首府城市、直辖市与副省级城市）为主要研究单元，剔除数据缺失严重的拉萨市，用保定市的数据代替暂无数据的雄安新区做进一步分析。根据构建的城市创新生态系统适宜指数评价指标体系，从2018年《中国城市统计年鉴》、《中国火炬统计年鉴》、各省（区、市）经济年鉴、各城市经济年鉴以及

Wind 数据库中获取相关指标数据。对于各生态因子的权重系数，本报告采用熵权法进行确定，具体结果见表7。

表7 城市创新生态系统适宜指数评价指标体系权重

一级因子	权重	二级因子	权重	三级因子	权重
A1	0.2932	B1	0.0756	C1	0.0319
				C2	0.0437
		B2	0.2176	C3	0.0513
				C4	0.0579
				C5	0.0689
				C6	0.0395
A2	0.3841	B3	0.1076	C7	0.0284
				C8	0.0221
				C9	0.0207
				C10	0.0364
		B4	0.1829	C11	0.0740
				C12	0.0244
				C13	0.0402
				C14	0.0380
				C15	0.0063
		B5	0.0936	C16	0.0281
				C17	0.0655
A3	0.3226	B6	0.1448	C18	0.0427
				C19	0.0568
				C20	0.0453
		B7	0.0915	C21	0.0050
				C22	0.0034
				C23	0.0260
				C24	0.0366
				C25	0.0205
		B8	0.0863	C26	0.0401
				C27	0.0462

3. 全国大中型城市创新生态系统生态位适宜性分析

2017 年，全国大中型城市创新生态系统生态位适宜性与进化动量排名见表8。就生态位适宜性而言，上海、北京和深圳（分别为0.8280、0.8196和0.6632）位居前三位，但是深圳与北京、上海之间仍存在一定差距，全国排名前十位的其他城市依次是广州、重庆、天津、宁波、杭州、成都和武汉。全国36个大中型城市创新生态系统生态位适宜性的平均水平为0.4960，其中高于平均水平的城市仅有11个，绝大部分城市创新生态系统生态位适宜性还是偏离平均值较远。

从区域分布来看，创新生态系统生态位适宜性高于全国平均水平的城市大多分布在华东地区，上海、宁波、杭州和南京分别位列第1、第7、第8和第11位，充分彰显了长江三角洲城市群的创新能力。尽管青岛、合肥、济南、厦门、福州和南昌的创新生态系统生态位适宜性低于全国平均水平，分别占第13、第15、第17、第18、第19和第25位，但华东地区的城市创新生态系统生态位适宜性在全国来看仍然是最强的。华北地区，北京、天津排名领先，分别位列第2、第6位，但石家庄、呼和浩特、太原和保定的排名靠后，分别为第20、第27、第30和第32位。华南地区的深圳和广州排名十分靠前，分列第3、第4位，而南宁和海口的创新生态系统生态位适宜性很弱，分别排名第31、第36位。华中地区仅有武汉排名较为靠前，位列第10，郑州和长沙分列第14和第16位。西南地区有重庆、成都两个西南中心城市以第5、第9名位居前列，昆明和贵阳排名中后，分别是第26、第28位。东北地区整体偏弱且区域内部水平接近，排名均处于全国中游水平，大连、沈阳、哈尔滨和长春分别排名第21至第24名。西北地区整体较弱，相对较强的西安排名仅为第12位，略低于全国平均水平，其余的兰州、乌鲁木齐、银川和西宁的排名均较为靠后（见表8）。

表8　全国大中型城市创新生态系统生态位适宜性及进化动量

城市	生态位适宜性	生态位适宜性排序	进化动量	进化动量排序
上海	0.8280	1	0.4354	36
北京	0.8196	2	0.5018	35
深圳	0.6632	3	0.6419	34
广州	0.5933	4	0.6804	33

续表

城市	生态位适宜性	生态位适宜性排序	进化动量	进化动量排序
重庆	0.5578	5	0.7233	32
天津	0.5349	6	0.7780	30
宁波	0.5269	7	0.8169	26
杭州	0.5222	8	0.7748	31
成都	0.5169	9	0.7791	29
武汉	0.5097	10	0.7949	28
南京	0.5069	11	0.8144	27
西安	0.4906	12	0.8404	25
青岛	0.4811	13	0.8447	24
郑州	0.4764	14	0.8462	23
合肥	0.4714	15	0.8589	21
长沙	0.4702	16	0.8596	20
济南	0.4686	17	0.8575	22
厦门	0.4600	18	0.8878	17
福州	0.4559	19	0.8866	18
石家庄	0.4552	20	0.8791	19
大连	0.4537	21	0.8891	16
沈阳	0.4517	22	0.8998	15
哈尔滨	0.4503	23	0.9112	10
长春	0.4484	24	0.9054	12
南昌	0.4451	25	0.9007	13
昆明	0.4450	26	0.9004	14
呼和浩特	0.4445	27	0.9215	7
贵阳	0.4423	28	0.9107	11
兰州	0.4395	29	0.9118	9
太原	0.4388	30	0.9189	8
南宁	0.4376	31	0.9237	6
保定	0.4372	32	0.9293	5
乌鲁木齐	0.4329	33	0.9389	3
银川	0.4300	34	0.9350	4
西宁	0.4267	35	0.9568	1
海口	0.4253	36	0.9510	2

4. 全国大中型城市创新生态系统生态位适宜性进化动量分析

2017 年，全国大中型城市创新生态系统生态位适宜性进化动量排名中排名前十位的城市分别是西宁、海口、乌鲁木齐、银川、保定、南宁、呼和浩特、太原、兰州和哈尔滨（见图16），进化动量大表明其创新生态系统生态位适宜性的进化空间大，且其进化动量排名远高于生态位适宜性排名，这表明这些城市具有相当大的对最佳生态位的趋适强度。另外，排名第11位至第19位的九个城市的进化动量排名也高于它们的生态位适宜性排名，分别为贵阳、长春、南昌、昆明、沈阳、大连、厦门、福州和石家庄。第20位至第25位分别为长沙、合肥、济南、郑州、青岛和西安。全国36个大中型城市创新生态系统生态位适宜性进化动量的平均水平为0.8391，共有25个城市高于平均值，证明了全国大部分大中型城市创新生态系统生态位适宜性都具有较大的趋适空间。为了建立更为良好的区域创新生态系统，需要区域中创新生态系统生态位适宜性较强的城市发挥带动作用。

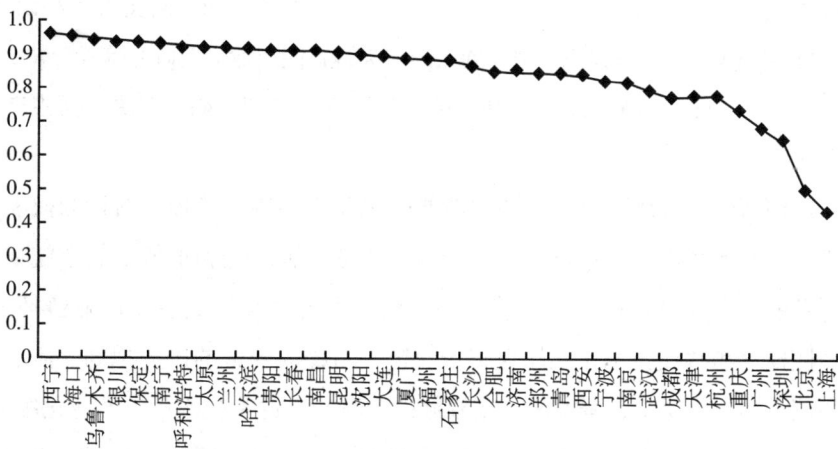

图16　2017 年全国大中型城市创新生态系统生态位适宜性进化动量及排名

六　雄安新区创新生态系统新趋势及政策建议

基于第五部分构建的"过程导向"动态评估机制，结合北京、上海、深圳等创新生态系统成熟地区先进经验，本报告总结雄安新区创新生态系统发展新趋势及构建建议。

（一）雄安新区创新生态系统发展新趋势

1. 搜寻识别创新生态系统原动力，培植原生创新基因，提升创新生态系统高度

创新原动力是创新主体进行创新活动的基本条件。一个良好的创新生态系统是在一定前提条件下，内生动力与外生动力协同作用的结果。雄安新区构建创新生态系统的内生动力是重点搜寻和识别科技、人才、资本、企业和平台等对系统生成起决定性作用的创新因子。其中，具有竞争优势、转型能力的企业主要包含核心企业、平台型企业、创新型企业、独角兽企业，它们的创新能力对整个产业集群起到决定性带动作用。另外，着力引进关键性的、高能力级的企业家、创新平台（实验室、研究机构、课题团队等）及科技创新人员。雄安新区就是要培育、引进和发展壮大一批类似于 BAT 的公司、诺奖得主小镇等，并将与美国麻省理工一起建设国际脑认知与类脑智能产业创新研究院等。

2. 构建"五链"融合发展机制，破除要素流动体制障碍，提高创新生态系统活跃度

对创新生态系统而言，不同创新群落之间也会因为各种创新行为而发生关联，雄安新区通过产业链、创新链、金融链、服务链和价值链五个链条的融合发展，形成良好的产业创新生态系统。为此，须形成主要产业链环节、关键性技术和共性技术，从而完善产业链，与雄安新区的产业规划、需求对接的创新链，多层次、全方位、宽领域的金融链，源头化服务、产业化服务、商业化服务的服务链以及贯穿产业链全过程的价值链。要通过合理的机制体制和协作计划，促进产业链、创新链、金融链和服务链高度融合发展，共同推动价值链整体提升、"五链"融合，不断推动产业创新生态系统演化。

3. 建立网络化协同治理机制，形成多主体参与的治理结构，提高创新生态系统有机度

政府作为雄安新区创新生态系统构建的主导力量，不仅要关心体制结构的改变，而且要强调社会力量和民众积极参与雄安新区创新生态系统构建过程；要明确不同创新主体和利益相关者的职责、权利与义务，促进政府、市场、社会及科学共同体间的信任与合作，密切不同主体、要素、部门机构、地域区域、体制机制间的协作关系；在全新的资源配置平台上，通过网络化协同治理形成较为理想的政府与民众、社会的合作关系，使多元创新主体协同参与雄安新区创新生态系统构建与发展，形成京津冀区域内创新要素科学、有效、顺畅的配置格局。

4. 厘清创新要素流动与联动特性，实现区域知识扩散和增值，激发创新生态系统响应度

京津冀协同发展战略和北京非首都功能的疏解不仅意味着人口和传统产业的转移，京津冀基本和高新技术产业同样在向雄安转移扩散。雄安新区与京津之间的分工协作关系得到不断创新和强化，其创新生态系统也不再是一个封闭的组织系统，而是一个开放的动态系统。京雄通过创新资源的空间转移和空间再配置，整合、重构京津创新资源与创新要素，区域内的企业创新逐渐被并入区域创新网络体系中，两者相互镶嵌并协同互动，实现整个区域创新资源的重组进而实现知识扩散与知识增值。

（二）雄安新区创新生态系统构建政策建议

1. 完善雄安新区创新生态系统要素流通体制机制

雄安新区创新生态系统的构建与京津冀一体化进程具有同步性，创新进程中知识扩散与捕获、资源流通与配置、产业转移与承接等环节依旧存在行政管理和利益分配等方面的体制机制"藩篱"，制约区域协同发展进程。因此，应在战略高度制定统一发展规划，明确各省市目标定位，破除行政管制障碍，多维度拓宽京津冀创新沟通和对接渠道，从而提升系统协同性。

加速京津冀协同创新内部管理体制的改革。协同合作实施阶段，全面评估、清理三地现行创新创业政策法规，加速三地间创新资源的流动，梳理创新活动培育与引进政策；成果转化阶段，建立统一的创新保障制度，联手监管区域性创新活动及创新成果转化市场，共建公平竞争的创新法制环境和创

新生态环境。

2. 建设雄安新区创新生态系统系统一体化创新平台

加快搭建雄安新区与北京、天津等创新先发区共建资源载体平台，结合京津冀和雄安新区的产业需求共建创新创业孵化中心。以"产业链—创新链—金融链—服务链—价值链"为主线，聚焦国家战略和京津冀发展目标，突破关键核心技术，强化科技引领和产业渗透，使以科技创新为主导的群落与其他领域的群落形成有机互动，在已有的文化、金融、民生、产业等经济、社会的各个领域进行自觉性渗透，创造出新型业态和新的商业模式。

建立功能错位、协同发展平台。引导京津冀功能协同，打造雄安新区与京津冀多点支撑的生态格局。以"缺链补链、短链拉链、弱链强链、同链错链"为发展思路，形成自研发设计至终端产品的相对完整产业链的整体优势。依照雄安新区发展规划纲要，坚持差异化、特色化发展，打造多点支撑与和谐互促的生态格局，最终建成一个"研发—育成—孵化—转化—生产—服务"良性循环的产业生态体系。

3. 实施雄安新区创新生态系统关系结构优化工程

雄安新区建设的整体定位之一是：打造全国创新驱动经济增长新引擎。京津冀区域正在形成由研究、开发、应用三大群落构成的"研发—转化—生产"良性循环的区域产业创新生态。因此，在新的发展阶段下，雄安新区要在区域协调发展基础上找准定位，建立并完善以企业、政府、研究机构为三个维度的协同创新体系，优化区域创新主体空间结构、层次结构和关系结构。

首先，建立以企业为核心的多元主体创新体系。一是支持平台型企业科技研发投入并给予财政补贴，促进企业形成长效、持续的创新成果转化机制，形成有效的创新链条。二是树立"开放合作"和"共享成果"的发展理念和战略目标，发挥企业在雄安新区创新网络中的主体地位，形成知识、人才、技术等创新要素的相互交融。三是建立协同创新组织体系和知识技术创新联盟，培育创新资源自由流动、创新主体互动频繁、创新成果转化顺畅的协同创新氛围。

其次，建立以政府为核心的创新服务体系。一是探索科技产业园、创新中介等成果孵化器和转化器的合作共建，实现京雄协同创新网络中创新主体的共融互通，推进资源、技术和管理咨询等服务的一体化进程。二是在税务、司法、监管等系统给予软环境支持，统筹教育和科技部门、公安、发改委、组织部门等区域创新协调机构，给予雄安新区创新生态系统和谐的"软环境"。

最后，建立以研究机构为核心的创新人才知识流动体系。一是鼓励高校和研发机构在雄安新区成立技术研究院、科技产业孵化园等研发、创新和创业平台，培养创新和创业精神，加速知识和技术的产业化和商业化开发。二是进行行政制度改革，破除知识流通过程中的障碍阻力，提高知识有效接受的效率，从制度层面减少知识传输的交易成本。三是从宏观角度对京津冀科研机构进行调整，加强雄安新区与北京和天津应用型大学、研究机构和创新企业之间的交流合作，提高"产学研"科研体系运行效率。

4. 实施雄安新区创新生态系统保障体系

区域因创新而兴，雄安新区的竞争态势不仅是单一竞争优势，还是深植"创新基因"的系统整合。因此，须整合内外部资源，集聚创新技术要素，牢牢抓住创新驱动这个"牛鼻子"，打造发展新引擎、创造发展新优势，激发创新新动能。

实施科技资源创新要素保障体系。首先，完善雄安新区科技支撑架构。政府、园区、企业要与研究院所、大学建立联系密切、相互支撑的"产学研政"体系，全力打造自创园的地域品牌。其次，与周围区域协同发展。实施"外溢式"发展战略，引导企业由自发性对外布局转变为有组织地区域合作，维持动态向上的创新创业生态系统；应借鉴新加坡经验，实施"科技企业总部基地"和"科技园区扩散"互动策略，推进京津冀深度一体化。最后，开展跨行业、跨区域合作。鼓励有实力的科技型企业开展品牌延伸、资本渗透、跨国经营、海外合作等，推动跨行业、跨区域合资合作，积极抢占市场竞争制高点。

实施科技创新资本保障体系。首先，构建以市场为主导、政府和社会资本共同发展的多元创新资本体系，充分发挥民间资本在创新企业培育、创新研发补贴和创新成果孵化等方面的重要作用。其次，完善产业资本链条，在系统发展初期，高校、研发机构和创新企业作为"产学研"主体是创新产业链条的"发球手"，此时风险投资资本应该扮演"接球手"角色，通过多轮融资壮大产业资本体系。最后，投资方应该深度融合，积极参与科学研发、创新商业化和科技产业化的整体进程，加快科技创新成果的孵化转化，缩短创新创业投资回收周期。

实施创新人才保障体系。首先，制定有效的人才激励机制。提供经济收入、升职空间、成长帮扶等多维激励政策，同时鼓励技术入股、股权入股等全方位收入机制。其次，制定鼓励人才流动机制，支持创新人才在京津冀范围跨企业流动，支持员工自主创业，营造开放、包容、共享的创新创业氛围，营造"大众创新、万众创业"的社会气氛。最后，完善创新人才法律法规，给予平台经济基本法律保障，为雄安新区平台经济持续发展创造动力。

主要参考文献

张贵、温科、宋新平等：《创新生态系统：理论与实践》，经济管理出版社，2018。

陈红花、尹西明、陈劲、王璐瑶：《基于整合式创新理论的科技创新生态位研究》，《科学学与科学技术管理》2019年第5期。

张贵、刘雪芹：《创新生态系统作用机理及演化研究——基于生态场视角的解释》，《软科学》2016年第12期。

赵璐、赵作权：《培育世界级先进制造业集群要以组织变革为核心》，《国家治理》2018年第25期。

张贵、吕长青：《基于生态位适宜度的区域创新生态系统与创新效率研究》，《工业技术经济》2017年第10期。

武义青、柳天恩、窦丽琛：《建设雄安创新驱动发展引领区的思考》，《经济与管理》2017年第3期。

肖金成、安树伟：《从区域非均衡发展到区域协调发展——中国区域发展40年》，《区域经济评论》2019年第1期。

《经济与管理》编辑部：《雄安新区战略发展的路径选择——"雄安新区与京津冀协同发展：理论及政策"高端论坛专家发言摘编》（上），《经济与管理》2017 年第 3 期。

张贵、李涛、原慧华：《京津冀协同发展视阈下创新创业生态系统构建研究》，《经济与管理》2017 年第 6 期。

薛楠、齐严：《雄安新区创新生态系统构建》，《中国流通经济》2019 年第 7 期。

李晓娣、张小燕：《区域创新生态系统共生对地区科技创新影响研究》，《科学学研究》2019 年第 5 期。

雷雨嫣、刘启雷、陈关聚：《网络视角下创新生态位与系统稳定性关系研究》，《科学学研究》2019 年第 3 期。

李涛、张贵：《研发要素流动对京津冀城市群的科技创新影响研究》，《河北工业大学学报》（社会科学版）2019 年第 2 期。

张贵、刘霁晴、李佳钰：《以京津雄创新三角区领航京津冀世界级城市群建设》，《中共天津市委党校学报》2019 年第 1 期。

分 报 告

Topical Reports

B.2

产业生态系统构建与雄安
新区高质量发展[*]

——基于高端高新产业与传统产业群落互动演化视角

孙丽文　任相伟[**]

摘　要： 构建以高端高新产业为支撑的产业生态系统，对融合创
新生态系统、协同驱动雄安新区高质量发展有重要的意
义。本报告鉴于雄安新区现阶段以传统产业群落为主的现
实情景，研究未来产业群落间发展关系和互动演化结果，
着力探索如何构建现代产业体系。本报告运用 Lotka-

---

[*] 本报告是河北省社科基金项目"低碳经济背景下我省工业绿色转型进程及发展路径研究"
（HB18YJ021）和河北省教育厅人文社会科学研究重大课题攻关项目"创新驱动战略下河北
省传统产业转型升级路径研究"（ZD201717）的研究成果。

[**] 孙丽文，河北工业大学经济管理学院教授、管理学博士、博士研究生导师，研究方向为创新及区域
产业发展；任相伟，河北工业大学经济管理学院博士研究生，研究方向为企业与产业绿色转型。

Volterra 模型，对高端高新产业和传统产业群落的互动演化过程进行情景推演，结果显示：高端高新产业与传统产业群落的竞争替代或互补共生关系，受各自价值、不可替代性、竞争力和创造效益大小的影响；开放式资源获取有利于维持群落间互补共生关系的稳定；动态环境下相互间竞争强度的降低，可使产业群落在经过动态转换后，依旧保持最佳的互补共生关系。依据理论分析结果和雄安新区规划目标及高质量发展定位，本报告从指导思想和保障机制双视角切入，提出以产业群落的互补共生、协同发展为原则来实现产业链、创新链、价值链、服务链相融合的产业生态体系的构建思路；以及应从制度机制、产业体系、创新系统、资金获取等方面建立产业生态系统的保障体系。

关键词： 产业生态系统　产业群落　高质量发展　雄安新区

一　引言

自 2017 年 4 月提出建设雄安新区以来，雄安新区已由概念提出和理论论证阶段迈向实质性建设时期。经济转向高质量发展是我国当前经济新常态下的鲜明特征，这意味着高质量成为推动经济可持续发展的关键性变量。[①]在此背景下，要想将高起点、高标准规划的雄安新区建设成为高质量发展的样板，需要在发展之初精心谋划和探究如何做好非首都功能疏散的支撑平台，进一步深化和融入京津冀协同发展，承接和培育一批战略性高端高新产

---

① 魏敏、李书昊：《新时代中国经济高质量发展水平的测度研究》，《数量经济技术经济研究》2018 年第 11 期。

业和企业。① 并思考如何驱动传统产业转型升级，进而形成符合自身发展定位和时代特征的产业生态体系，为进一步与创新生态系统相融合、实现"双系统协同驱动"高质量发展的目标奠定基础。相较于雄安新区创新生态体系，目前学界对其产业生态系统的研究还相对匮乏。大家更为关注对创新驱动要素的不断挖掘，而对其作用渠道和载体的研究还不够充足，这样会导致高质量发展有生命力而无支撑力的问题，不利于可持续发展的推进。因此，雄安新区产业生态系统的构建研究日益重要。

二 产业生态系统的内涵与研究综述

Frosch 和 Gallopoulos 首次提出了产业生态系统的概念，并将其定义为由制造业和服务业构成的产业群落与内外部环境相互作用形成的复杂系统，其演化类似于物种种群的演化机理，是多因子交互影响下的有机复合体。② 李晓华和刘峰认为，产业生态系统耦合经济、生态和社会系统的各类因素，并指出演化中产业群落之间形成复杂的关系，进而影响整个产业生态系统的发展态势，这改变了生态学家认为的产业生态系统类似于自然生态系统，仅是信息、物质、能量交换体系的观点，进一步拓宽了观察视角和研究范围，使其更加贴近经济和社会生活。③

除概念研究外，产业生态系统的特征、运转模式和运行机制也是研究热点。Graedel 和 Allenby 提出产业生态系统三级进化理论，他们参考自然生态系统线性演进、部分循环及完全闭环的循环三阶段进化过程来模拟产业生态系统的演变轨迹。他们提出，随时空形态的变化，产业组织由独自的、与外界环境割裂的线性产业发展模式，逐步转变为与外界环境相互影响且循环的

① 李国平、宋昌耀：《雄安新区高质量发展的战略选择》，《改革》2018 年第 4 期。
② R. A. Frosch and N. Gallopoulos, "Strategies for Manufacturing," *Journal of Scientific American*, 1989, 261 (3).
③ 李晓华、刘峰：《产业生态系统和战略性新兴产业发展》，《中国工业经济》2013 年第 3 期。

产业生态系统。① 在转变中，产业生态系统整体上表现出稳定性、多样性和协同演进的特征。② 稳定性是产业生态系统良性运转的重要保障，也是种群间相互作用、协同演进的基础。③ 张晶基于系统动力学视角，提出加大科技创新投入及产业融合力度是提升产业生态系统稳定性和协调性的重要举措，并指出产业生态系统内部因子的多样性有助于提升可持续发展能力，单一的生态因子反而不利于产业生态系统的健康运转。④ Geng 和 Cote 阐述了产业多样化对产业生态系统的作用原理、机制及其价值，指出产业间互动竞争、协同合作等都能推动产业生态系统的良性演化进程。产业生态系统的协同演进主要体现为产业群落在环境因素作用下，在相互间空间形态上所发生的变化。⑤ 施晓清基于对产业生态系统中产业群体的特征、形态变化的分析，提出遵循循环共生原则的生态资源利用、管理和处置的新模式。⑥ Veleva 等根据对德文斯生态工业园的研究，总结出耦合式、共生式和混合式三种产业生态系统模式，并指出不同产业之间的协同发展形态最终决定了产业生态系统的类型。⑦ 陈瑜等对战略性新兴产业演化的理论机理与动力机制进行了剖析，利用 Lotka-Volterra 模型实证分析了战略性新兴产业群落内各产业间因相互竞争而导致的形态变化，并基于产业三阶段递进的演变轨迹刻画出各类

---

① T. E. Graedel and B. R. Allenby, *Industrial Ecology*, London: Prentice Hall Press, 1995.

② 张睿、钱省三：《区域产业生态系统及其生态特性研究》，《研究与发展管理》2009 年第 1 期。

③ 吴鹏举、郭光普：《区域产业生态系统培育及其平台建设研究》，《工业技术经济》2009 年第 2 期。

④ 张晶：《基于系统动力学产业生态系统的限制因子的实证研究》，《中国科技论坛》2014 年第 3 期。

⑤ Y. Geng and R. Cote, "Diversity in Industrial Ecosystems," *The International Journal of Sustainable Development and World Ecology*, 2007, 14 (4).

⑥ 施晓清：《产业生态系统及其资源生态管理理论研究》，《中国人口·资源与环境》2010 年第 6 期。

⑦ V. Veleva, S. Todorova, P. Lowitt, et al., "Understanding and Addressing Business Needs and Sustainability Challenges: lessons from Devenss Eco-industrial Park," *Journal of Cleaner Production*, 2015, 87 (1).

产业协同发展的路径。①

对产业生态系统的评价也是值得关注的一方面。张琦和万志芳通过文献梳理，发现产业生态系统的评价研究主要集中在适应性和稳定性两大方面，大都是通过综合评价方法（包括层次评价法、模糊评价等），根据评价原则选取指标，构建科学的评价体系，从而对某区域产业生态系统的发展态势进行评价。② 张子珍对资源型区域产业生态系统的内涵进行了界定，阐述了系统的构成要素，即融合了经济、生态、社会环境等因素，并以山西为例对其产业生态系统的发展轨迹进行了评价，明确指出了系统内因素协调发展的重要性。③ 曹海霞亦贡献了资源型区域产业生态系统的现状研究，针对其演化逆势和当前动态经济环境冲击下的不稳定问题，曹海霞提出了发展关键的优势产业、构建支撑平台、强化创新、注重生态建设等对策建议。④ 张晶综合产业、社会、环境和经济发展视角，通过构建产业生态系统评价指标，以江苏省为对象实证分析了产业生态系统演变中的支持与限制因素。⑤

综上，关于产业生态系统的研究日益增多且细化，涵盖了概念、特征、演化机制和评价，这为科学构建产业生态系统提供了良好的理论参考。但目前已有研究还呈现出以下不足：一是整体上多以定性研究为主，定量及模拟研究相对匮乏；二是从宏观层面对产业生态系统各类要素耦合运转机理的研究较多，这有利于对系统运转机制的挖掘，但是对系统内产业群落关系的研究多集中于对某一群落内产业间关系的剖析，而对不同群落之间的关系和内在演化机理的探究较少，这不能满足产业生态系统多样性要求，不利于可持续产业生态系统的建立。

鉴于当前理论研究和雄安新区建设初期发展实践的需要，本报告依据产

① 陈瑜、谢富纪、张以彬：《战略性新兴产业技术创新的生态位演化》，《科技管理研究》2016 年第 23 期。
② 张琦、万志芳：《国内外产业生态系统研究进展》，《世界林业研究》2016 年第 3 期。
③ 张子珍：《资源型区域产业生态系统组成模型及发育评价》，《云南财经大学学报》2014 年第 6 期。
④ 曹海霞：《资源型区域产业生态系统的演化与治理》，《经济问题》2018 年第 12 期。
⑤ 张晶：《产业生态系统发展的评价指标体系与实证》，《统计与决策》2016 年第 7 期。

业生态系统相关理论，遵循多产业群落构建生态系统的原则，结合雄安新区产业现状和当前经济新常态下的环境特征及发展目标定位，探究高端高新产业和传统产业群落的互动共生关系及演化机理，找寻产业协同发展的条件，以雄安新区产业资源合理分配、空间合理布局、发展强劲有序为目标，构建与创新生态系统相融合的产业生态体系，加快推动雄安新区高质量建设的进程。

三 雄安新区产业基础、目标及发展演化

雄安新区不仅是高标准、高质量发展理念引导下承接北京非首都功能项目和高端创新要素的集聚地，还担负着在经济新常态和改革开放深入背景下，探索我国经济未来发展趋势和路径的重任。因此，其目标远超越单一的经济发展，雄安新区建设还将为我国"大城市病"的解决、区域一体化深度融合发展乃至未来经济发展模式提供有价值的参考。要实现预期目标，雄安新区的发展需要产业生态系统和创新生态系统的双重驱动。因此，在初建期产业生态系统的塑造上，既需要关注新区整体产业布局与京津冀产业体系的融合，也应特别重视高端高新产业和传统产业群落发展关系的协调。传统产业和高端高新产业不是矛盾对立、非此即彼的关系，而是相互融合、协同共生的关系。在注重引入和培育高端高新产业项目的同时，也不可忽视对传统产业的升级改造，用新技术、新业态、新模式改造提升传统产业，提升其智能化、信息化水平，在此基础上发展壮大高端高新产业。所以，有必要结合雄安新区现状及发展规划定位，对产业现状和未来发展进行全面梳理，寻找高端高新产业和传统产业群落结合的路径，为科学构建产业生态系统提供借鉴。

（一）雄安新区产业基础与未来发展定位

雄安地区原来的产业基础多是处于价值链末端的传统制造业，如雄县素有"中国软包装产业基地"、安新县有"北方鞋都"、容城县有"北方服装城"的称号。而规划后的雄安新区，其发展定位是以高端高新产

业为主，大多是知识含量较高的现代尖端信息化产业，具体情况如表1所示。

表1 雄安新区产业群落发展概况

时间	主要产业群落
规划前	塑料产品制造业;电器电缆业;乳胶制品业;压延制革业 旅游业;制鞋业;羽绒制品业;有色金属制造业 服装业;机械与汽车零部件制造业;箱包及毛绒玩具制造业;食品制造业
规划后	新一代信息产业(人工智能、量子技术、电子信息);互联网信息服务业(网络智能);现代生命科学与生物技术产业(生命科技);现代金融业(科技金融);软件信息服务业(超级计算);数字创意产业;文化创意产业;科技研发产业;军民融合产业;其他高端现代服务业等

规划前，雄安地区的产业发展具有以下特征。（1）原来三县产业群落的形成多根植于当地自然和人文资源，特色产业集聚明显，例如安新的制鞋、容城的服装、雄县的塑料包装等。（2）小微企业众多，狭窄的三地集聚近7000家企业，基本是扎根乡镇延伸出的完整产业链，在各自区域内形成主导产业后，进而形成规模化优势；规模化效应一方面使当地居民收益颇丰，另一方面使自身的产业设施得到不断优化，发展基础日益完善，为转型升级奠定了良好的基础。（3）三地企业均属于技术含量较低、处于产业链末端的劳动力密集型企业。这些存量产业之所以存在，一是由于当地人口红利未完全消失，资源与环境的约束力度不够；二是由于集聚效应，低端制造业生态圈比较成熟，众多中小企业协同发展、相互配合、低成本构筑自身的竞争壁垒。随着雄安新区建设上升为国家战略，这些条件势必受到强烈冲击，资源环境的约束强化，传统要素禀赋优势减弱，拼资源、拼环境的老路将难以为继，转型升级、重塑产业生态迫在眉睫。

相比雄安地区原有的产业类型，新区规划发展的均是起点层次要求高、知识含量大、人才需求量大、求精不求量、与生态环境保护紧密相连的高端高新产业，基本上是对雄安地区的产业重塑。如何升级改造传统产业、将其嵌入高端高新产业生态系统，是需要思考的问题。因此，针对具有显著特征差异的产业群落类型，处理好传统产业与高端高新产业发展的关系，寻找各类产业共生的路径，是构建雄安新区新型产业生态体系需要解决的基本问题。

（二）雄安新区产业群落演变的影响因素

通过分析产业生态系统相关理论，结合对雄安新区产业实际情况、发展需求的了解，进一步挖掘出产业群落演变的影响因素，进而总结出产业生态系统的基本构成和关键要素，为分析产业群落之间的关系演变、构建科学的产业生态系统奠定基础。

首先，产业群落的种类和数量是重要的影响因素。雄安地区在规划前、规划后，其主导产业群落归属于截然不同的种类，这为产业生态系统多样性的主体构成提供了丰富的样本。

其次，各类产业群落作用因素的差异性一定程度上影响了产业群落的发展趋势。规划前的雄安地区，其产业群落发展多受自然和社会因素的影响，诸如比较充足的自然资源和劳动力资源，自发性较强，市场调节特征明显；而规划后的雄安新区，产业群落多属于"空降"，因此外在的政策规制和调控显得更加重要。影响产业群落演变的多类因素共同作用，使其更好地调控产业群落间关系，进而合理配置各种生产要素，带动产业生态系统产生良好的经济效益。

最后，京津冀区域整体发展情况也会影响雄安新区产业群落的发展态势。在京津冀深度一体化的背景下，雄安新区更好地融入区域协同发展是重中之重；而产业生态系统状况将影响其发展态势，不同产业群落互动关系的演化对产业生态系统的构建和发展又至关重要，很大程度上决定了系统协同运转程度；特别是与创新生态系统的融合，是当前重塑雄安新区产业生态系统应该关注的重点。

因此，需要剖析高端高新产业和传统产业群落互动关系，寻找两者在不同情景下的演化轨迹以及关系产生、转换的条件，为雄安新区产业生态体系建设提供建议，以推动新区建设进程、实现"雄安质量"的目标，为全国各地区新旧产业模式更替和高质量发展提供参考。

四 雄安新区高端高新产业与传统产业群落关系的情景推演

（一）高端高新产业与传统产业群落关系演变的情景设计

生态学家 Lotka 和数学家 Volterra 提出的 Lotka-Volterra 模型认为，同一环境或者系统内生物物种群落间，存在竞争、共生及混合等多种关系，Lotka-Volterra 模型正是挖掘物种群落间关系演变的方法论工具。从生物学物种群落时空演化的视角看，在建设起步期雄安新区产业生态体系中，存在处于价值链末端的传统产业是不可避免的事实，并且健康的产业生态系统内也必然存在多个类型的产业群落，如高端高新产业和传统产业群落。在系统资源有限的情况下，两者之间必然存在合作促进（共生）或排斥抑制（竞争替代）的关系。鉴于此，本报告参考 Sakthivel、胡军燕、范太胜等学者的相关研究，利用 Lotka-Volterra 模型对两者之间的互动关系和演化机理进行剖析。

为使研究情景更加切合实际，本报告构建了基于有限资源约束、市场调节为主、政府调控为辅的高端高新产业与传统产业关系互动的 Lotka-Volterra 模型。

根据雄安新区现实情况和发展定位，研究假设如下。

H_1：雄安新区产业发展资源有限。

H_2：将雄安新区产业生态系统主体划分为高端高新产业群落和传统产业群落，具体的细分产业都将被划归到这两大群落种类中。

H_3：两大产业群落在关系演化中，以追求产业生态系统整体效益最大化为目标。

H_4：当地政府会根据实际情况适当进行宏观调控，以辅助产业生态系统建设。

H_5：当高端高新产业群落所占比例上升、发展成熟时，其对传统产业的带动以及传统产业自身的升级和改造，必会引起传统产业群落数量增长幅度的降低。

根据上述五个假设，产业群落发展态势将决定资源占有和利用比例的变动趋势，所以要根据雄安新区产业生态系统中两类产业群落关系演变的情况，科学地权衡产业布局和资源分配，争取使资源利用和产业发展效应达到最优。现将参数赋予测度模型。

H 与 T 分别为高端高新产业群落和传统产业群落的环境容纳量，H 与 T 数值不固定，并且 $H > 0$，$T > 0$。

M_1 和 M_2 分别为高端高新产业群落和传统产业群落最大的环境容纳量，即雄安新区在现有资源和环境条件下的成长峰值；且 M_1 和 M_2 数值固定，$M_1 > 0$，$M_2 > 0$。

r_1 和 r_2 分别为高端高新产业群落和传统产业群落在没有相互竞争和政府宏观调控下的自然增长率，$r_1 > 0$，$r_2 > 0$。

α 为传统产业群落对高端高新产业群落的竞争强度，这种竞争强度主要表现为反向阻力的大小；β 为高端高新产业群落对传统产业群落的竞争强度，这种竞争强度主要表现为替代效应。α 越大代表传统产业群落背离高端高新产业群落的现象越明显；β 越大代表高端高新产业群落优势效应越明显。

根据假设的前提条件和设置的参数，构建高端高新产业和传统产业群落互动演化关系的 Lotka Volterra 模型，并将其用两个独立的非线性微分方程表示：

$$dH/dt = r_1 H \times (1 - H/M_1 - \alpha \times T/M_1) \tag{1}$$

$$dT/dt = r_2 T \times (1 - T/M_2 - \beta \times H/M_2) \tag{2}$$

公式（1）（2）中的 H/M_1 和 T/M_2 分别代表高端高新产业和传统产业群落自身能够达到的最大环境容纳量的比例，即自然增长饱和率。由于在区域产业生态系统资源禀赋量一定且 M_1 和 M_2 是固定值的情况下，高端高新产业和传统产业群落的后续增长率会随资源投入的增加而降低，出现拐点，即自然增长达到饱和后，单位资源的追加使产业群落的增长面临较大压力。$1 - H/M_1$ 和 $1 - T/M_2$ 代表在诸如资源有限、宏观调控和规制等条件的约束下，自然增长饱和率对产业群落增长的抑制作用。其中，$1/M_1$、$1/M_2$ 是高端高新产业和传统产业群落的抑制系数，代表抑制效应；并且由α与β的含义得出，α/M_1是传统产业群落对高端高新产业群落的影响，β/M_2是高端高新产业群落对传统产业群落的影响。

（二）高端高新产业与传统产业群落关系的一般演变分析

根据产业生态系统中两类产业群落间的互动关系，其演化轨迹和产生条件有如下几种情况。当高端高新产业群落对传统产业群落成长的竞争优势大于高端高新产业群落在环境约束下受到的抑制作用，高端高新产业群落能抑制传统产业群落的发展，即由$\beta/M_2>1/M_1$，得$M_2<\beta M_1$。βM_1表示将M_1单位的高端高新产业群落按照β换算成相当于βM_1单位的传统产业群落。依照上述推理过程和原理进行类似推导，结合雄安新区实际情况共可得到四种情形：

（1）高端高新产业群落能抑制传统产业群落的发展，即$M_2<\beta M_1$；

（2）高端高新产业群落能带动传统产业群落的发展，即$M_2>\beta M_1$；

（3）传统产业群落能紧随高端高新产业群落的发展，即$M_1<\alpha M_2$；

（4）传统产业群落不能抑制高端高新产业群落的发展，即$M_1>\alpha M_2$。

根据上述不同情形的演算结果，可以将雄安新区产业生态系统中不同类型产业群落的演化过程和互动关系总结为如下三种类型，具体情况如表2所示。

表2　雄安新区产业生态系统中不同产业群落的互动关系、演化过程和产生的条件

关系类型	演化过程（情形）	产生的条件
替代与改造	高端高新产业群落占优 传统产业群落改造升级	$M_2<\beta M_1$；$M_1>\alpha M_2$ $M_2>\beta M_1$；$M_1<\alpha M_2$
带动与发展	高端高新产业群落带动传统产业群落 两类产业群落深度发展	$M_2>\beta M_1$；$M_1>\alpha M_2$
协同与共生	高端高新产业群落与传统产业群落协同发展	$M_1<\alpha M_2$；$M_2>\beta M_1$

替代与改造阶段。高端高新产业输入雄安新区后，在新区发展定位的指引下，高端高新产业群落会走上发展的"快轨道"，同时某种程度上会直接替代和间接促进部分传统产业群落的转型发展，比如倒逼发展潜力不大的传

统产业搬离雄安新区，促进成熟有价值、起基础配套作用的传统产业转型升级，融入新的产业生态圈。

带动与发展阶段。产业群落经过相互作用比较激烈的震荡期之后，高端高新产业群落经过一段时间的积淀，更能适应环境、顺应发展要求，充分利用资源的群落可以得到长足的发展。此外，在此阶段，经过改造升级的传统产业与高端高新产业的关系将更加融洽。在高端高新产业的推动作用与压力下，传统产业群落进一步深化自身的发展，尽力争取较多的发展资源和空间，产业群落间维持着相对平衡；但是这种平衡易受外部动态环境的影响，属于较不稳定的平衡。

协同与共生阶段。经过比较激烈的替代与改造阶段、温和的带动与发展阶段，并且伴随政府宏观政策的调控和引导，无法融入新产业生态系统的群落将被淘汰，处于优势地位的高端高新产业群落及被倒逼转型的传统产业群落将得到合理发展，彼此将形成优势互补共生的关系，这是比较稳定的平衡关系。与此同时，产业群落之间的关系日趋复杂和稳定，进而使产业生态系统的走势趋向闭合稳定的阶段，这是群落演化的最佳境界。

根据上述对二阶段演化关系的分析，归纳出产业群落间互动关系三阶段演化曲线，如图1所示。

通过图1可以看出，在传统产业和高端高新产业群落形态演化过程中，群落数量呈上升趋势，但是每一阶段都会有产业被淘汰，经过替代与改造、带动与发展、协同与共生阶段，最终趋于稳定状态。整体而言，传统产业和高端高新产业群落间关系的演变，受到产业群落自身价值、不可替代性及竞争强度的影响。高端高新产业群落相对传统产业群落来说，具有良好的发展条件，其发展对传统产业群落必然有抑制和带动的双重作用。那么，在此情境下，传统产业群落如何充分利用高端高新产业群落的带动效应、搭上发展的"快轨道"，并最大限度地减少抑制效应成为重中之重。为此，传统产业群落需要着眼于提高自身的发展潜力、增强核心竞争力、提升发展效益，从而不至于被淘汰，与高端高新产业协同发展，共同促进产业生态系统的稳定运行。

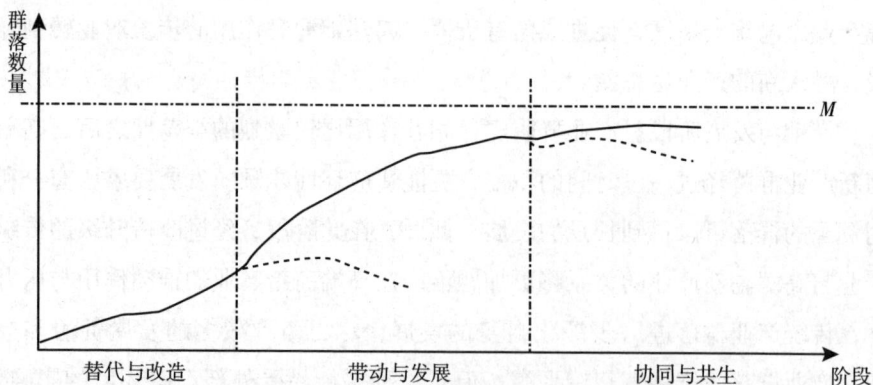

图1 雄安新区产业群落间互动关系三阶段演化曲线

注：M 代表产业群落最大的环境容纳量。

（三）高端高新产业与传统产业群落关系的稳定性分析

产业群落经过替代与改造、带动与发展和协同与共生三个主要发展阶段之后，逐步趋向一定程度的稳定状态。接下来，本报告将对雄安新区高端高新产业和传统产业群落在演化中各自形成的环境容纳量 H 和 T 的稳定点进行分析，找出两者互补共生的理想平衡点和产生的条件，以将各类丰富的资源高效地转化为经济效益，促进雄安新区高质量发展。

令 Lotka-Volterra 模型的两个独立的非线性微分方程相等且等于 0，求其平衡点：

$$dH/dt = dT/dt = 0 \qquad (3)$$

$$r_1 H \times (1 - H/M_1 - \alpha \times T/M_1) - r_2 T \times (1 - T/M_2 - \beta \times H/M_2) = 0 \qquad (4)$$

得到两条截距直线，并使其等于 0：

$$l_H : 1 - H/M_1 - \alpha \times T/M_1 = 0 \qquad (5)$$

$$l_T : 1 - T/M_2 - \beta \times H/M_2 = 0 \qquad (6)$$

通过方程联立求解，可得四个均衡点分别为：（0，0）；$r_2 T = 0$ 与直线

l_H 的交点 A（P_1，0）；$r_1H = 0$ 与直线 l_T 的交点 B（0，P_2）；两条直线的交点 C（X_1，X_2）（见图2）。

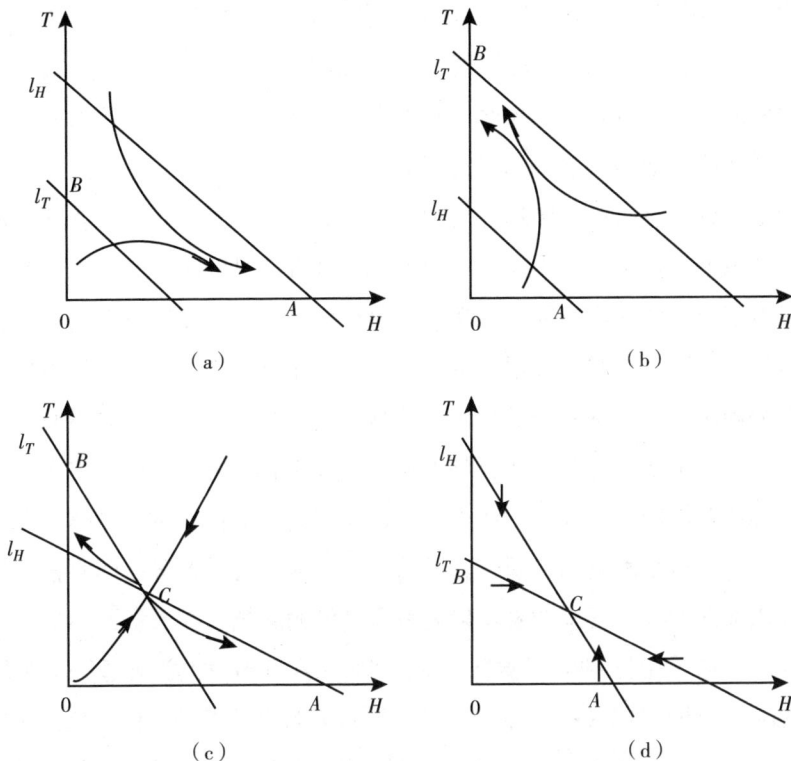

图2 雄安新区产业群落关系的稳定性分析

图2表明，图（a）和图（b）中不存在平衡点，即伴随时间的推延，象限内的任何一点都没有收敛点。一种情况如图（a）所示，最终会趋向 A，即高端高新产业群落占先；或者如图（b）所示趋向 B，传统产业群落占先，由于雄安新区的发展定位，这种情况在现实中不会存在。

图2（a）和（b）两种情况表明，在区域资源有限的情况下，顺应发展环境要求、符合经济增长需要的产业群落所拥有的数量占整个产业生态系统环境容纳总量的比例更大，并将形成独特的竞争优势，最终导致其他产业群落的转型甚至是退出。

图2（c）显示，伴随时间的推移，从 $0C$ 分界线左边出发的任何一点最

终都趋向 B 点（传统产业群落），产业群落的容纳量为 P_2，这种情况可能基本发生在雄安新区产业生态系统构建初期、高端高新产业介入之前或者刚刚介入之时；而从 OC 分界线右边出发的任何一点，最终都会趋向 A 点（高端高新产业群落），容纳量为 P_1。图 2（c）情形下，整个产业生态系统内部群落之间的演变轨迹是不确定的，只有明确扶持对象、厘清发展的主次点和方向，才能确定演化趋势趋向哪种产业群落。

图 2（d）显示，伴随时间的推移，从象限内出发的任何一点最终都会趋向 C 点（传统产业和高端高新产业群落容纳量的平衡点），这说明此时两类产业群落处于协同与共生的状态，同时也意味着在产业生态系统资源最大负载量的情形下，按照自身最佳的规模布局产业可使产业生态系统内的资源得到充分利用，是一种最佳的状态。但是，这种状态往往需要在不断注入各类资源的情况下才能得到维持，如前期受有限资源配置的约束，那么一定会向前三种情况转变，不利于产业生态系统的稳定推进。因此，只有多方位、全渠道整合各类发展资源，保障其供给充足，才能为产业群落的共生以及在动态环境下产业生态系统的稳定发展奠定良好的基础。

综上所述，某种产业群落要想在竞争中处于主导地位，必须具备区位优势、政策支持、资源充足等条件。在高标准、高起点规划建设的雄安新区，由于高端高新产业符合其发展定位而占有了绝对优势，可以预测其将有较好的发展态势。与此同时，还应该综合考虑如何以整个新区产业生态系统长久健康发展为重，带动和帮助传统产业群落发展，协力疏解北京非首都功能，而非"一枝独秀"或者过度挤压传统产业群落。否则，一方面将使能发挥价值的传统产业群落不能充分施展，另一方面使高端高新产业群落的基础配套得不到充分的供应和保障。除此之外，资源充足是雄安新区产业生态系统可持续运转的重要前提，不可否认，基于新区的发展目标，中央、地方都格外关注其发展，初始资源投入量是巨大的。设想随着时间的推移，当雄安新区稳步推进到中后期建设阶段的时候——基本上也是产业生态系统逐步趋向稳定的阶段——出于系统巩固、优化发展的思考，对资源的需求量会日益增加。那么，产业群落在资源约束下，各个群落为了自身发展很容易形成过度竞争的状态；要想克服这一弊端，维持产业群落良好的平衡关系和发展环境，打造全渠道、开放式的对外交流平台，加快对资源的搜索和获取，保障后续资源的跟进，开放式地吸纳更多资源是不可忽视的关键点。

（四）高端高新产业与传统产业群落关系演化的动态分析

从上述分析可以看出，雄安新区产业群落经过关系演化趋向稳定状态，但是伴随时间的推移和环境变化，雄安新区产业群落间的关系可能会发生变化。在资源不足或有限约束下，两者的关系会朝向图 2 中（a）（b）（c）三种情况演化，形成对立关系，与互补共生的最佳状态相悖。因此，研究动态环境下两大产业群落的演化动因、找出关系动态转化的条件，显得尤为重要。

在 Lotka-Volterra 模型中，假设的参数中除 α 和 β（相互间竞争效应）外，其他都是常量。本部分将通过产业群落间互动关系演变轨迹的变化，倒推竞争强度变化对雄安新区产业群落间关系变化的影响。

当 α 和 β 变动时，即高端高新产业和传统产业群落间竞争强度较低时，图 2 中不同情形下的演变结果会发生变化（见图 3）。其中在图 3（a）中，当 β 变小时，l_T 位移到 l_{T1}，此时两大产业群落呈现共生关系的平衡点为 C_0，与此同时，当 α 也减少时，l_H 位移到 l_{H1}，此时两大产业群落共生的平衡点是 C_1，两者间也是共生关系。同理，在图 3（b）中，当 α 减少时，l_H 位移到 l_{H1}，此时两大产业群落呈现共生关系的平衡点是 C_0，β 同时减少时，平衡点由 C_0 移到新的平衡点 C_1，两大产业群落达到更优的平衡点 C_1。在图 3（c）中，当 α 减少时，l_H 位移到 l_{H1}，此时会出现高端高新产业占绝对优势，过度挤压传统产业的情况，导致强者更强、弱者愈弱的情况，即图 2（a）的情形。为避免此情况，不能单方面降低竞争强度，需要高端高新产业和传统产业群落共同降低对彼此的竞争强度，即 α 减小的同时，β 必须减小，方能达到互补共生、协同发展的平衡点 C_0。在图 3（d）中，高端高新产业和传统产业群落已经达到稳定点 C，当 α 减小时，l_H 位移到 l_{H1}，新平衡点为 C_0，仅高端高新产业群落收益增加了；当 β 也变小时，l_T 位移到 l_{T1}，新平衡点为 C_1，仅传统产业群落出现收益递增的现象。

通过上述分析可以看出，竞争强度的变化能够引起两大产业群落关系的

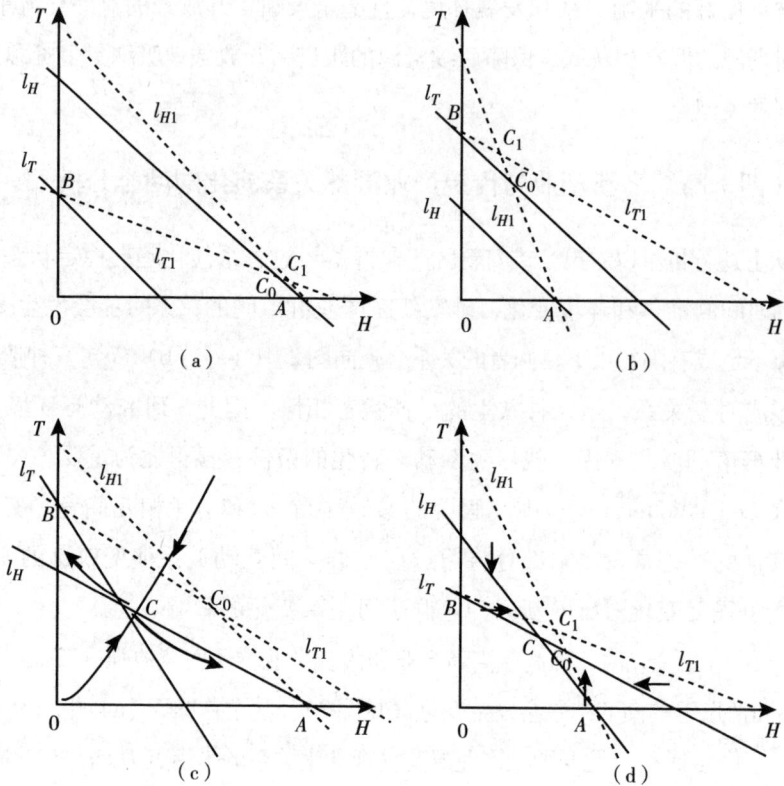

图3　产业群落间竞争强度变化引起的产业群落关系的变动

转变。总体来说，产业群落之间相互竞争的强度越小，越有利于其向协同与共生的方向演化并提升协同发展的拟合度和稳定性，也就越有利于动态复杂环境下产业生态系统的健康发展。因此，产业群落一方面要加强自身核心能力的建设，增强竞争力；另一方面，又要考虑以区域产业发展整体利益最大化为目标，根据实际情况，合理调整发展的步伐，降低产业群落间拉锯式的竞争，寻找各类产业群落发展的最佳环境容纳量，充分共享相互间资源、信息，使协同发展效应达到最大化。

（五）算例分析验证

为验证前文对高端高新产业和传统产业群落关系的 Lotka-Volterra 模型

分析的合理性，本部分将给参数赋值并经过十期迭代的算例求解，检验不同情景下关系演变的合理性。

基于雄安新区的发展定位和目标，将模型主要参数设定为如下数值进行算例分析和模拟。$H_1 = 10$，$T_1 = 30$，高端高新产业群落以基期为准翻倍增长，即 $r_1 = 1$，传统产业群落按基数 25% 增加，即 $r_2 = 0.25$，$H_2 = 20$、$T_2 = 37.5$，$\cdots$，$H_{10} = 100$、$T_{10} \approx 100$，$M_1 = M_2 = 100$（固定的环境容纳量）；$\alpha_1 = 0.1$，$\beta_1 = 0.5$，其中 α 按基期竞争强度的 5% 增加，β 按基期竞争强度的 15% 增加。通过计算，分别得到两类产业群落增长的数量，以此反映两者互动情况，如图 4 所示。

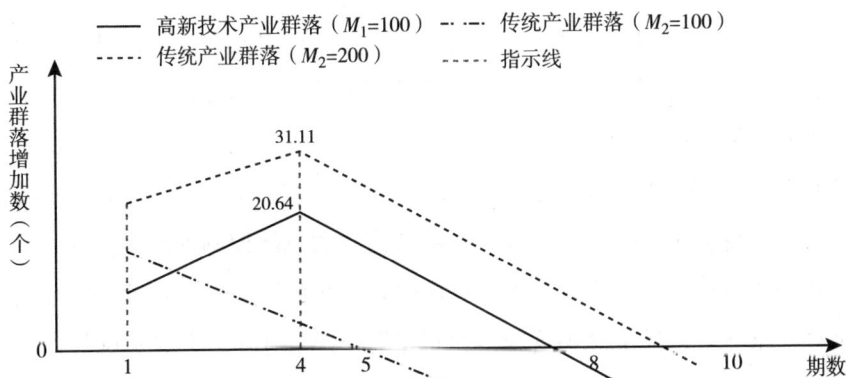

图 4 高新技术产业与传统产业群落互动演化关系的模拟

可以看出，首先，由于高端高新产业和传统产业群落间竞争强度增幅的不同，高端高新产业群落伴随发展优势、竞争力的迅速增强对传统产业群落形成较大竞争强度，产业群落数量的增长幅度处于上升态势，并在第 4 期达到顶点。传统产业群落数量增长幅度在减少，在第 5 期增加数为 0。说明一般情况下自身价值、不可替代性、竞争力等内在因素在群落关系演化中有重要作用。其次，为验证资源充足性有利于缓解产业群落间竞争程度、维持协同共生关系的稳定，当传统产业群落固定的环境容纳量 M_2 增加到 200，即资源数量增加时，传统产业群落数量增长幅度在第 4 期达到顶点，随后出现拐点，与高端高新产业群落演化轨迹基本一致，两者之间排斥度降低，说明充足的资源有利于维持群落间协同与共生的演化关系。再者，在传统产业群落数量出现负增长时，如果高端高新产业群落继续对其加大竞争强度，高端高新产业群落数量的发展也将呈现下降的态势，说明过度竞争不利于产业群落的发展，进而不利于维持协同与共生的关系。特别是在动态环境下，降低产业群落间相互竞争强度是科学构建产业生态系统的必然选择。

五 雄安新区产业生态系统的构建

（一）雄安新区产业生态系统构建思路与原则

鉴于雄安新区的发展处于起步阶段，引导产业群落相互间及其与外界环境的协同演化，对新区产业生态系统的重塑至关重要。因此，只有挖掘出产业群落发展的关键点和高效的路径，进而构建出良好的产业生态系统，才能推动和加快雄安新区高质量发展的进程。基于此，结合上述分析及相关研究，本报告现提出雄安新区产业生态系统构建的总体原则和思路。

要按照政府主导、市场运作、有序引入、协同共进的总体原则，紧紧抓住承接北京非首都功能疏解这个"牛鼻子"，围绕创造"雄安质量"这一目标，遵循数字化、网络化、智能化、绿色化的产业发展方向，科学布局雄安新区产业体系。一是要坚持世界眼光、国际标准、中国特色、高点定位的原则，高起点布局高端高新产业；二是对符合新区发展方向的传统产业实施现代化改造提升；三是优化创新生态系统，增强创新驱动能力，实现双系统驱动雄安新区发展的目标；四是加快建立有利于创新要素集聚、生态环境保护和公共服务质量提升的财税制度和现代金融体系，为构建科技创新、实体经济、现代金融、人力资源协同发展的现代产业体系提供有力支撑。

此外，要始终在京津冀区域发展的大环境下考虑雄安新区的产业建设问题，与京津两地相互融合，共同构筑区域"等边三角形"。一方面，使雄安新区成为弥补河北与京津差异的重要支点、反磁力中心；另一方面，也要避免在发展后期成为与京津格格不入的地区"高峰"，反而成为虹吸极地。因此，另一个不可忽视的重点是规制政策的介入，通过优化经济环境、调整资源配置和产业布局等手段，解决京津冀区域内部不平衡及其与外部环境和谐相处的问题，最终实现高质量、协同发展的目标。

关于原有传统产业的发展问题，应把握以下基本原则。首先，紧紧跟随雄安新区发展方向，在明确将高端高新产业打造成增长极的目标前提下，注重利用扩散效应加强对传统产业的扶持与改造，牢固树立和强化全方位构建产业生态系统的思想。特别是在梳理传统产业发展的思路上，需要关注如下几点：按照传统产业价值贡献大小的原则进行产业筛选、培育，为接轨高端高新产业奠定基础；以产业升级为主、转移为辅，充分发挥应有的价值；政策引导与市场调节机制相结合，在转型方向上积极靠拢高端高新产业，降低两者之间的互斥替代性，充分发挥两者优势互补的效应，共同构建以高端高新产业为主导的产业生态系统。

其次，正确处理高端高新产业和传统产业群落的关系。雄安新区处于起步期，针对从外部引入的高端高新产业与原生传统产业共存的局面和事实，按照传统产业群落积极配合高端高新产业群落的思路去处理两者间的关系，科学布局各类产业。为此，需要不断引进先进的管理理念、聚集创新团队，把高端高新产业引入并使其深耕于新区、为实体经济服务；在此过程中，传统产业群落要积极配合高端高新产业群落，以提供产业发展的基础配套为主。与此同时，高端高新产业群落也要积极把先进技术、理念、发展模式等分享给传统产业群落，助力其全面改造，推动其转型升级的进程，比如对传统产业所依赖的基础设施进行优化，电力设施采用更环保、更高端的光伏发电，交通与物流实现智能出行和配送等；以此实现两类特征差别较大产业的逐步融合，协同促进雄安新区高质量智慧创新之城的建设。

特别需要提及的是，传统产业群落内生产型和服务型产业与高端高新产业相处的问题。对生产型产业而言，重点在于分类筛选，对有发展前景的产业进行技术改造升级，延伸产业链条，提升智能化、信息化水平；针对发展成熟且提升潜力较大的产业，专门规划相关的产业园区，鼓励企业间基于合作共赢的重组，最大程度保障相关企业的利益；针对短期内提升潜力不大，可替代性较强，且与高端产业存在较严重冲突的产业，在政府相关政策的引导下，将其外迁进而使其分离出产业生态圈；对于起基础配套作用的产业，甄别后纳入产业生态系统，作为重点改造和培育对象，加大高端高新产业的带动力度。在传统服务型产业方面，基于雄安新区要发展一批高端服务业的初衷，基本思路在于利用先进的理念和丰富的资源对传统服务业进行整体性改造，形成全新的产业要素，并将其嵌入现代服务业体系中，最终将雄安新区打造为生活、生产一体化的生态型"宜业宜居"新城。

（二）雄安新区产业生态系统基本构成

根据产业生态系统构建的指导思想和基本原则，雄安新区在承接北京非首都功能疏解项目时，首先要明确承接和发展的重点，同时科学处理承接和引入的高端高新产业群落与原有传统产业群落的关系，推动形成起步区、外围组团和特色小城镇协同发展的产业空间格局。鉴于经济系统的动态变化，需要考虑市场、企业、技术的动态联合机制，[1] 通过类比，基于产业链、创新链、价值链、服务链等角度，厘出产品价值的形成也经过相关企业集群的创新（技术）、生产（转化）和应用（市场）三大环节。因此，根据产业生态系统的构成要素和运转机制，综合生态学视角，勾勒出雄安新区产业生态系统是以高端产业群落为主导、传统产业群落为辅肋，各利益群体在内外部环境的交互影响及保障机制作用下，通过创新、生产和应用等环节产生效益，具体情况如图 5 所示。

其中，高端高新产业群落和传统产业群落的互动演化产生推力，促使创新、生产和应用三大子系统高效循环运转，作为开放的区域系统，不断将吸纳和集聚的创新资源要素导入具有核心竞争力的产业集群，最终形成有质量的第一、第二、第三产业融合发展示范区。基于雄安新区开放的物质流、信息流，在此过程中此产业生态系统必然受到自然环境、政策法规、社会环境

---

[1] G. Marklund, N. S. Vonortas and C. W. Wessner, *The Innovation Imperative：National Innovation Strategies in the Global Economy*, Cheltenham：Edward Elgar Publishing, 2009.

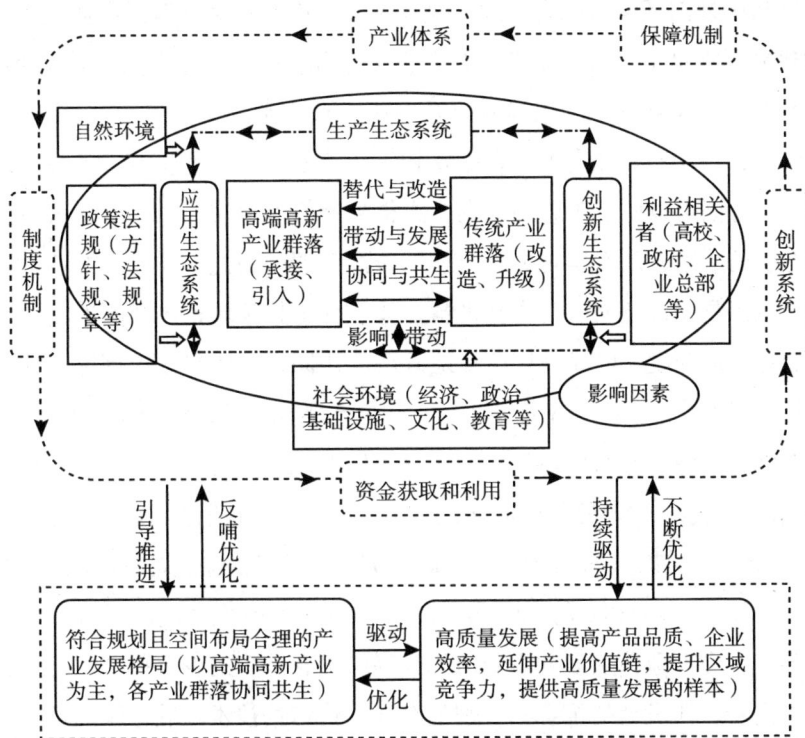

图5 雄安新区产业生态系统

和利益相关者的影响，因此，雄安新区产业生态系统也需要柔性调节三大子系统与外界环境融合的力度，在此过程中需要有良好的创新系统及产业体系、合理的制度机制和充足资金的保障。只有在保障机制的辅助下，才能形成科学的产业发展布局，进而实现高质量发展的目标，同时区域发展水平的不断提升也将优化产业布局，反哺产业生态系统，最终形成可持续的良性循环。

（三）雄安新区产业生态系统保障机制

雄安新区产业生态系统的构建是一个复杂的过程，其核心在于产业群落良好的发展态势需要创新要素的支撑和政策环境的保障。初建期的雄安新区，产业群落特征及相互间的关系比较复杂，最终目的是促进产业间互补共生及其与内外部环境的融合，发挥最大价值。因此，雄安新区产业生态系统的构建需要立足于经济、生态、社会三大子系统，从制度机制、产业体系、创新系统、资金获取及利用等方面建立其保障机制。

第一，不断制定和完善适合雄安新区经济发展的制度机制。良好的政策制度，一方面可以使各阶段的规划方案得到更好的落实，另一方面可以弥补市场调节的缺陷，从而实现更加科学的资源配置。为此，政府需要着力关注如下几点。首先，健全承接协调机制，基于京津冀区域整体及雄安新区实际情况制定管理制度，以促进京津冀地区深度协同发展为目标，探究一体化的高质量发展模式。其次，完善产业生态和创新驱动政策，按照雄安新区规划，制定严格而有创新力的高端高新产业进入标准，积极引导新区承接符合自身发展定位的高校、科研院所和企业总部等，严格限制中低端制造业和服务业的进入。最后，在制定产业规划和引导政策时，要坚持错位发展、互利共赢的原则，积极引导产业合理布局，减缓产业群落间无序发展及过度竞争的态势。

第二，在产业体系规划中着力加强高端高新产业的引领作用。首先，明确高端高新产业发展的重点，特别是在新一代信息技术领域，围绕雄安新区的数字城市建设，重点发展新一代通信网络、物联网、大数据、云计算、人工智能、工业互联网、网络安全等信息技术产业，强化5G网络规划建设和技术创新能力，加速5G产业生态的形成，充分发挥"互联网＋产业生态＋创新生态"的作用，推动建立信息化、高质量的以高端高新企业为主体、以市场需求为导向、"产学研"深度融合的发展模式，不断提升高端高新产业发展水平。充分利用从外部引进的国内外创新项目和企业的辐射带动作用，争取实现"引进一个、带动一批"的增量带动效应；在此基础上，构建功能定位清晰、承接重点突出、布局结构合理的承接平台，提升特色专业化承接能力，吸引符合产业发展重点的高端高新产业项目落户雄安，不断增强自身消化和深耕本地的辐射与凝聚能力，带动传统产业转型升级，实现产业协同发展。其次，甄别高端高新产业发展情况，针对发展态势好、占据优势地位的产业，拓展其发展广度和深度，不断挖掘新的增长点，分散部分竞争压力；针对发展一般的高新产业，围绕其自身优势提高核心竞争力，集中人力、财力和物力发展某几个优势子产业，形成点带面的发展格局，避免盲从和过度多元化，以免造成不必要的资源浪费。与此同时，对于传统产业的发展问题，必须以高端高新产业发展需求为导向使其转型升级。一方面，传统产业应充分利用高端高新产业的带动作用和发展需求，迅速转型升级，提升自身价值，降低被淘汰的速度，跟上雄安新区主流发展趋势和产业生态系统重塑的方向；另一方面，通过创新、产业分离和外包、产业间转换等措施和方式，着力降低竞争强度，最终形成高效有序的产业发展格局。

第三，不断优化雄安新区创新生态，为高质量发展提供不竭动力。首先，创新驱动是促进高质量发展的重要动力，且必须与产业生态相结合（嵌入产业生态系统与实体产业相结合）方有生命力，才能充分发挥价值。因此，在构建雄安新区产业生态系统时，要注重产业链与创新链的融合，在加大创新生态系统建设力度的同时，尝试将创新系统融入产业生态系统，防止两者割裂。其次，加大创新力度可以源源不断地为产业生态系统的优化补充资源，同时也为产业群落向稳定的协同与共生关系的演化奠定基础。在发展实践中应加大三方面的变革。一是创新对象，一方面应加强新区各类产业群落间网络化、动态化的联系，实现发展资源和信息的共享，解决信息不对称引发的过度竞争问题；另一方面也可对各类产业群落进行整合创新，积极打造完整的产业生态链，形成多元化、宽领域、全方位的产业生态位发展格局，不断提升整个产业生态系统的水平。二是创新内容，针对雄安新区产业发展所需的各类政策、资源、技术等发展要素进行创新，加大整合创新资源的力度，使创新资源不断再生，保障供给的充足，为传统产业深度转型升级、高端高新产业持续发展以及两者协调共生奠定雄厚的物质基础，以此健全产业生态系统的支撑框架。三是创新环境，不断厘清雄安新区各类产业群落在各个阶段的发展演变，营造良好的创新环境，积极融入并适应外部环境，处理好与外部环境的关系，保持产业生态系统的开放性，不断获取资源，构建创新研发、孵化转化和产业化"三位一体"的产业创新生态载体，以此促进各类产业群落特别是高端高新产业群落的发展，从而加快高质量发展的进程。

第四，完善投融资机制，保障充足的资金供给。前述研究表明，充足的资源有利于产业群落向协同与共生的关系方向演化，可更好地促进产业生态系统的发展和优化。因此，完善投融资机制，保持雄安新区投融资渠道的顺畅便至关重要，具体可从如下几方面着手。首先，根据不同发展阶段的特征和需求制定资金融通和使用政策，明确资金使用方向，提高使用效率，指导并服务于雄安新区建设。其次，进一步深化多元融资方式，摒弃土地开发建设的城市发展模式，抓住可以发行专项债券的机遇，吸纳社会各界的优质资源。再者，PPP模式可以有效解决雄安新区资金需求大及持续注入的问题，可使有限的政府资本与丰富的社会资本有机结合，拓宽获取资源的渠道。此外，不断完善新区金融体系，特别是加快绿色金融的建设步伐。一是要积极推出包括绿色信贷、债券、基金等在内的多元化绿色金融产品；二是要打造绿色金融功能区，引导金融机构加大对绿色低碳项目的扶持力度；三是要加大对绿色金融相关人才的培育和引进力度。以种种举措引领新区产业体系、基础建设、居民生活工作等全方位绿色发展，不断为产业生态系统的建设创造良好的发展环境。最后，合理利用大型高端高新企业带入新区的资金。一方面，加大创新补助和税收减免力度，鼓励高端高新企业进入新区，并为其创造良好的发展环境；另一方面，企业需要注意处理好与外部各方的关系，在利用外部资源时，也要遵守相关规制政策，积极与各方沟通、协调，使其生产经营符合新区发展要求和社会公众利益最大化的需求，以此获取最大的发展空间，最终合力形成企业绩效显著提升、雄安新区经济高质量发展的共赢局面。

总体而言，为推动雄安新区高质量发展，可持续、良性循环的产业生态系统的形成是一个长期、复杂的过程。一方面，需要处理好经济发展与自然环境保护的关系，要坚持绿色低碳发展理念，对盲目追求经济发展速度、超越环境承载能力、以牺牲环境为代价、与发展定位相悖的行为，要制定完善的规章制度予以规制，保障拥有可持续发展的环境；另一方面，把握好建设时序的尺度，按照习近平总书记提出的"功成不必在我"的精神，在摸索中不断总结经验和完善新的改革措施，促进经济体制和行政体制的有机结合，不断完善现代化治理体系，探究高质量发展模式，实现经济发展高质、环境效益显著和社会福利水平提升的目标。

主要参考文献

魏敏、李书昊：《新时代中国经济高质量发展水平的测度研究》，《数量经济技术经济研究》2018 年第 11 期。

李国平、宋昌耀：《雄安新区高质量发展的战略选择》，《改革》2018 年第 4 期。

张贵、石海洋、刘帅：《京津冀都市圈产业创新网络再造与能力提升》，《河北工业大学学报》（社会科学版）2014 年第 1 期。

张可云、赵文景：《雄安新区高技术产业发展研究》，《河北学刊》2018 年第 5 期。

田学斌、柳天恩：《创新驱动雄安新区传统产业转型升级的路径》，《河北大学学报》（哲学社会科学版）2018 年第 7 期。

孙久文：《雄安新区在京津冀协同发展中的定位》，《甘肃社会科学》2019 年第 2 期。

张贵、刘霄晴、李佳钰：《以京津雄创新三角区领航京津冀世界级城市群建设》，《中共天津市委党校学报》2019 年第 1 期。

李晓华、刘峰：《产业生态系统和战略性新兴产业发展》，《中国工业经济》2013 年第 3 期。

张睿、钱省三：《区域产业生态系统及其生态特性研究》，《研究与发展管理》2009 年第 1 期。

吴鹏举、郭光普：《区域产业生态系统培育及其平台建设研究》，《工业技术经济》2009 年第 2 期。

张晶：《基于系统动力学产业生态系统的限制因子的实证研究》，《中国科技论坛》2014 年第 3 期。

张晶：《产业生态系统发展的评价指标体系与实证》，《统计与决策》2016 年第 7 期。

施晓清：《产业生态系统及其资源生态管理理论研究》，《中国人口·资源与环境》2010 年第 6 期。

陈瑜、谢富纪：《战略性新兴产业空间形态创新的前沿探析和未来展望》，《科技管理研究》2015 年第 1 期。

陈瑜、谢富纪、张以彬：《战略性新兴产业技术创新的生态位演化》，《科技管理研究》2016 年第 23 期。

张琦、万志芳：《国内外产业生态系统研究进展》，《世界林业研究》2016 年第 3 期。

张子珍：《资源型区域产业生态系统组成模型及发育评价》，《云南财经大学学报》2014 年第 6 期。

曹海霞：《资源型区域产业生态系统的演化与治理》，《经济问题》2018 年第 12 期。

石亚碧：《雄安新区建设要处理好高端高新产业和传统产业之间的关系》，《经济论坛》2018 年第 7 期。

范太胜：《基于 Lotka-Volterra 模型的区域低碳产业生态系统演化研究》，《科技管理研究》2014 年第 15 期。

柳天恩、武义清：《雄安新区精准承接北京非首都功能疏解的思考》，《西部论坛》2017 年第 5 期。

柳天恩、武义清：《雄安新区产业高质量发展的内涵要求、重点难点与战略举措》，《西部论坛》2019 年第 4 期。

温科、张贵：《京津冀产业空间关联网络特征及其转移效应研究》，《河北工业大学学报》（社会科学版）2019 年第 1 期。

曹海军：《新区域主义视野下京津冀协同治理及其制度创新》，《天津社会科学》2015 年第 2 期。

叶振宇：《雄安新区产业跨越发展研究》，《天津师范大学学报》（社会科学版）2018 年第 3 期。

胡军燕、饶志燕：《企业内部研发和产学研合作关系研究——基于 Lotka-Volterra 模型》，《科技进步与对策》2014 年第 24 期。

孙丽文、李跃：《京津冀区域创新生态系统生态位适宜度评价》，《科技进步与对策》2017 年第 4 期。

R. A. Frosch and N. Gallopoulos, "Strategies for Manufacturing," *Journal of Scientific American*, 1989, 261 (3).

T. E. Graedel and B. R. Allenby, *Industrial Ecology*, London: Prentice Hall Press, 1995.

Y. Geng and R. Cote, "Diversity in Industrial Ecosystems," *The International Journal of Sustainable Development and World Ecology*, 2007, 14 (4).

G. Marklund, N. S. Vonortas and C. W. Wessner , *The Innovation Imperative: National Innovation Strategies in the Global Economy*, Cheltenham: Edward Elgar Publishing, 2009.

S. A. Morris and D. Pratt, "Analysis of the Lotka－Volterra Competition Equations as a Technological Substitution Model," *Technological Forecasting and Social Change*, 2003, 70 (2).

K. Sakthivel, N. Baranibalan, J. H. Kim, et al. "Stability of Diffusion Coefficients in an Inverse Problem for the Lotka-Volterra Competition System," *Acta Applicandae Mathematicae* , 2010, 111 (2).

V. Veleva, S. Todorova, P. Lowitt, et al. , "Understanding and Addressing Business Needs and Sustainability Challenges: Lessons from Devenss Eco-industrial Park," *Journal of Cleaner Production*, 2015, 87 (1).

B.3
京津冀区域协同创新评价与
雄安新区的建设与发展[*]

王雅洁　王若冰　张　淼**

摘　要： 本报告首先构建区域协同创新水平测度指标体系；然后，基于京津冀三地2013~2017年的数据，采用主成分分析法、熵权法和TOPSIS法对其区域协同创新水平进行测度，分析了京津冀区域协同创新的特征和面临的困境。结果发现：北京市的科技协同创新、主体协同创新和绿色协同创新水平均排名最高，而天津市的产业协同创新水平排名最高。京津冀三地之间的协同创新体系发展很不平衡，主要呈现北京持续领先，天津与河北大幅落后的态势。最后，本报告提出了雄安新区发展建议，即在科技协同创新中应通过知识创造提高河北省科技创新水平；在主体协同创新方面，应集聚大量创新主体从而促进河北省的主体协同创新；在绿色协同创新方面，应发挥绿色创新示范引领作用；在产业协同创新方面，应构建创新生态系统来承接北京产业转移。

关键词： 京津冀　协同创新　雄安新区

---

* 本报告是国家社科基金项目"基于知识溢出的区域协同创新路径与机制研究"（17BGL206）和河北省科学计划项目"基于价值共创的河北省数字经济发展研究（20557633D）"的研究成果。

** 王雅洁，河北工业大学经济管理学院、京津冀发展研究中心副教授，研究方向为产业区域经济发展战略、人力资本管理与组织绩效；王若冰，河北工业大学经济管理学院硕士研究生；张淼，河北工业大学经济管理学院硕士研究生。

一 引言

2017 年 4 月，在京津冀创新协同发展纵深推进阶段，中共中央、国务院决定设立河北雄安新区。雄安新区的建立具有极其重要的战略意义，一方面能够通过打造集中承载地来有效缓解北京的"大城市病"问题，促使北京"瘦身健体"；另一方面，雄安新区是党中央深入推动京津冀协同发展的一项重大决策部署。雄安新区是继深圳经济特区、上海浦东新区之后，又一具有全国战略意义的新区。回顾历史可以发现，深圳经济特区的建设加速了珠三角的区域协同创新，上海浦东新区的建设加速了长三角的区域协同创新，那么雄安新区的建设与发展是否也能够加速京津冀的创新协同发展？

2014 年，京津冀协同发展战略上升为国家战略，目标是将其建设成为第七个世界级城市群。但就目前来看，京津冀城市群距世界城市群的标准还有相当大的差距，主要表现在区域内部协作能力很差，三地之间无法进行产业的良性互动，甚至存在要素单向流动的情况，协同发展很不均衡。协同发展的根本动力在于创新驱动，而创新驱动的核心是协同创新，提高京津冀的区域协同创新能力，能够使区域内各创新要素得到充分的利用和流动，进而增强各个地区之间的交流和借鉴，达到"1 + 1 > 2"的效果。目前来看，三个地区间较大的发展差距使京津冀协同创新发展遇到了瓶颈，只有打破京津冀在协同发展过程中已经形成的均衡，甚至颠覆京津冀当前的协同创新体系，才能有效地促进京津冀创新要素的流动，提升协同创新水平。因此，如何重塑京津冀空间结构、打破原有的生产力布局、促进区域创新要素流动、提升区域整体创新资源的配置效率，成为当前京津冀协同创新发展面临的重大命题。

雄安新区在功能上是首都关联型城市，在地理位置上"身处"河北，这就使京津冀三地在该区域内容易形成紧密的联系与合作，进而破解三地间发展的诸多矛盾，形成更高层次的区域协同创新。理论上，雄安新区不仅会打破京津冀区域内原有的生产力布局，促进要素的重新配置，还会放大河北省与京津的创新协同效应，京津冀能够借助雄安新区的建设与发展来促进区域的协同创新。但是，雄安新区的建设需要科学规划，应当以中央提出的定位为指导，完善顶层设计，科学的规划设计能够加速京津冀区域的协同创新。因此，在京津冀的创新协同发展和雄安新区的建设面前，我们面临着诸多问题——如何实现京津冀的创新协同发展？应当如何建设雄安新区？雄安新区承担着哪些发展任务？这些已经成为具有重大现实需求的命题。因此，立足于推进京津冀区域协同创新的视角，对雄安新区的建设进行规划设计既必要又紧迫。

二 京津冀协同创新水平测度指标体系构建

建立综合性的评价指标体系是构建京津冀协同创新水平测度指标体系的基础，因此，在设计京津冀区域协同创新指数时，既要做到立足实际，又要遵循构建原则。

（一）构建原则

1. 科学性原则

在构建区域协同创新水平测度指标体系时，有必要以相关理论为支撑，以客观规律为基础，选择相关指标。指标要精确、客观、真实，指标体系中的指标要各得其用，不能存在冗余。

2. 系统性原则

指标体系应系统、全面地覆盖报告中与所要研究内容相关的指标。区域协同创新水平测度的综合指标体系一般由多方面的指标构成，而每个方面一般需要多个指标来反映。但指标数据不宜过多，应在全面的基础上简化。

3. 可操作性原则

数据资料应较易获得。定量指标能够通过全国或地区统计年鉴及其他路径获得。定性指标首先应尽量量化，若不能量化应选择易于理解和操作的方法将其剔除。

4. 可比性原则

明晰每个指标的含义、单位、统计口径等，并且尽量确保每一个指标都可以进行横向和纵向比较，以便更好地对比分析不同区域或者区域内不同地区协同创新水平。所以，应尽量多选取相对指标，少选取绝对指标。

5. 独立性原则

因为评价指标的相关性会使实证结果产生偏差，因此评价指标体系中的指标应尽可能地相互独立，即每个指标的内涵和外延不能交叉重叠。

6. 有效性原则

建立的评价指标体系能够有效地反映区域协同创新水平，即评价指标与区域协同创新水平关联性较大。

（二）指标体系

本报告通过借鉴已有文献研究并结合京津冀的特性和指标数据的可获得性，选择从科技协同创新、主体协同创新、绿色协同创新和产业协同创新四个方面来构建区域协同创新水平测度指标体系，三级指标共计 17 个。

科技协同创新指标主要包括知识和技术协同创新。知识创新的成果一般为科技论文、专利和注册商标。发表科技论文数和注册商标数能够代表区域的知识创新能力；专利所有权的转让则是不同创新主体所拥有的不同知识在主体之间充分交流、互通有无的体现，创新要素从创造者到达需求者，可以体现区域间的创新协同。对于技术创新，本报告选取技术市场成交额、技术市场技术输出区域合同数和技术市场技术输入区域合同数这三个指标来考察区域间技术的流动和共享。技术市场成交额可以体现不同地区之间技术创新成果的流通；技术市场技术输出区域合同数可反映本地区技术创新的供应能力，一定程度上体现了本地区创新能力的强弱及其水平的高低；技术市场技术输入区域合同数则体现了本地对技术创新的需求。

协同创新的主体主要包括企业、高等院校、科研机构、政府、金融机构和科研中介机构。其中企业、政府、高等院校和科研机构是核心创新主体。企业一方面为了降低生产成本，会改良生产技术；另一方面为了增加新的收入，会研发新产品，进行技术创新。政府为当地的创新活动提供法律、政策、资金的支持，专利政策、创新激励政策、税收减免政策等可以有效激励各研发创新主体进行创新活动。高等院校和科研机构是进行知识创新的主体，高校中的硕、博士生和导师以及科研机构中的学术带头人等，能够创造出科技论文、科技专利、注册商标等知识层面的创新成果。由于科研机构与高等院校在区域协同创新中起到的作用相似，因此本报告关于主体协同创新选择了高等院校、企业和政府三个创新主体。

面对自然资源约束趋紧、生态环境恶化的现状，中国迫切需要探索如何实现可持续发展。坚持生态优先是实现区域内资源优化配置以及经济协同发展的一个重要前提。不能以牺牲生态换取发展，而是应该以区域资源和环境承载能力为约束，严格划定保障区域可持续发展的底线。因此在研究区域协同创新时，生态协同创新也是一个重要方面。对于绿色协同创新，本报告选取建成区绿化覆盖率为指标，以表现区域内生态环境状况；城市污水处理率和环境污染治理投入强度则充分体现了在发展经济的同时，为了维护生态环境、保护资源、贯彻可持续发展而采取的措施。

产业的发展是区域经济发展的重要内容之一，产业的协同发展对区域的协同发展意义重大，因此在研究区域协同创新时，产业协同创新也是一个重要方面。对于产业协同创新，本报告选用产业产值占比与劳动生产率乘积来测度产业结构高度化；选取科技研究、技术服务和地质勘探业固定资产占全社会固定资产比重来体现社会对科技服务产业的重视程度；由于高技术产业是高技术密集型产业，研发投入高，研发人员比重大，并且对其他企业的渗透能力强，因此本报告选用高技术产业的指标即高技术产业新产品销售收入与新产品研发经费支出之比表示产业创新。本报告构建的京津冀协同创新水平具体测度指标体系见表1。

本报告所有指标数据均来自2014～2018年《中国科技统计年鉴》、《中国环境统计年鉴》和《中国统计年鉴》。其中有关科技研发和高技术产业的指标数据来自《中国科技统计年鉴》，有关环境和资源的指标数据源于《中国环境统计年鉴》，其他指标如地方财政科学技术支出等，来自《中国统计年鉴》。

表1　京津冀协同创新水平测度指标体系

一级指标	二级指标	三级指标	单位
科技协同创新	知识	发表科技论文数(X1)	篇
		专利所有权转让及许可收入(X2)	万元
		注册商标数(X3)	项
	技术	技术市场成交额(X4)	万元
		技术市场技术输出区域合同数(X5)	项
		技术市场技术输入区域合同数(X6)	项
主体协同创新	高校	高校发明专利(X7)	项
		普通高等院校本科毕(结)业人数(X8)	人
	企业	规模以上工业企业技术改造经费支出(X9)	万元
		规模以上企业科研经费对高校和研究机构支出(X10)	万元
	政府	地方财政科学技术支出(X11)	亿元
绿色协同创新	生态	建成区绿化覆盖率(X12)	%
	治理	环境污染治理投入强度(X13)	%
		城市污水处理率(X14)	%
产业协同创新	产业结构	产业结构高度化质量(X15)	
		科技研究、技术服务和地质勘探业固定资产占全社会固定资产比重(X16)	%
	产业创新	高技术产业新产品销售收入与新产品研发经费支出之比(X17)	%

三　京津冀协同创新指数评价方法

(一)评价方法分析

在对区域协同创新水平进行综合评价时,为了真实、可靠地描述各区域协同创新水平的真实情况,需要尽可能全面地选取评价指标,这样可能会使指标数量过多。过多的评价指标很可能反映重合的信息,造成信息冗余,并且增大数据处理的工作量。因此,本报告首先采用主成分分析法来确定指标评价体系,其基本原理是将原来相关指标的线性组合作为主成分,这样一来，主成分之间必定相互独立，并且主成分的个数大大少于原有指标的个数。也就是说，在囊括原来指标变量所包含的大部分信息的前提下，用尽可能少的新指标替换原始较多的指标变量。本报告通过采用主成分分析法来提取主成分作为主要指标，并与指标体系理论框架进行对比，对指标体系的理论框架以实证的方式进行验证，判断指标体系理论框架是否符合实证事实，最终确定京津冀协同创新水平评价指标体系。

在确定了京津冀协同创新水平评价指标体系之后，还需要选择合适的研究方法来确定各项指标的权重。目前确定各项指标权重的方法主要有层次分析法、变异系数法、专家打分法、熵权法等。其中，层次分析法和专家打分法主观性较强，变异系数法虽然客观但是无法反映指标具体含义，而熵权法相对客观且能够充分反映指标的具体含义，其基本原理是根据各指标的无序程度，计算出信息熵，最终得到客观的指标权重。因此，本报告最终选择熵权法来确定各项指标的权重。

综合考虑了评价方法的优缺点及本报告研究问题的特点，本报告最终选择主成分分析法和熵权法来对京津冀协同创新水平进行评价分析。

（二）评价方法概述

首先，采用主成分分析法将众多指标凝缩为包含大部分原指标信息的少数几个主成分，将其作为主要指标，并与指标体系理论框架进行对比验证。

步骤一：数据标准化。这里选取 Z-score 标准化法，即将样本数据进行均值为 0、标准差为 1 的标准化。标准化公式如下所示：

$$S_{ij} = \frac{x_{ij} - \bar{x}_j}{\sigma_j}$$

并求出相关系数矩阵 R，其中 $R = (r_{ij})$（$\rho \times \rho$ 阶矩阵）。相关系数公式为：

$$r_{ij} = \frac{\sum_{k=1}^{n} (S_{ki} - \bar{x}_i)(S_{ki} - \bar{x}_j)}{\sqrt{\sum_{k=1}^{n} (S_{ki} - \bar{x}_i)^2 \sum_{k=1}^{n} (S_{ki} - \bar{x}_j)^2}}$$

步骤二：求出相关系数矩阵 R 的全部非零特征根，即特征值；并按大小将特征值排列成 $\lambda_1 \geq \lambda_2 \geq \cdots \geq \lambda_p$。

步骤三：选择主成分个数。这里将特征值大于等于 1 作为选取主成分的标准；在确定主成分之后，根据主成分载荷是否大于 0.5，确定每个主成分下所包含的指标，并与区域协同创新水平测度指标体系理论框架进行对比验证。

接下来，使用熵权法计算主要指标和综合评价下各指标所占权重。

步骤四：数据非负化处理。由于标准化后的数据有正有负，为了能继续用熵权法处理，所以应对其进行非负化处理。非负化公式如下所示：

$$Z_{ij} = \frac{S_{ij} - \min(S_{ij})}{\max(S_{ij}) - \min(S_{ij})} + 1$$

步骤五：计算各项指标的熵值。根据信息论中信息熵的定义，信息熵公式如下所示：

$$E_j = -K \sum_{i=1}^{n} P_{ij} \ln P_{ij}$$

式中，$K = 1/\ln n$；$P_{ij} = Z_{ij} / \sum_{1}^{n} Z_{ij}$；$n$ 为地区个数。

步骤六：计算各指标的权重值。各项指标权重值的计算公式如下所示：

$$W_j = \frac{d_j}{\sum d_j}$$

式中，$d_j = 1 - E_j$，d_j 被定义为第 j 个指标下样本的变异程度。

（三）测度结果

首先利用 2017 年数据，通过主成分分析法求出各成分的特征值、方差贡献率和累积方差贡献率，并按照特征值大于等于 1 的原则提取主成分。各成分的特征值、方差贡献率等数据见表 2。

表 2　总方差解释

单位：%

成分	初始特征值	方差贡献率	累积方差贡献率	旋转载荷平方和	旋转后方差贡献率	旋转后累积方差贡献率
1	7.634	44.903	44.903	5.803	34.137	34.137
2	3.640	21.410	66.313	4.368	25.695	59.832
3	1.727	10.156	76.470	2.422	14.248	74.080
4	1.418	8.339	84.809	1.824	10.729	84.809
5	0.877	5.161	89.970			
6	0.724	4.257	94.227			
7	0.338	1.990	96.217			
8	0.295	1.734	97.951			
9	0.162	0.953	98.904			
10	0.119	0.700	99.604			
11	0.037	0.220	99.824			
12	0.017	0.097	99.921			
13	0.013	0.079	100			
14	$3.83E-16$	$2.25E-15$	100			
15	$2.86E-17$	$1.68E-16$	100			
16	$-2.90E-17$	$-1.70E-16$	100			
17	$-3.91E-16$	$-2.30E-15$	100			

从表 2 中可以看出，前四个主成分的初始特征值分别为 7.634、3.640、1.727 和 1.418，其方差贡献率分别为 44.903%、21.410%、10.156% 和 8.339%。前四个主成分的特征值均大于 1，且其累积方差贡献率为 84.809%，已经足以反映原指标的绝大多数信息，具有显著代表性，可以描述各地区协同创新水平，因此最终确定的主成分即为前四个主成分。

为了反映各主成分所包含的指标，还必须计算主成分载荷矩阵。由于初始的主成分载荷矩阵描述不够明确，因此采用最大方差法对其进行旋转并得到旋转后的主成分载荷矩阵。旋转后的主成分载荷矩阵见表 3。

表3 主成分载荷矩阵

指标	成分			
	1	2	3	4
发表科技论文数(X1)	0.935	0.027	0.285	-0.112
专利所有权转让及许可收入(X2)	0.955	-0.078	0.218	-0.047
注册商标数(X3)	0.566	0.531	-0.048	-0.130
技术市场成交额(X4)	0.950	0.035	0.226	-0.062
技术市场技术输出区域合同数(X5)	0.913	0.296	0.205	-0.044
技术市场技术输入区域合同数(X6)	0.855	0.472	0.158	-0.030
高校发明专利(X7)	0.459	0.850	-0.079	0.105
普通高等院校本科毕(结)业人数(X8)	-0.146	0.832	0.166	-0.055
规模以上工业企业技术改造经费支出(X9)	-0.051	0.935	0.024	0.178
规模以上企业科研经费对高校和研究机构支出(X10)	0.423	0.882	0.090	0.074
地方财政科学技术支出(X11)	0.599	0.670	-0.056	-0.095
建成区绿化覆盖率(X12)	0.475	0.238	0.710	-0.093
环境污染治理投入强度(X13)	0.315	-0.172	0.816	-0.244
城市污水处理率(X14)	0.145	0.127	0.871	0.062
产业结构高度化质量(X15)	-0.238	0.381	-0.239	0.743
科技研究、技术服务和地质勘探业固定资产占全社会固定资产比重(X16)	0.161	-0.024	-0.293	0.847
高技术产业新产品销售收入与新产品研发经费支出之比(X17)	-0.168	-0.061	0.234	0.619

　　第一主成分在专利所有权转让及许可收入、技术市场成交额、发表科技论文数、技术市场技术输出区域合同数、技术市场技术输入区域合同数、注册商标数等变量上载荷较大,说明第一主成分主要反映了整个区域知识方面如论文、专利和商标以及技术方面如技术市场成交额、技术市场技术输入和输出区域合同数的协同创新。因此,第一主成分与指标体系理论框架中的科技协同创新恰好对应,第一主要指标仍然为科技协同创新。

　　第二主成分在规模以上工业企业技术改造经费支出、规模以上企业科研经费对高校和研究机构支出、高校发明专利、普通高等院校本科毕(结)业人数和地方财政科学技术支出等变量上载荷较大,说明第二主成分主要反映了企业、高等院校和政府三个主体之间的协同及其对区域协同创新水平的贡献。因此，第二主成分对应理论框架中的主体协同创新，第二主要指标仍然为主体协同创新。

第三主成分在城市污水处理率、环境污染治理投入强度、建成区绿化覆盖率等变量上载荷较大，说明第三主成分主要反映了生态及环境治理方面的情况。因此，第三主成分与绿色协同创新相对应，第三主要指标仍然为绿色协同创新。

第四主成分在科技研究、技术服务和地质勘探业固定资产占全社会固定资产比重，产业结构高度化质量和高技术产业新产品销售收入与新产品研发经费支出之比等变量上的载荷较大，说明第四主成分反映了产业协同创新方面的信息，正好与产业协同创新相对应。第四主要指标仍然为产业协同创新。

从结果可以看出，采用主成分分析法提取的主要指标与之前设定的区域协同创新水平测度指标体系的理论框架完全一致，说明测度指标体系理论框架符合实际，接下来的实证过程就按照该指标体系进行。利用熵权法分别求出 2013 年至 2017 年各指标在主要指标和综合评价下所占权重（见表4）。

表4　2013～2017 年各项指标的权重

指标		主要指标下指标权重					综合评价下指标权重				
		2013 年	2014 年	2015 年	2016 年	2017 年	2013 年	2014 年	2015 年	2016 年	2017 年
科技协同创新	X1	0.163	0.165	0.154	0.166	0.160	0.060	0.059	0.057	0.060	0.060
	X2	0.176	0.174	0.211	0.174	0.164	0.064	0.063	0.078	0.063	0.061
	X3	0.164	0.170	0.160	0.181	0.185	0.060	0.061	0.059	0.066	0.069
	X4	0.161	0.162	0.152	0.161	0.157	0.059	0.058	0.056	0.058	0.058
	X5	0.153	0.155	0.149	0.157	0.159	0.056	0.055	0.055	0.057	0.059
	X6	0.183	0.174	0.175	0.162	0.175	0.067	0.062	0.065	0.059	0.065
主体协同创新	X7	0.239	0.202	0.193	0.183	0.174	0.073	0.063	0.056	0.056	0.055
	X8	0.156	0.163	0.173	0.200	0.193	0.048	0.051	0.050	0.062	0.061
	X9	0.190	0.175	0.192	0.181	0.182	0.058	0.055	0.055	0.055	0.058
	X10	0.134	0.186	0.179	0.156	0.172	0.041	0.058	0.052	0.048	0.055
	X11	0.281	0.274	0.264	0.281	0.279	0.086	0.085	0.076	0.086	0.089

指标		主要指标下指标权重					综合评价下指标权重				
		2013 年	2014 年	2015 年	2016 年	2017 年	2013 年	2014 年	2015 年	2016 年	2017 年
绿色协同创新	X12	0.290	0.321	0.281	0.328	0.346	0.050	0.046	0.048	0.052	0.052
	X13	0.350	0.328	0.404	0.289	0.368	0.061	0.047	0.069	0.046	0.055
	X14	0.360	0.351	0.315	0.383	0.286	0.063	0.051	0.054	0.061	0.043
产业协同创新	X15	0.353	0.280	0.296	0.302	0.355	0.055	0.052	0.050	0.052	0.057
	X16	0.338	0.438	0.398	0.305	0.321	0.052	0.081	0.067	0.052	0.051
	X17	0.309	0.281	0.307	0.392	0.325	0.048	0.052	0.052	0.067	0.052

四 京津冀协同创新指数综合排序

(一)排序方法

本报告选取京津冀三个地区作为评价对象，采用 TOPSIS 方法进行排序。TOPSIS 法是根据各方案与理想解的贴近度进行排序的综合评价方法。所谓"理想解"就是一个虚拟方案，这一方案从各方案中集合了各属性的最优值，而"负理想解"则是集合了各属性最劣值的虚拟方案。对多方案排序的原则是：先测算各方案与理想解和负理想解的距离，算出贴近度，然后根据贴近度对各方案排序。本报告首先根据熵权法求出的权重来计算各省市在各主要指标以及综合评价中与最优理想解的贴近度，然后根据贴近度进行排名，主要算法步骤如下。

步骤一：将原始数据进行规范化，得到规范化矩阵。规范化公式如下：

$$V_{ij} = \frac{x_{ij}}{\sqrt{\sum_{i=1}^{n} x^2_{ij}}} (i = 1, 2, \cdots, n; j = 1, 2, \cdots, p)$$

步骤二：构建加权规范数据矩阵 H。其中 h_{ij} 的公式为：

$$h_{ij} = w_j v_{ij} (i = 1, 2, \cdots, n; j = 1, 2, \cdots, p)$$

其中 w_j 是用熵权法计算出的权重。

步骤三：确定各指标的正、负理想解。A^+ 代表理想解，A^- 代表负理想解。

$$A^+ = \{ h_1{}^+, \cdots, h_p{}^+ \}$$

$$A^- = \{ h_1{}^-, \cdots, h_p{}^- \}$$

$$h_j{}^+ = \max(h_{1j}{}^+, h_{2j}{}^+, \cdots, h_{nj}{}^+)$$

$$h_j{}^- = \min(h_{1j}{}^-, h_{2j}{}^-, \cdots, h_{nj}{}^-)$$

这里 $j = 1, 2, \cdots, p$。

步骤四：计算每个方案到正、负理想解的距离。$D_i{}^+$ 表示方案 i 到理想解的距离，$D_i{}^-$ 表示方案 i 到负理想解的距离。

$$D_i{}^+ = \sqrt{\sum_{j=1}^p (v_{ij} - v_j{}^+)^2} \quad (i = 1, 2, \cdots, n; j = 1, 2, \cdots, p)$$

$$D_i{}^- = \sqrt{\sum_{j=1}^p (v_{ij} - v_j{}^-)^2} \quad (i = 1, 2, \cdots, n; j = 1, 2, \cdots, p)$$

步骤五：计算各方案与最优理想解之间的相对接近程度。按贴近度由大到小排序，贴近度越大说明其水平越高。

$$C_i = \frac{D_i{}^-}{D_i{}^+ + D_i{}^-}$$

根据表 4 求出的 2013～2017 年主要指标下的指标权重和规范化后的原始数据，利用 TOPSIS 法计算出 2013～2017 年三省市的主要指标贴近度，如表 5 所示。

表 5　2013～2017 年京津冀区域协同创新贴近度及其排名

单位：分

测度指标	地区	2013 年		2014 年		2015 年		2016 年		2017 年	
		贴近度	排名	贴近度	排名	贴近度	排名	贴近度	排名	贴近度	排名
科技协同创新	北京	0.8566	1	0.8634	1	0.8772	1	0.8965	1	0.9132	1
	天津	0.1170	2	0.1228	2	0.1488	2	0.1041	2	0.0948	2
	河北	0.0612	3	0.0578	3	0.0572	3	0.0611	3	0.0641	3

续表

测试指标	地区	2013 年		2014 年		2015 年		2016 年		2017 年	
		贴近度	排名	贴近度	排名	贴近度	排名	贴近度	排名	贴近度	排名
主体协同创新	北京	0.5650	1	0.5416	1	0.3651	1	0.4182	1	0.4796	1
	天津	0.1603	3	0.1857	3	0.1782	2	0.1951	3	0.1292	3
	河北	0.1775	2	0.1942	2	0.1597	3	0.2262	2	0.1806	2
绿色协同创新	北京	0.7440	1	0.9223	1	0.8287	1	0.9487	1	0.9984	1
	天津	0.2550	3	0.4402	2	0.0441	3	0.0197	3	0.0057	3
	河北	0.4891	2	0.3767	3	0.4763	2	0.4071	2	0.6432	2
产业协同创新	北京	0.5033	2	0.5633	2	0.4626	2	0.2876	3	0.1744	3
	天津	0.7041	1	0.9674	1	0.6561	1	1.0000	1	0.7465	1
	河北	0.2874	3	0.3106	3	0.3120	3	0.3484	2	0.3030	2
综合评价	北京	0.7030	1	0.7077	1	0.6881	1	0.6718	1	0.6725	1
	天津	0.2353	2	0.2932	2	0.2246	2	0.2679	2	0.2539	2
	河北	0.1434	3	0.1521	3	0.1360	3	0.1661	3	0.1639	3

（二）结果分析

从表 5 中可以看出，在协同创新的综合评价中，京津冀地区连续五年的排名均未发生改变，北京在三地中排名第一，天津排名第二，河北排名第三。其中，2013 年北京的协同创新得分约是天津的 2.99 倍，约是河北的 4.9 倍，三地协同创新水平差异很大，下面对四种不同类型的协同创新进行具体分析。

在科技协同创新方面，京津冀地区连续五年排名不变，均是北京市排名第一，天津市排名第二，河北省排名第三（见图 1）。

从科技协同创新的得分来看，北京大幅领先天津与河北，且近几年来差距仍在逐渐扩大。2017 年，北京的科技协同创新得分约是天津的 9.6 倍，约是河北的 14.2 倍，天津与河北亟须加强科技协同创新。北京是我国的科技创新中心，其综合科技创新水平位列全国首位，远高于天津与河北。北京的科技创新主要以高端原创型科技创新为主，多数技术成果流入了南部地区，进行了跨区域转移而未能在天津与河北转化，因此其创新成果对津冀的辐射效果很差，甚至还存在河北向北京"逆向转移"的现象。雄安新区的设立将为河北打造高质量园区提供契机，雄安新区的建设面向的是高技术更新换代与高新产业的发展需求，未来国家将会在雄安新区布局科研中心、技术创新中心，建设重大科研基础设施与平台等，这样不仅能够发源新知识，还能够促使河北、天津与北京的科技成果进行高层次对接。

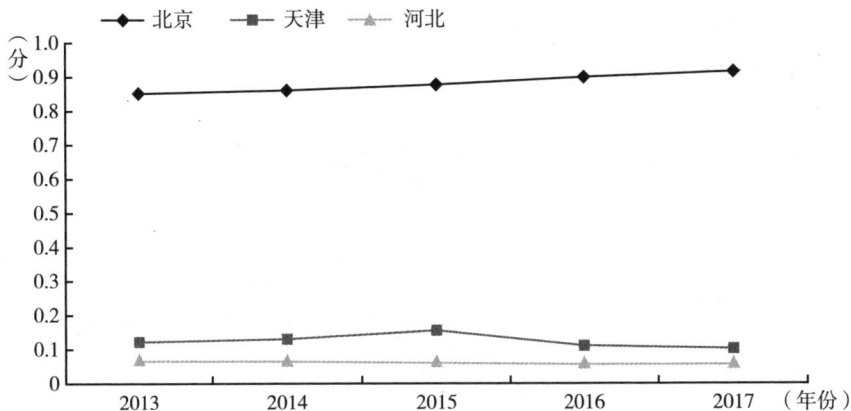

图1　2013～2017年京津冀科技协同创新贴近度分数

从主体协同创新来看，北京市近五年稳居京津冀地区主体协同创新水平首位，河北省除了2015年排在第三名，其他年份均是第二名（见图2）。

从主体协同创新的得分来看，北京大幅领先天津与河北，近几年来三地的差距呈先缩小后扩大的态势。2017年，北京的主体协同创新得分约是天津的3.7倍，约是河北的2.66倍。这是由于北京的重点院校、科研单位、总部企业等在数量上远远高于天津与河北，北京拥有全国1/3的国家重点实验室、超过2/3的两院院士和1/4的国家重点大学，而天津与河北的创新主体数量过少，因此其主体协同创新水平很低。以高等院校为例，北京、天津、河北三地拥有的高等院校数量分别为89所、55所和113所，虽然河北省的高等院校数量最多，但是从"211工程"院校的数量来看，三地拥有的"211工程"院校数量分别为26所、4所和1所，北京拥有的高质量研发人员数量远超天津与河北两地，因而北京的主体创新能力十分突出。雄安新区的定位是创新发展示范区，在建设前期政府会进行大量投入，未来也能够依靠自身的活力来引领创新，因此雄安新区的建设可能有利于河北省的主体协同创新。随着雄安新区的发展，雄安新区在未来还能够依靠自身的活力吸引各地的人才、知识、金融、技术等创新要素，从而能够进一步促进河北省的主体协同创新。

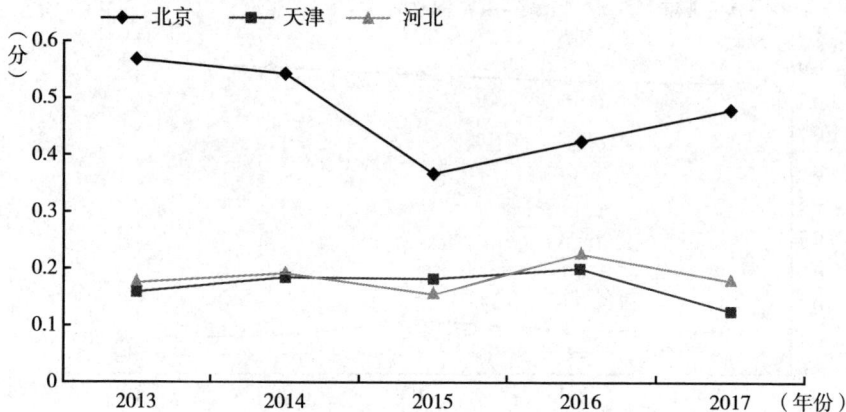

图2　2013～2017年京津冀主体协同创新贴近度分数

　　在绿色协同创新方面，京津冀地区连续五年排名基本不变，基本是北京市排名第一，河北省排名第二，天津市排名第三（见图3）。

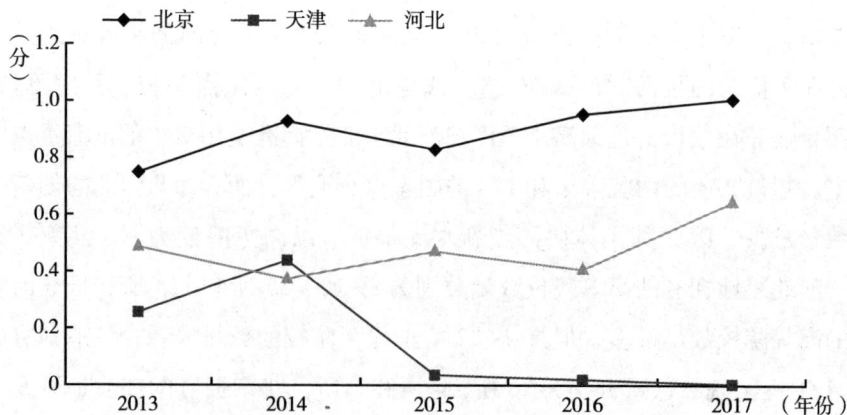

图3　2013～2017年京津冀绿色协同创新贴近度分数

从绿色协同创新的得分来看，北京的绿色协同创新水平最高，天津、河北的绿色协同水平差异不大。可能的原因在于北京以第三产业为主，而天津、河北仍以第二产业为主。近几年尽管津冀两地加大了治污力度，但因为煤电、化工、钢铁是其主导行业，改善难度颇大。雄安新区一个很重要的功能定位是建设绿色生态的宜居新城，这个定位的含义在于要按照绿色、低碳的生活环境要求来倒逼技术创新，以绿色制造来融合高技术产业，驱动现有产业进行绿色升级，这种经济增长方式的转变能够带动京津冀三地的产业升级，进而改善环境污染问题，促进各地的绿色协同创新。

在产业协同创新方面，天津市"一反常态"，超越了河北省和北京市，跃居首位。而北京市在 2015 年及之前均位居第二，2016～2017 年被河北省反超，退到第三（见图 4）。

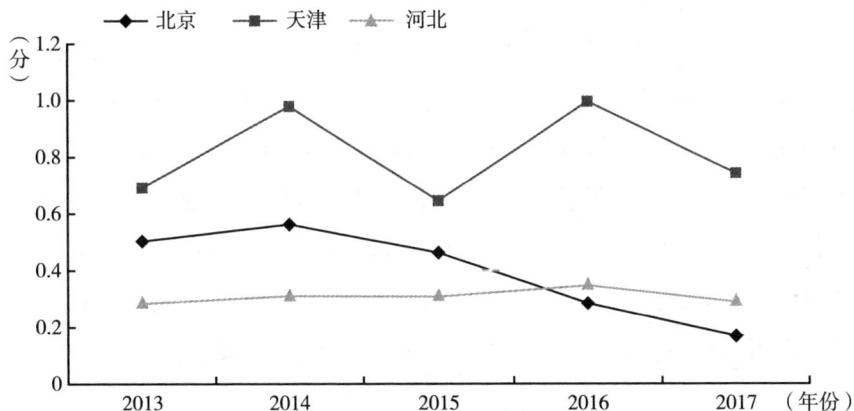

图 4　2013～2017 年京津冀产业协同创新贴近度分数

从产业协同创新的得分来看，天津的产业协同创新能力最高。由此看来，虽然北京的科技协同创新能力很强，但是其产业协同创新能力并不是很强。北京的产业升级能力、企业创新能力均不如津冀，这是由于虽然北京的科技创新成果丰硕，但是其创新成果主要以技术交易等方式流向了其他省市，进而提升了其他省市的产业升级能力和企业创新能力，而未能提升自身。北京如此强大的科技创新之所以未能扩散到津冀，是因为津冀的产业配套能力较弱，缺少产业转移承接能力，并且其创新环境还有待完善。一方面，北京应当以产业转移的方式来提高津冀的产业发展水平；另一方面，津冀应当通过引进项目、学习技术等方式来提高自身的创新能力，进而促使北京的科技创新成果能够与津冀的产业形成有效对接。建设雄安新区的一个重要目的就是疏解北京的非首都功能，因此雄安新区可以作为一个新枢纽来承接北京的产业转移。一方面，雄安新区的发展容量很大，有足够的空间来承接北京疏解出的产业；另一方面，由于雄安新区的定位是建设创新驱动新引擎，因而所承接的不会是资源导向型或环境污染型企业，而是科技型企业。如果雄安新区能够承接北京的产业转移，那么河北的产业发展水平将大幅增强。

综上，京津冀三个地区在创新成果转化、创新主体分布、环境污染治理、产业转移的承接方面均存在显著差异，三地协同创新体系发展很不平衡，主要呈现北京持续领先，天津与河北大幅落后的态势。在京津冀协同发展战略提出后的几年内，京津冀三地协同创新的差距并未明显缩小，这是由于三个地区无论是在经济发展水平、创新创业环境还是在产业结构、教育等方面都存在差距，已经形成了一种所谓的"平衡状态"，如若没有一股新鲜力量打破这种"均衡"，京津冀协同创新的发展将举步维艰。而党中央提出的建设河北雄安新区正是促进京津冀协同创新的一次重大契机，如对雄安新区进行得当的规划设计，京津冀协同发展将会迎来崭新的机遇。

五 雄安新区发展建议

根据中央精神，要将雄安新区建设成绿色生态宜居新城区、创新驱动发展引领区、协调发展示范区、开放发展先行区。在建设过程中，虽然有一些国际与国内的经验可供借鉴，但是由于雄安新区独特的建设背景及区位条件，新区建设任重道远。与深圳、浦东新区相比，雄安新区的情况有其独特之处，一方面，深圳建设初期的技术基础是以劳动密集型为主，浦东新区建设初期的技术基础表现为资本密集型和技术密集型，而雄安新区必须走高技术供给型产业的发展道路；另一方面，雄安新区和深圳、浦东新区所处的历史环境完全不同，因此，难以完全套用传统新区的发展路径，雄安新区必须摒弃过去的发展方式，进行全新的规划设计。雄安新区是党中央为深入推进京津冀协同发展而做出的一项重大决策部署，京津冀区域要想实现世界级城市群的总目标，就必须把雄安新区建设成一个集中、高效、国际化的创新空间载体，让其深度参与京津冀的创新协同发展，以参与协同发展来促进雄安新区的发展。据此，雄安新区在京津冀的科技协同创新、主体协同创新、绿色协同创新、产业协同创新方面承担着四大发展任务。

第一，在科技协同创新方面，雄安新区一方面应当通过知识创造来提高河北省的科技创新水平，另一方面应当依靠知识溢出增强北京的辐射带动作用，进而提高三地的科技协同创新水平。北京是创新中心，其创新成果之所以一直未能辐射到周边，是因为京津冀地区出现了严重的创新链阻梗现象。雄安新区应当对科研机构的体制进行改革，不仅要设立基础研究型机构，还要设立应用型研发机构，并对中试、商品化等环节给予高度重视。首先要建立高密度的研究学园，设立大量的国有科研机构、民营科研机构，做好基础研究工作；其次要注重科研成果的转化，一方面设立大企业的研究部门，另一方面支持企业与高校、科研院所组建创新联盟，探索"产学研"创新体系，提高科技成果的转化能力。

第二，在主体协同创新方面，雄安新区应当集聚大量的创新主体来促进河北省的主体协同创新。在建设初期，不仅要将北京和天津的一些高等院校、科研单位、金融机构及总部企业等搬迁到雄安新区，雄安新区还要建立自己的大学、科研院所等，培养大量的创新主体来进行协同创新。从中长期来看，应当提高雄安新区的吸收能力，高效聚集创新主体。美国硅谷的经验表明，高层次人才具有很强的集聚效应，其对地区的自然环境、生活环境、创新创业环境等要求很高。这就需要雄安新区打造优美生态环境，提高居民的生活品质，加快对央企人才落户、机构落户及人才引进政策的制定，加快教育、医疗、高考政策等相关内容的配套。

第三，在绿色协同创新方面，雄安新区应当发挥绿色创新的示范引领作用。在发展过程中，雄安新区应当转变发展模式，拒绝传统的依靠投资拉动的粗放式增长，而是采用一些先进的适用技术、低碳技术、循环经济技术等，以绿色化和智慧化来推动产业升级。在使用能源上，由于目前整个华北平原都十分缺水，因此雄安新区应探索风能、太阳能、地热能等可再生能源，发展为一个海绵型城市和节水型城市。在环境保护上，雄安新区应遵循"先植绿，后建城"的发展理念，实施"千年秀林"和白洋淀治理工作，加大环境综合治理力度，推动生态修复工作，将雄安新区建设成为绿色生态宜居的新城。

第四，在产业协同创新方面，雄安新区应当构建创新生态系统来承接北京的产业转移。雄安新区不仅要引入资金、人才等单独的创新要素，还要营造良好的生态环境。首先要破除政策的束缚，促使更多的创新要素进行自由流动，一方面需要政府提供公平的竞争环境及透明的规则，建立诚信机制，促使要素自由流动。另一方面要完善基础设施建设，只有建设高质量的文、教、科、卫及道路、通信等基础设施，才能吸引世界各地的创新人才。其次要孕育开放包容的创新文化，雄安新区目前是一张"白纸"，未来要接收大量的外来人口，只有形成包容性强的"移民文化"，才能汇聚多种多样的创新要素。

主要参考文献

薄文广、陈飞：《京津冀协同发展：挑战与困境》，《南开学报》（哲学社会科学版）2015 年第 1 期。

王娟娟：《雄安新区推动京津冀协同发展的可行性分析》，《中国流通经济》2019 年第 4 期。

李兰冰、郭琪、吕程：《雄安新区与京津冀世界级城市群建设》，《南开学报》（哲学社会科学版）2017 年第 4 期。

《经济与管理》编辑部：《雄安新区战略发展的路径选择——"雄安新区与京津冀协同发展：理论及政策"高端论坛专家发言摘编》（上），《经济与管理》2017 年第 3 期。

《经济与管理》编辑部：《雄安新区战略发展的路径选择——"雄安新区与京津冀协

同发展：理论及政策"高端论坛专家发言摘编》（下），《经济与管理》2017 年第 4 期。

孙久文、张红梅：《京津冀一体化中的产业协同发展研究》，《河北工业大学学报》（社会科学版）2014 年第 6 期。

孙瑜康、李国平：《京津冀协同创新水平评价及提升对策研究》，《地理科学进展》2017 年第 1 期。

刘秉镰、孙哲：《京津冀区域协同的路径与雄安新区改革》，《南开学报》（哲学社会科学版）2017 年第 4 期。

张贵、刘霁晴、李佳钰：《以京津雄创新三角区领航京津冀世界级城市群建设》，《中共天津市委党校学报》2019 年第 1 期。

武义青、柳天恩、窦丽琛：《建设雄安创新驱动发展引领区的思考》，《经济与管理》2017 年第 3 期。

孙虎、乔标：《京津冀产业协同发展的问题与建议》，《中国软科学》2015 年第7 期。

B.4
人才资源重构与雄安新区
创新型城市建设*

梁 林 朱叶珊**

摘 要： 作为最重要的创新资源，人才资源对雄安新区创新型城市的构建具有关键性作用。通过检索并分析雄安新区人才资源相关的微信公众号大数据，借助内容分析的方法，探究雄安新区人才资源重构过程中的多元主体及其关系结构，并将其划分成核心层主体、辅助层主体和边缘层主体进行对比分析。研究发现，随着雄安新区的建设发展，政府的行政干预有所下降，但是变化不大，市场作用尚未发挥主要作用；辅助层主体中，金融机构的活跃主体作用不突出；边缘层主体的权重系数最低，对中高端人才公共服务体系和生活保障的打造不足。进而，本报告从优化雄安新区人才资源重构中多元主体及其关系的角度，提出针对性建议，以期能够推进雄安新区创新型城市的构建。

关键词： 人才资源 雄安新区 创新型城市

---

* 本报告是国家社会科学基金项目"韧性视阈下雄安新区人才资源重构机制与实现路径研究"（18CGL019）、河北省自然科学基金项目"动态匹配视角下雄安新区创新发展与人才流动治理的协同机制研究"（G2018202059）、河北省社会科学基金项目"治理群簇视阈下雄安新区人才流动治理路径研究"（HB18GL031）、河北省社会科学发展研究课题"雄安新区人力资源重构过程的韧性治理研究"（201804120201）的研究成果。

** 梁林，河北工业大学经济管理学院和京津冀发展研究中心副研究员、硕士生导师，研究方向为区域人才学；朱叶珊，河北工业大学经济管理学院硕士研究生，研究方向为区域人才学。

构建创新型城市是雄安新区建设发展的目标之一，创新型城市建设有利于促进雄安新区成为未来中国城市的创新标杆和发展样板，有利于促进雄安新区成为新的区域增长极，进一步促进京津冀一体化发展。人才作为知识与技术的关键载体，是创新型城市建设的主导力量、城市经济发展的核心动力源。现代城市发展理论认为，城市发展的本质动力是人的需求，人才聚集是创新型城市发展的关键要素。

然而，雄安新区目前的人才存量水平、配置结构远不足以支撑雄安新区建设创新型城市的发展目标。雄安新区要从内部培育和外部引入两种途径来发展人才，促使两种途径的人才能够进行合理整合，实现科学、有效的配置，重构人才资源以适应雄安新区新的资本形态与发展格局，促进创新型城市的构建，提升国际竞争力。

一 文献综述

重构起源于计算机领域，在区域、城市发展与治理的相关研究中，空间重构、尺度重构、产业重构等方面的研究不断涌现。并且，随着雄安新区的设立和粤港澳大湾区概念的提出，相关研究持续升温。雷振东认为，重构是系统科学的方法论，指对出现分异而不能正常运行的系统进行重新架构进而实现系统的良性运转。P. G. Hall 认为，城市空间重构即剧烈的空间结构演化，包括城市向外扩张和内部空间重组的动态过程。薛冰等以政府、企业和公众为主要分析对象构建空间重构动力分析模型，发现政策条件对空间重构具有最直接的影响。城市空间重构是社会结构变革和实体空间变化的综合体现，城市空间重构既包括空间形式的再构建也包括社会经济关系、生产资源要素的再构建。当区域经济转型、产业调整等空间重构中的社会经济关系发生变化时，伴随着人才流动与聚集，整个区域内部的人才资源存量与结构等将发生伴随性变化，带来人才资源的更新与重组，若人才资源不发生重构，则将无法完成区域整体的空间重构，这将使区域内部人才竞争力与人才效能降低，无法适应产业升级与经济发展。

区域人才相关问题的研究已取得阶段性研究成果，主要沿着人才流动、人才聚集、人才配置的研究脉络展开，这也是区域人才发展的内在逻辑。但学界尚未对如何规划、重组、重构区域内部整体人才资源等相关问题展开理论探讨。在对区域人才资源聚集模式与重塑机制的研究中，美国硅谷人才资源聚集与重塑的实现主要依靠高校、企业及人才个体等多元主体的自组织作用，其中市场发挥了关键作用；日本筑波则以政府理论推动为主导，在人才资源重构过程中逐渐发挥出市场力量。因此，结合区域、城市发展治理中的空间重构等相关研究和区域人才的相关研究，将重构视角引入对人才资源问题的研究，延伸区域人才资源的研究脉络。区域人才资源重构既需要多元治理主体的空间聚集，也需要治理主体间相互作用形成复杂关系。结合其他学科对重构的界定，本报告认为区域人才资源重构是指：在外来人才资源流动、聚集的驱动下，政府、市场、企业、科研机构、个人等多元主体共同参与，形成系统性、协同化的网络关系，从而实现区域人才资源自组织和再配置的过程。

鉴于此，探究多元主体的类别及其关系是优化雄安新区人才资源重构的关键环节。本报告以雄安新区人才资源相关的微信公众号文章为样本数据，进行内容分析，得出雄安新区人才资源重构中的多元主体类型及其关系，进而从优化多元主体关系的角度，提出应打造雄安新区人才资源演化发展的新通道，进一步提高人才资源配置效率，为实现雄安新区人才资源重构的优化提出针对性的治理策略。

二 数据来源与研究方法

（一）雄安新区人才资源重构中多元主体及其关系识别的数据来源与采集

1. 数据的适用性

自雄安新区设立以来，新区的规划编制、政策制定、机构组建、科技创新、智能城市设计、民生就业、产业升级等重点工作顺利开展。雄安新区受关注度高、动用机构多、涉及领域广，人才资源重构伴随雄安新区的成立而发生。但由于雄安新区成立时间较短，相关数据短缺成为对其展开研究的主要限制性因素。因此，本报告选取政府、企业及公众都十分关注的微信公众号作为数据来源，由此具有了显著的实效性与公开性。

"新榜有数"（以下简称"新榜"）是新媒体时代主要的在线数据采集分析平台，围绕以微信、微博为代表的新媒体领域，提供随时即用的数据产品，为新媒体从业者、研究人员、企业提供在线的数据采集和分析服务。新榜大数据平台支持批量采集微信公众号文章，对指定数据库进行舆情分析、词云制作等。该数据平台具有以下优势。第一，数据库比较全面。该数据源既包括"雄安发布""河北发布"等政府官方公众号，也包括新闻媒体的公众号，如"人民日报""光明日报"等，同时也包括普通的公众号，文章涵盖人才政策制度、新闻报道、民生时事等全方位、多层次的内容。第二，数据库关注度高、覆盖率大。《2017年微信经济数据报告》显示，截至2017年底，微信公众号已超过1000万个，其中活跃账号350万个，月活跃粉丝数为7.97亿人，粉丝数量激增促使公众号从单纯内容输出向专业化转变，企业、政府等通过服务号发布官方信息，直接与用户沟通。第三，文章内容相对规范。相比"贴吧""百度"等数据源，大部分微信公众号文章更具权威性、宏观政策性和客观性，一定程度上既可以保证数据源的丰富性又可以保证数据源的方向性。

2. 数据的采集与分析

（1）数据采集

本报告通过新榜大数据平台采集数据，采集时间涵盖2017年4月1日至2019年3月31日，以月为采集单位，以"雄安"和"雄安"并含"人才"为关键词。文章涵盖相关政策制度、新闻报道、原创文章等方面。采集的公众号文章情况如表1所示。

表1 微信公众号相关文章分布情况

检索时间	雄安			雄安 + 人才		
	数量（万篇）	阅读数（万次）	阅读数/篇数（次/篇）	数量（篇）	阅读数（万次）	阅读数/篇数（次/篇）
2017. 4	7.8477	37612.98	4792.867	510	302.2409	5926.292
2017. 5	2.9916	11971.38	4001.665	145	72.1126	4973.283
2017. 6	2.4978	8563.308	3428.34	126	45.1568	3583.873
2017. 7	1.8309	6071.405	3316.077	191	32.399	1696.283
2017. 8	2.2958	7418.069	3231.148	123	23.1562	1882.618
2017. 9	2.1342	6186.511	2898.749	66	18.1415	2748.712
2017. 10	2.8916	6878.801	2378.891	158	48.9432	3097.671
2017. 11	1.9061	5744.992	3014.003	114	41.757	3662.895
2017. 12	2.1386	5479.657	2562.264	342	104.1914	3046.532
2018. 1	1.9526	4980.201	2550.549	563	168.9294	3000.522
2018. 2	1.8019	4949.745	2746.959	721	193.1079	2678.334
2018. 3	3.1378	8060.985	2568.992	911	327.6418	3596.507
2018. 4	2.8927	8658.09	2993.083	1061	306.8937	2892.495
2018. 5	2.4247	5612.654	2314.783	888	174.4434	1964.453
2018. 6	1.9455	5300.148	2724.312	688	122.4183	1779.336
2018. 7	2.1371	5574.704	2608.537	594	104.5857	1760.702
2018. 8	2.3713	5805.35	2448.172	847	125.1466	1477.528
2018. 9	1.8701	3766.655	2014.146	655	109.8924	1677.747
2018. 10	1.5952	2935.906	1840.462	737	264.1849	3584.598
2018. 11	2.2823	4720.788	2068.435	837	242.1507	2893.079
2018. 12	2.2857	4171.752	1825.153	978	386.7923	3954.931
2019. 1	2.8832	6413.652	2224.491	930	418.4085	4499.016
2019. 2	2.0272	3982.329	1964.448	610	267.4010	4383.623
2019. 3	4.1023	9250.431	2254.938	1026	482.3942	4725.394

（2）数据的整理与初步分析

用"阅读数与公众号文章篇数的比值"来描述用户（公众）对特定事件的关注度，分别计算以"雄安"为检索词和以"雄安"并含"人才"为检索词的阅读数与公众号文章篇数的比值，对比与变化情况如图1所示。可以发现，在雄安新区成立两年中，微信用户（公众）对雄安新区的整体关注度整体呈逐渐下降趋势，但对雄安新区人才建设方面的关注逐渐上升，形成一个"直线下降—波动平衡—波动下降—波动上升"的过程。因此，通过微信公众号相关文章，进行雄安新区人才资源重构的相关探索具有可行性和科学性。

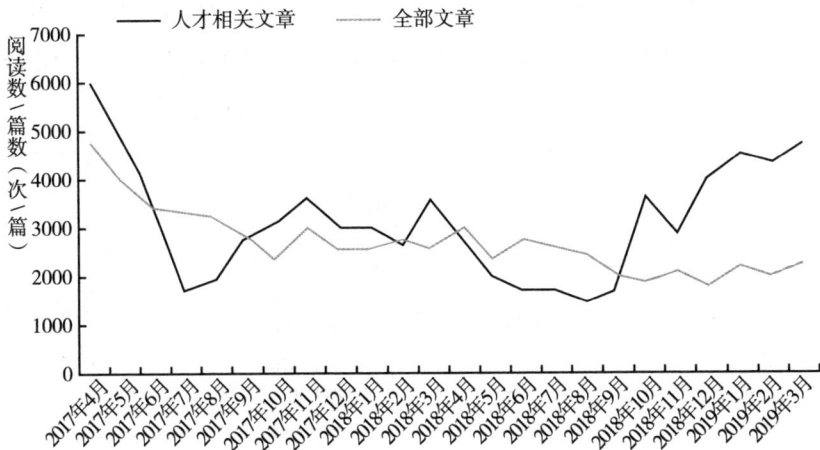

图1　对雄安新区及其人才关注度的变化趋势

通过对采集的全部公众号文章进行初步的词云分析，识别并筛选雄安新区人才资源重构中的关键主体，现绘制词云图如图2所示。

图2　雄安新区人才资源重构多元主体的词云

通过对主体关键词进行词云分析可以发现，权重比例最大的主体是"政府"，词云图中显示的"管委会""国务院"等均是"政府"主体的代表；其次权重最大的是"企业"，词云中包括部分具体企业的名称；然后是

"人力资源"占比最大，"人才""海外人才""国际人才""应聘者""研究团队"等均为"人才"主体的代表；另外，词云图中直接展示出来的其他主体包括"大学""高校""学校""中介机构""科研院""研究中心""金融机构""医院""医疗中心"等。通过词云图的直观展示，可以从整体上初步判断出参与雄安新区人才资源重构的多元主体类型。本报告整理归纳了相关数据，得到多元主体的关键词权重排序，如表2所示。

表2 多元主体的关键词权重分布

单位：%

关键词	权重	关键词	权重
政府	13.65	中介机构	6.73
企业	11.78	社会组织	6.14
培训机构	9.54	医疗机构	5.87
高校	9.37	文娱机构	5.46
人才	8.34	养老机构	3.06
科研机构	8.15	其他	4.40
金融机构	7.51		

随着雄安新区的建设与发展，参与其人才资源重构的多元主体的类型及数量将不断更新变化。因此，本报告以周年为划分阶段，将2017年4月1日~2018年3月31日划分为第一阶段，2018年4月1日~2019年3月31日为第二阶段，针对两个阶段分别进行词云分析，结果如图3和图4所示；并将其整理归纳得出不同阶段多元主体的关键词权重排序（见表3）。

图3 第一阶段雄安新区人才资源重构多元主体的词云

图4 第二阶段雄安新区人才资源重构多元主体的词云

对比第一阶段和第二阶段的词云分析结果可以发现，两个阶段中，"政府""企业"均为权重第一和第二的主体，相比第一阶段，第二阶段中与"人才"密切相关的内容更加凸显与广泛。其次，"金融机构"相关的主体种类增加且所占比重增大，"协会""商会""企业家联盟"等"社会组织"的主体新类型凸显出来。另外，出现了"人才品质""大数据平台""区块链"等关键词。

表3 分阶段多元主体的关键词权重分布

单位：%

第一阶段		第二阶段	
关键词	权重	关键词	权重
政府	16.84	政府	12.41
企业	10.11	企业	11.24
培训机构	9.84	人才	9.34
中介机构	9.01	培训机构	9.12
高校	8.23	高校	8.67
科研机构	8.14	科研机构	8.53
人才	7.82	金融机构	8.12
医疗机构	6.31	中介机构	7.82
社会组织	6.02	社会组织	6.34
金融机构	5.17	医疗机构	3.54
文娱机构	4.02	文娱机构	3.32
养老机构	3.23	养老机构	2.67
其他	5.26	其他	8.88

通过表3中两个阶段的数据对比可以发现，不同阶段中，同一主体的权重不同。但"政府"主体始终占据绝对优势，同时，第二阶段的"政府"主体的权重低于第一阶段；其次为"企业"主体，其第二阶段的权重高于第一阶段，而"培训机构""中介机构""人才""医疗机构""社会组织""金融机构"的权重排列次序均发生了变动，表明随着雄安新区的建设发展，参与其人才资源重构的多元主体类型、数量均处于动态变化之中。其中，政府的行政干预力量主导雄安新区人才资源重构，但随着新区的建设发展，这种作用在渐渐变弱，市场的调控作用逐渐增强，企业主体地位逐渐凸显，组织自身调整和个人主观意愿的作用在人才资源重构中发挥的作用在动态变动中不断强化。另外，第二阶段与第一阶段相比，"其他"的权重上升了，表明随着雄安新区的建设发展，参与雄安新区人才资源重构的主体仍不断涌现，进一步验证了市场调节作用在逐渐增强。

（二）内容分析过程

内容分析法是通过对文本内容的深入挖掘，透过表面现象发掘事物本质的科学方法，可以通过将非量化的信息内容转为定量数据，使研究结果以更加系统、客观和量化的方式得到呈现。该方法一定程度上避免了定量方法中可能存在的不确定性等问题，使研究结果更加系统和客观，确保了研究的信度和效度。内容分析法具有明确的步骤和严谨的逻辑，邱均平等人提出内容分析的基本步骤依次为：提出研究问题、抽取样本、确定分析单元、探索性内容分析、结构性内容分析、解释与检验。本报告内容分析的编码过程借助质性分析软件 Nvivo 11 实现。

1. 样本选取

由于互联网时代的发展与人们生活习惯的改变，从网络获取信息已经成为人们获取信息的最快捷和方便的方式，在时效性方面也远远超过纸质媒介。另外，研究对象为成立时间较短的雄安新区，其具有鲜明的特殊性。新闻报道是获取雄安新区相关消息的最快捷、最直接、最准确的方式，同时也是获取人才资源重构相关情况最真实、最权威和最全面的媒介载体。本报告的数据来源是微信公众号文章，从人才相关的政策制度、新闻报道、原创文章三方面，涵盖雄安新区人才资源重构中的实时动态。

首先，由词云图初步判断雄安新区人才资源重构中的多元主体类型。其次，采取等比分层抽样的方式选取样本文章，以5%（部分年鉴数据采用的抽样比）进行抽样，结果如表4所示。

表4　样本数量分布

单位：篇

第一阶段	样本数量	第二阶段	样本数量
2017. 4	25	2018. 4	53
2017. 5	7	2018. 5	44
2017. 6	6	2018. 6	34
2017. 7	10	2018. 7	30
2017. 8	6	2018. 8	42
2017. 9	3	2018. 9	33
2017. 10	8	2018. 10	37
2017. 11	6	2018. 11	42
2017. 12	17	2018. 12	49
2018. 1	28	2019. 1	47
2018. 2	36	2019. 2	31
2018. 3	46	2019. 3	51
合计	198	合计	493

2. 确定分析单元

分析单元是内容分析的基本单位，一般根据研究的目的、内容和性质进行选择，可以是某些特定的词语、符号、主题、人物以及意义独立的词组、句子、段落乃至整篇文献。由于本报告以政策性文件、新闻报道和原创文章为分析编码对象，新闻报道和政策性文件主题涉及范围比较广，篇幅长短不一。因此，本报告选择能够准确表达内容的句子或者段落作为分析单元。

3. 探索性内容分析

由于缺少分析区域人才资源重构的相关研究框架，因此，编码从探索性编码开始，目的在于编制详细的编码表，且编制完成后，还需对照编码表对本阶段已有编码进行调整，为下一阶段的结构性内容分析提供依据。该阶段采用单人编码的形式，随机抽取第一阶段中的 198 篇文章，以句子或段落作为分析单元，对雄安新区人才资源重构中的多元主体和主体间关系进行编码，具体步骤如下。

逐篇阅读文献，提炼原始编码。利用 Nvivo 11 逐篇分析 198 篇文章，共提取雄安新区人才资源重构中多元主体的原始构念 376 个，主体间关系 183 个。

合并构念。利用 Nvivo 11 合并不同的原始构念，尽量保证类构念的详尽和互斥，并确定编码名称的唯一性，共得到雄安新区人才资源重构中多元主体的初始构念 297 个，主体间关系 141 个。

层次化构念，形成目录结构和编码表。通过区域人才资源的相关研究，并通过课题组讨论和咨询专家的方式，分析雄安新区人才资源重构的多元主体和主体间关系的初始构念，不断合并同类构念，并力图将构念层次化分类。经过三次层次化分类，得到由四级目录组成的编码表。表 5 展示了探索性内容分析编码的一个案例。

表 5　探索性内容分析编码案例

项目	内容
编码来源	公众号："新区早餐"　时间:2018 年 2 月 8 日　文章名:《雄安新区金融科技城项目战略合作协议签署》
编码单位	2018 年 1 月 31 日下午,中国银行、中国雄安建设投资集团有限公司、英国金丝雀码头集团就已共同签署《关于雄安新区金融科技城项目战略合作协议》。协议签署各方将发挥优势助力雄安新区建设具备"世界眼光、国际标准"的金融科技中心以及人力资源协同发展的现代产业体系。建设国际一流的科技创新平台和科技教育基础设施,引进和培育创新型企业,推动形成以企业为主体、市场为导向、产学研深度融合的技术创新体系。
编码内容	主体构念 1:中国银行—银行—金融机构 主体构念 2:中国雄安建设投资集团有限公司—国有企业(独资)—企业 主体构念 3:英国金丝雀码头集团—英国知名房地产开发商(外企)—企业 主体间关系 1:中国银行—中国雄安建设投资集团有限公司—英国金丝雀码头集团(项目合作)

判断探索性研究是否达到理论饱和度。在编码过程中，记录每篇文章新构念、新关系产生的数量，当新构念、新关系的出现数量趋近于0时，基本达到理论饱和度，探索性研究完成，可以开展结构性内容分析。随着编码篇数的增加，本报告得到新构念和新关系的变化趋势具有整体一致性且最终趋近于0，达到理论饱和度。

通过探索性编码发现，多元主体主要通过单个主体、主体间相互作用（主体间关系）对雄安新区人才资源重构产生主要驱动作用。基于主体对客体发生作用的强度和性质，借鉴人才流动、人才聚集、人才效能和人才生态系统的相关研究，将多元主体划分为核心层主体、辅助层主体和边缘层主体（见图5）。

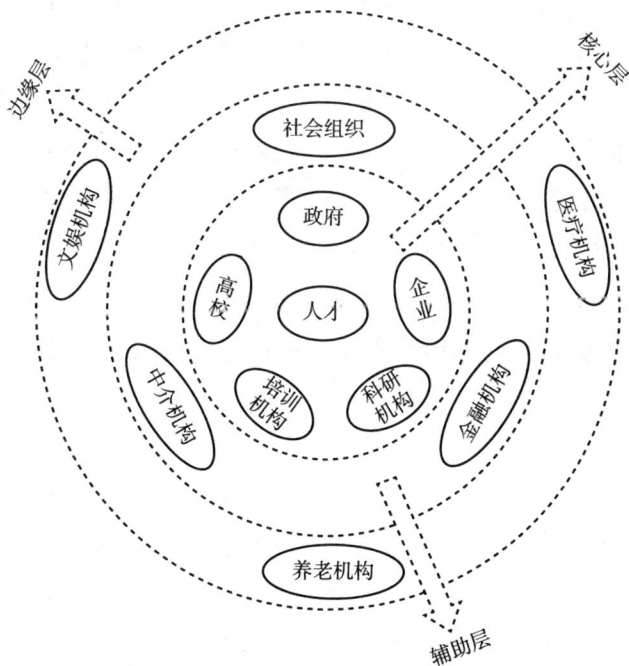

图5 多元主体的层次划分

通过内容分析得到参与雄安新区人才资源重构的多元主体和主体间关系，并根据多元主体参与雄安新区人才资源重构的强度与行为进行层次划分。雄安新区人才资源重构中的多元主体既包括直接参与人才资源重构相关活动的主体，也包括间接参与人才资源重构活动的辅助主体和边缘主体。多元主体间基于不同类别的关系形成错综复杂的网络结构，作用于雄安新区人才资源重构的发生。核心层主体指直接参与人才资源重构活动的行为主体，除人才外还包括宏观调控人才资源的政府和参与人才资源生产的高校、科研机构、培训机构（包括学历教育或成人继续教育机构、技能教育培训集团和商业培训机构）以及主要使用人才资源的企业等。辅助层主体指间接参与人才资源重构，缺乏改造、重构客体的能动需求和客观行为，即不具备对人才资源产生直接影响的行为，但却在人才资源重构中发挥黏合作用、催化作用及中介作用的主体，包括金融机构、中介机构和社会组织。其中，本报告中的中介组织主要指无偿或有偿介绍工作单位、招聘人才等，提供公证性、代理性、信息技术服务性等中介服务的组织或公司，包括人才交流中心、人才服务中心、管理咨询公司；社会组织主要指介于政府、企业之间，商品生产者与经营者之间，为重构客体提供服务、沟通、咨询、监督、自律、资金、协调等，为重构主体提供信息交流、技术服务的相关组织，包括行业协会、人才社团、人才俱乐部等。边缘层主体指不具有改造、重构客体的能动需求和客观行为，但仍对重构客体具有一定程度的认识和影响作用的主体，包括医疗机构、养老机构和文娱机构等。

4. 结构性内容分析

为保证内容分析的信度和效度，结构性内容分析由三名本领域内的研究人员同时展开，其中两名为博士研究生，一名为硕士研究生。首先，通过对照编码表，补充新构念、新关系，不断调整类目结构，使研究更具说服力。在对已有编码表进行充分分析的前提下，将第二阶段 493 篇文献逐篇编码，对照探索性内容分析编码表。其次，在编码过程中不断增补新构念和新关系，调整编码表，最后统计各层次构念和构念间关系，得到一级构念四个、二级构念 16 个、三级构念 107 个、四级构念 355 个的编码表。表 6 展示了一个结构性内容分析编码案例。

表 6　结构性内容分析编码案例

项目	内容
编码来源	公众号:"雄安发布"　　时间:2019 年 3 月 30 日　　文章名:《北京设计师助力! 雄安服装产业探索转型新路》
编码单位	吉文毕业于北京服装学院,2011 年辞职创业,在北京成立了独立工作室。他主要为客户提供男装设计,在宁波、海宁、桐乡、广州都有合作伙伴。目前,与容城县一家羊绒大衣生产企业建立了合作关系,为企业提供原创设计方案,帮助企业创立品牌,已为企业设计了 4 个品类,近百件男装服饰。 现阶段,吉文已经与容城县两家男装服装公司进行了合作,还有几家正在接洽前期事宜。一半时间在北京、一半时间在雄安,吉文也过上了"双城生活"。
编码内容	主体构念 1:吉文—人才 主体构念 2:吉文独立工作室—人才团队—人才 主体构念 3:容城县羊绒大衣生产企业—企业 主体构念 4:容城县两家男装服装公司—企业 主体间关系 1:吉文独立工作室—容城县羊绒大衣生产企业(合作) 主体间关系 2:吉文独立工作室—容城县两家男装服装公司(合作)
对应编码表	人才;企业;人才—企业(合作)

5. 信度及效度检验

(1) 信度检验

为检验编码过程的规范性、编码结果的有效性以及类目的详尽与互斥,需对结构性内容分析进行信度和效度检验。信度衡量的是用同一方法对同一对象进行重复测量时所得结果的一致性程度。编码结果的信度取决于不同编码者对编码表认知的一致性程度,本报告依据的是霍尔斯蒂提出的编码者一致性信度计算公式:

$$
\begin{cases}
K = \dfrac{3M}{N_1 + N_2 + N_3} \\
R = \dfrac{3K}{1 + 2K}
\end{cases}
\tag{a}
$$

其中,M 为对某一构念三名编码者完全相同的分析单元数量,N_1、N_2、N_3 分别为对某一构念三名编码者各自编码的分析单元数;K 为三名编码者平均相互同意度,R 为三名编码者一致性信度,一致性越高表示内容分析的信度越高。目前,多数研究认为 R 在 0.8 之上为可接受水平,0.9 以上为较高水平。根据公式（a）计算出一级构念的 R 值均在 0.83 及以上，二级构念的 R 值均在 0.8 以上，具体如表 7 所示，表明本研究具有较好的编码信度。

表7　编码者一致性信度

一级目录		二级目录	
一级构念	R 值	二级构念	R 值
核心层主体	0.86	人才	0.85
		政府	0.91
		企业	0.85
		高校	0.86
		科研机构	0.84
		培训机构	0.83
辅助层主体	0.84	中介机构	0.84
		金融机构	0.83
		社会组织	0.81
边缘层主体	0.83	医疗机构	0.83
		养老机构	0.81
		文娱机构	0.85
主体间关系	0.84	合作	0.87
		竞争	0.81
		服务	0.82
		指导	0.83

（2）效度检验

内容效度主要由该测量方法的专家进行评定，以确定测量项目与测量内容之间关系的密切度。内容效度评定常用效度（CVR）衡量，其公式为：

$$CVR = \frac{ne - \dfrac{N}{2}}{\dfrac{N}{2}} \qquad (b)$$

其中，ne 为认为测量项目与测量内容合适的专家数；N 为专家总人数。当所有专家认为不合适时，$CVR = -1.00$；当认为合适的专家人数达到一半时，$CVR = 0$；当所有专家均认为合适时，$CVR = 1.00$。本报告剔除 CVR 为 0 和 -1 的 19 个分析单元，其余分析单元的 CVR 均达到 0.5。基于此，结构性内容分析均通过信度和效度的检验。

三 雄安新区人才资源重构中多元主体 及其关系的结果分析

在上述的四级编码目录中，主体构念 258 个。其中，核心层主体构念 109 个，辅助层主体构念 94 个，边缘层主体构念 55 个。主体间关系 97 个。三级编码目录中，主体构念 58 个。其中，核心层主体构念 32 个，辅助层主体构念 14 个，边缘层主体构念 12 个。主体间关系 49 个。二级编码目录中，主体构念 12 个；主体间关系 4 个（见表 8）。

表 8 二级编码目录构念梳理

单位：个

一级构念	核心层主体	辅助层主体	边缘层主体	主体间关系
二级构念及所含三级构念数	人才(5) 政府(6) 企业(4) 高校(3) 科研机构(6) 培训机构(8)	中介机构(4) 金融机构(5) 社会组织(5)	医疗机构(5) 养老机构(3) 文娱机构(4)	合作(24) 竞争(6) 服务(10) 指导(9)

对一、二级构念进行整理和统计，可得各层次构念编码的出现频数，结果如表 9 所示。

表 9 原始编码分布

单位：次

一级构念	二级构念	频数	合计
核心层主体	人才	192	1405
	政府	367	
	企业	241	
	高校	210	
	科研机构	174	
	培训机构	221	

续表

一级构念	二级构念	频数	合计
辅助层主体	中介机构	149	333
	金融机构	102	
	社会组织	82	
边缘层主体	医疗机构	88	179
	文娱机构	52	
	养老机构	39	
主体间关系	合作	216	596
	竞争	107	
	服务	152	
	指导	121	

将原始编码频次依据所在层次编码的总频次进行标准化，结果如表10所示。

表10　标准化编码分布

单位：次，%

构念	频数	重要性
核心层主体	1405	55.91
政府	367	14.60
企业	241	9.59
培训机构	221	8.79
高校	210	8.36
人才	192	7.64
科研机构	174	6.93
辅助层主体	333	13.25
中介机构	149	5.93
金融机构	102	4.06
社会组织	82	3.26
边缘层主体	179	7.12
医疗机构	88	3.50
文娱机构	52	2.07
养老机构	39	1.55

构念	频数	重要性
主体间关系	596	23.72
合作	216	8.60
服务	152	6.05
指导	121	4.81
竞争	107	4.26

整理、汇总数据并进行综合分析，最终确定由四个一级构念、16个二级构念、107个三级构念、355个四级构念组成的编码表，能够比较全面地涵盖参与雄安新区人才资源重构的多元主体和主体间关系。编码表中的高级构念是通过对低级构念的抽象概括而成的，而低级构念则是高级构念的具体表达指标。频数越高意味着该构念在雄安新区人才资源重构中的作用越重要。因此，通过编码频次确定其重要程度，进而确定多元主体和主体间关系在雄安新区人才资源重构中的作用强度。从表10中的数据发现，在雄安新区人才资源重构中，核心层主体最重要（55.91%），其次分别为主体间关系（23.72%）、辅助层主体（13.25%）和边缘层主体（7.12%）。

（一）雄安新区人才资源重构中多元主体的相关分析

在主体范围内，不同主体的重要程度存在明显差异，由核心层主体向边缘层主体呈现递减趋势（见表11）。

表11　不同主体重要程度对比

单位：次，%

	核心层主体	辅助层主体	边缘层主体	合计
频数	1405	333	179	1917
重要程度	73.3	17.4	9.3	100

1. 核心层主体的相关分析

在参与雄安新区人才资源重构的核心层主体中，政府发挥了主导作用（14.60%），政府在多元主体间扮演着多种角色，包括"协调人""顾问""守门人""代理人""联络人"等。相比之下，企业（9.59%）、培训机构（8.79%）、高校（8.36%）、人才（7.64%）、科研机构（6.93%）五个主体发挥的作用较弱，表明雄安新区人才资源重构处于初步阶段，政府的行政干预力量起主导作用，较大程度上决定着对人才群体的吸引、聚集、调整及开发程度。企业是人才资源重构中最具活力的主体，为人才提供了施展技能与才华的平台，并随着市场机制的成熟，企业将逐渐成为市场机制发挥调节作用的有力载体，促进雄安新区高端高新产业链的形成，吸引创新型、创意型、创业型等高端人才。而高校、培训机构、科研机构则是培养人才的摇篮，源源不断地为企业输送专业人才，为企业创新提供不竭动力，进而使人才、企业、高校、科研机构、培训机构可以通过人才需求形成一个具有反馈机制的闭环结构，不断推动雄安新区人才资源重构。

2. 辅助层主体的相关分析

在参与雄安新区人才资源重构的辅助层主体中，重要构念依次为中介机构（5.93%）、金融机构（4.06%）、社会组织（3.26%）。中介机构负责为其他主体提供信息交流与资源流动的平台，同时负责解决多元主体之间信息沟通与资源分配的不对称性问题，在人才与企业之间搭建高效的沟通渠道，促进人才科学配置、企业创新发展。金融机构是市场中最活跃的因素，通过在市场上筹资而获得货币资金，并将其转化为不同种类的金融资产与产品，实现其融资与再配置的功能，并具有对市场主体进行产权约束的功能，金融机构不仅能够为高端人才提供多种金融产品服务，还能够在多元主体之间进行融资、投资，合理引导资金流向与流量，促进资本集中于高效益组织，从而加强多元主体间的经济联系。本报告中的社会组织主要指狭义范围内作用于雄安新区人才资源重构的各类组织，主要包括各类专业学术团体、行业协会、商会、工会、服务型组织、专业人才社团、人才俱乐部等。社会组织在雄安新区人才资源重构中通过整合多元主体之间的关系，使之能够达到有序化、协调化的状态，进而维护相关主体利益，实现共同目标。

3. 边缘层主体的相关分析

在参与雄安新区人才资源重构的边缘层主体中，重要构念依次为医疗机构（3.50%）、文娱机构（2.07%）、养老机构（1.55%）。边缘层主体能够为人才提供生存、生活、精神保障等。医疗机构主要包括医院、诊所、美容院等，为人才的生命、生存、生活提供基本的保障；养老机构主要包括养老院、敬老院、老年公寓等，为人才提供老年生活保障；文娱机构主要包括图书馆、文化馆、博物馆、体育馆等，为人才提供丰富多彩的休闲娱乐生活，提高其生活品质。雄安新区的医疗机构、养老机构和文娱机构正在进一步筹建中，通过不断完善将增强对人才的吸引力和感染力。

（二）雄安新区人才资源重构中多元主体间关系的相关分析

雄安新区人才资源重构中的主体间关系按照重要性排序依次为合作（8.60%）、服务（6.05%）、指导（4.81%）、竞争（4.26%）。可将四种关系分成单向关系（10.86%）和双向关系（12.86%）。其中，单向关系包括服务和指导；双向关系包括合作和竞争。目前，多元主体关系中双向互动关系多于单向关系，但是差距很小。合作主要指两个或两个以上主体通过某种方式共同完成某项任务或计划，包括主体间的工作对接、合作共建、合作交易、合作投资、合作开发、"出资 + 资源合作"等。服务是一个主体向另一主体提供可以满足其某种欲望或需求但不涉及所有权转移的行为，包括资产服务、产品服务等。竞争主要指多元主体之间力图胜过或者压倒对方的行为活动，包括资源争夺、空间竞争、市场竞争等。指导主要指政府主体运用特定的方法、制度或管理体系等多种手段，主导企业、高校等主体相互作用、相互制约的结构、方式总和，包括政策指导、制度规范、行为监督等。

目前，雄安新区人才资源重构中多元主体之间的关系以合作形式为主，其他关系相对偏弱，尤其是竞争关系。由于雄安新区处于起步阶段，人才资源重构也处于初始阶段，各层次主体数量较少，实力较弱，进而大部分主体选择采取合作形式共谋发展，如此才能增强与更新人才资源重构的驱动力。同时，随着主体多样化的实现，形成了更加复杂的网络结构，各主体的定位与关系趋于稳定并发挥合力，促进雄安新区人才资源重构。随着新区的发展，多元主体的类型将不断涌现且数量逐渐丰富，单主体能力将不断强化，竞争关系将不断推动多元主体分工更加专业化，使网络关系越来越复杂，通过多维作用路径驱动雄安新区人才资源重构的发生。

四　从优化人才资源重构视角促进雄安新区创新型城市构建的建议

人才为创新型城市发展提供创新驱动基础，提升其自主创新能力，为其打造创新文化氛围。因此，优化治理多元主体及其关系，促进人才资源重构更加科学高效，在多元主体的共同推动下，提高人才配置效率，开发人才潜力，激活创新要素，催生创新行为，有利于促进雄安新区创新型城市的构建。雄安新区的人才资源渠道主要由外部引入和内部培育两部分组成。人才的内部培育需要政府、企业、高校、培训机构等主体共同努力，形成合力，求同存异，实现城市创新资源的优化配置；外部引进的人才同样需要政府、企业、中介机构等主体互动配合，共同打造良好的生活、工作环境和创新氛围，增强人才吸引力。基于主体及其关系现状，本报告从以下四个方面提出建议，以期能够促进人才在数量、结构、职业领域等方面的重构，提高自主创新能力，激活创新行为，进而推动雄安新区创新型城市的构建。

（一）逐渐强化市场作用，促进政府角色转变为环境的营造者和服务的提供者

在核心层主体中，政府的宏观调控作用处于绝对优势，但随着雄安新区

的建设与发展，市场调节机制将逐渐增强，政府的宏观规划与主导作用会逐渐减弱，并逐渐演变成人才资源重构的环境营造者和服务提供者，即发生角色转变。首先，在创新型城市构建过程中，企业是最核心的要素，尤其是中小企业对雄安新区创新发展的作用不可忽视，通过市场调节经济资源在社会各方面的分配以及物质利益在不同利益集团之间的分配，实现优胜劣汰，焕发经济生机与活力，并激发创新行为的出现。其次，政府要超越市场、引导市场，建立社会保障制度，为企业解除沉重的社会负担，营造良好的外部竞争环境，维护市场和社会秩序，实现与市场的有效配合，充分发挥各自的优势，形成良性互动，政策激励与薪酬激励同步进行，从整体上提高雄安新区人才资源重构的速度，为人才的创新活动提供有利的外部环境。

在核心层主体中，高校、科研机构、培训机构是人才培养生产的关键主体，基于内部培育与外部引进的双驱动方式构建人才体系，在市场与政府的有效配合下，创新雄安新区的政用产学研模式，构建人才基地，形成人才联盟，与外部跨国公司、知名大学、科研机构进行交流与合作的同时，也要加快雄安新区内部高水平大学、科研机构的筹建工作，增强高水平人才的内部培养能力，实现自主创新与技术革新。

（二）强化金融机构作为最活跃主体的角色定位，创新金融科技产品

在辅助层主体中，金融机构是市场中最活跃的主体。在雄安新区创新型城市构建的过程中，其活跃性主体的作用是远远不够的，金融机构是资本运行的核心主体，需在政府鼓励和市场调节下，进一步发挥其以聚集金融资源为代表的综合功能。首先，鉴于中、农、工、建四大国有银行和部分央行直属机构已纷纷入驻雄安新区，以这些机构为带动，进一步引进其他金融机构，协调符合条件的外资银行、证券、保险等机构落户，形成区域性的金融资源聚集中心。其次，创建"雄安"金融品牌，通过设立一系列保险、证券、资产管理公司等"雄安"品牌金融机构，以金融增量撬动雄安新区的创新发展。再次，理顺管理体制，创新金融产品。在金融服务上适当减少中间环节，提高时效，为中小企业提供方便、快捷的专项服务，通过大数据、区块链技术，完善金融链，创新金融服务形式，打造绿色金融，拓宽金融渠道，支持雄安新区创新型城市的打造。最后，完善监管体系，防范金融风险。协调中国人民银行、证监会、银监会、保监会延伸分支机构，增强对雄安新区金融机构的监管，并在雄安新区内部组建金融监管组织体系，应用大数据监控金融违法行为，维护社会信用体系，打造金融生态区，聚集高级金融人才，促进城市的创新建设。

在辅助层主体中，需进一步增强中介机构的中介作用，为企业与人才提供高效、及时的沟通平台，保障双方信息的透明与公开，政府在支持中介机构发展的同时，要建立健全准入制度和监管制度，完善人事、劳动争议仲裁工作并规范人才服务关系和招聘应聘等工作程序。社会组织对人才之间的交流互动具有关键作用，应主动在政府授权的范围内承担起相应的社会责任，同时，需进一步鼓励雄安新区非营利组织形式的多样化。

（三）完善人才公共服务体系的功能布局，营造人才创新发展的优质环境

从不同层次主体的权重对比来看，边缘层主体所占权重很低，雄安新区对人才生存、生活、工作环境的营造，以及对人才公共服务体系的构建有待提高。文化、医疗卫生与养老等问题是人才比较关注的问题，其中，高端生物医学、医疗中心等的筹建对人才资源重构发挥较大的作用；养老机构的作用薄弱，在一定程度上也反映了雄安新区"异地养老"模式的提出。

通过政府的宏观调控和市场的有效配置，不断推动企业、社会组织、金融机构等主体积极主动地参与到医疗机构、文娱机构和养老机构的建设与完善中，进而强化核心层主体、辅助层主体与边缘层主体之间的联系与相互作用，综合政府、市场和社会三方力量，共同打造公共服务与生活保障体系，使服务管理体制规范有效、便捷高效、安全智能，能够不断吸引高端人才流入、优化配置，进而推动创新型城市持续、健康、快速发展。

（四）适当促进竞争关系的形成，推动多元主体之间的专业化分工

从主体间的关系类型来看，现阶段以合作关系为主，其次为服务、指导、竞争。竞争关系所占权重最低，经过内容分析发现，竞争关系主要包括传统企业与导入企业对生存空间、资源的竞争，不同培训机构间的竞争等，其他主体间的竞争关系比较薄弱。在经济社会中，竞争在一定程度上能够推动经济发展，促进社会进步。适度的竞争能够促进竞争者提高自身水平，发挥主体优势，最大限度地开发潜能。另外，竞争与合作相辅相成，密不可分，只有竞争，没有合作，竞争缺乏潜力；只有合作，没有竞争，合作缺乏动力。目前，雄安新区的大部分项目均被国企、央企等大型企业承接，在为央企、国企提供落户与发展机会的同时，不应忽视为中小型企业提供发展与参与竞争的机会，可以通过"大带小"的形式开展项目分工与合作，使小企业能够在合作与竞争的环境中不断进化与发展。另外，适度的竞争又能够不断推动不同主体之间分工更加专业化，激发创新行为的产生，促进雄安新区创新型城市的构建。如，科研机构与高校之间的竞争主要存在于生源选择和项目承接方面，通过适当的竞争，突出其优势与专业化水平，进而培育专项人才与承接优势项目，并且可以通过合作的形式共同开展对综合性人才的培养与对综合性项目的承接，通过优势互补，提升项目的完成水平。

参考文献

张峰、李雪铭、杨俊：《基于创意人才发展的城市人居环境评价研究》，《河南科学》2014 年第 32 期。

雷振东：《整合与重构——关中乡村聚落转型研究》，东南大学出版社，2009。

薛冰、张黎明、耿涌、任婉侠、逯承鹏、田旭：《基于空间重构视角的老工业区人地关系研究——以沈阳市铁西区为例》，《地理科学》2015 年第 7 期。

杨海华：《尺度重组视角下中国城市群空间重构探究》，《区域经济评论》2019 年第

2 期。

郝寿义、曹清峰:《国家级新区在区域协同发展中的作用——再论国家级新区》《南开学报》(哲学社会科学版) 2018 年第 2 期。

刘兵、曹文蕊、梁林:《京津冀人才配置关键影响因素识别及模式研究》,《科技进步与对策》2017 年第 19 期。

邱均平、邹菲:《关于内容分析法的研究》,《中国图书馆学报》2004 年第 2 期。

刘兵、梁林、李嫄:《我国区域人才聚集影响因素识别及驱动模式探究》,《人口与经济》2013 年第 4 期。

P. G. Hall, "The World Cities," *Geographical Journal*, 1966, 144 (02).

L. Rourke and T. Anderson, "Validity in Quantitative Content Analysis," *Educational Technology Research & Development*, 2004, 52 (1).

O. R. Holsti, *Content Analysis for the Social Sciences and Humanities*, Don Mills: Addison Wesley Publishing Company, 1969.

B.5

科技金融与雄安新区创新型城市建设

——来自我国创新型城市试点的经验证据[*]

李媛媛　刘思羽　郭宁宁[**]

摘　要： 本报告选取我国 17 个创新型城市试点 2010～2017 年面板数据为样本，采用因子分析与熵值法测算了科技金融指数与创新型城市发展指数，通过面板 VAR 模型实证探究科技金融及其各维度对创新型城市发展的影响，实证结果表明：科技金融对创新型城市的发展有显著的正向促进作用，且具有长期性。科技金融各维度——政府创新投入、人力资源投入、资本市场投入和企业研发投入对创新型城市发展均具有显著的正向促进作用。其中，政府创新投入或政策支持以及培养人才或人才引进对创新型城市的发展起到更加直接的作用。最后，基于雄安新区现状，本报告从加大政府创新投入、创新资本市场、加强企业研发、吸纳科技人才等方面为雄安新区建设成为国际一流创新型城市提供对策建议。

　*　本报告是河北省高等学校人文社会科学研究项目"基于产业转型视角的河北省科技金融创新体系重构与预警研究"（BJ2016067）、河北省软科学研究项目"基于区域创新能力提升的河北省金融生态系统优化研究"（18455301D）、河北省社会科学基金项目"多重融合背景下河北省金融生态系统运行与稳定性研究"（HB17YJ047）、天津市社会科学基金项目"基于金融生态的天津市企业自主创新能力提升机制与路径研究"（TJLJQN17－001）的研究成果。

**　李媛媛，河北工业大学经济管理学院副教授、硕士生导师，研究方向为科技金融、区域金融等；刘思羽，河北工业大学经济管理学院硕士研究生；郭宁宁，河北工业大学经济管理学院硕士研究生。

关键词: 雄安新区 科技金融 创新型城市 面板 VAR

2018 年《国务院关于河北雄安新区总体规划(2018—2035 年)的批复》指出,要将雄安新区建设成为国际一流的创新型城市。创新型城市是创新型国家建设中的一个基本单元,创新型城市的发展水平直接影响着我国创新型国家建设的进程。众所周知,创新型城市的建设与发展离不开金融投入和科技产出两个重要因素。一方面,创新型城市的发展需要科技创新,在科技创新过程中充足的物质基础不可或缺,这就需要金融体系提供资金;另一方面,科技创新水平不断提高和完善的过程也对金融体系提出了更高的要求,不断促进城市金融体系的优化与改革。科技与金融二者相辅相成、不断融合,促进科研成果转化为实际的生产力。因此,完善金融服务、增强科技创新能力、推动科技创新与金融体系的融合已经成为引领产业发展、推动创新创业、创建创新型城市的重要支柱。雄安新区要想依赖创新驱动实现跨越式发展、促进经济发展方式的转变、建设成为国际一流创新型城市,需要科技金融作为重要支撑。基于此,本报告以我国 17 个创新型城市试点 2010～2017 年面板数据为样本,采用因子分析和熵值法测度科技金融指数与创新型城市发展指数,通过面板 VAR 模型检验科技金融对创新型城市发展的影响,为雄安新区创新型城市建设提供科学的政策建议。

一 内涵界定与指标体系

(一)内涵界定

1. 科技金融内涵

国外学者关于科技金融的研究较早,但是并没有给出确切的概念,而是更加注重对科技与金融之间关系的研究。国内学者的研究始于 1993 年,即我国成立了中国科技金融促进会之后，然而关于科技金融的定义彼时尚未达成一致，但究其本质却是统一的，都是指科技与金融的融合，目的是促进科技的发展。目前，对科技金融的定义使用较多的是赵昌文等在《科技金融》一书中提出的：科技金融是由政府、企业与市场等在科技创新融资中所组成的一个体系，是国家科技创新体系和金融体系的重要组成部分。之后，孙伍琴就概念所属领域对科技金融内涵做了补充，认为，科技金融涉及基于技术创新所需要的制度、政策与服务。房汉廷认为科技金融是一种经济范式，它由"技术—经济范式""金融—经济范式""企业家—经济范式"三个子系统组成。

2. 创新型城市内涵

国外对创新型城市的表述主要分为两种，分别为"the creative city"和"the innovative city"，前者更多强调理论与文化创新，后者主要强调技术与制度的革新。国内对创新型城市的内涵定义主要分为狭义和广义两个方面。狭义的创新型城市在政府的引导下，大力培养高技术企业，形成自主创新模式，以科技推动城市发展。广义的界定在此基础上增加了城市的文化氛围和精神追求，强调可持续发展的发展方式。在对创新型城市构成要素的研究中，赵黎明是我国首位提出城市创新系统理论的学者，他认为创新型城市的构成要素分为创新型主体、创新资源、创新文化与创新制度，这一思想目前在学术界认可度较高。王保乾和罗伟峰在此基础上考虑到了生态效益，认为创新型城市经济增长方式必须遵循生态经济规律，在创新型城市的创新绩效测算中增加了能源与资源投入要素。Cozzolino 进一步考虑到了社会法制问题，在创新型城市效率测算中增加了法制发展指标。Margarida Mario 将创意与文化纳入创新型城市研究体系中，综合衡量创新型城市发展水平。

（二）指标体系

1. 科技金融指标体系

科技金融通过金融资本的支持促进科技的发展，主要是对一些初创型的科技企业进行融资，但它并不是一个金融对科技进行支持的单向活动，而是金融与科技之间的一种双向互动。一方面，各企业希望得到来自各个主体的支持；另一方面，各主体通过对科技企业的投资想获得可观的回报。我国科技金融主体主要包含政府、科技创新企业和金融机构等，同时考虑到人力资本对科技金融发展的重要作用，因此本报告选取政府创新投入、人力资源投入、企业研发投入、资本市场投入维度来衡量科技金融发展水平，具体指标如表1所示。

表1　科技金融评价指标体系

一级指标	二级指标	指标说明	单位
人力资源投入	R&D人员比重	R&D人员/就业人数	%
政府创新投入	科学技术支出比重	政府科学技术支出/政府财政支出	%
资本市场投入	银行新增存贷比	新增存款额/新增贷款额	%
	保险深度	保费收入/GDP	%
企业研发投入	上市企业研发比重	企业研发支出/GDP	%

2. 创新型城市发展指标体系

基于世界上现有创新型城市发展经验，可以发现创新型城市一般具有以下特征：一是创新投入高且自主创新能力强；二是经济实现高质量发展；三是为居民生活与城市发展营造良好的氛围与环境。因此本报告选择知识创新水平、社会经济基础、支撑服务基础三个指标维度测算创新型城市发展水平，在各个维度下设立了二级指标，具体指标如表2所示。

表2　创新型城市发展评价指标体系

一级指标	二级指标	单位
知识创新水平	R&D经费	亿元
	专利授权数	项
	生活污水处理率	%
	生活垃圾无害处理率	%

续表

一级指标	二级指标	单位
社会经济基础	人均GDP	元
	外商直接投资	亿元
	输出技术成交额	亿元
	输出技术合同数	个
	旅游人数	万人
支撑服务基础	人均公共藏书	本/人
	人均道路面积	平方米/人
	人均医院、卫生所数量	个/万人
	万元GDP电耗	KWh/万元
	万元GDP水耗	吨/万元

二 数据处理与指标计算

（一）样本选取

我国在2008年将深圳设为首个国家创新型城市试点，并在后期依次设立大连、青岛、厦门等城市作为试点，截至目前，创新型城市试点总数已经达到57个。基于数据的可得性与城市的代表性，本报告从中选取17个城市——北京、天津、上海、重庆、广州、深圳、哈尔滨、济南、青岛、杭州、南京、宁波、厦门、沈阳、大连、武汉和西安作为研究对象。研究数据来源：《中国城市统计年鉴》（2010～2017年）和各城市的统计公报、统计年鉴等。

（二）指标计算

1. 计算方法——因子分析和熵值法

本报告采用因子分析法和熵值法，对创新型城市发展进行综合评价。运用因子分析法将多指标转化为少数不相关指标，在尽可能保留原始变量信息的前提下,利用某几个因子反映原始变量的相关关系。运用熵值法计算综合指标体系中各指标所含信息有序程度,得到各个指标的信息熵,进而确定权重,消除人为因素干扰,使评价结果更加科学合理。

2. 科技金融指数计算

根据科技金融评价指标体系,对科技金融各维度进行排名,其中资本市场投入指标采用因子分析法,得到资本市场投入指数,具体数值与排名如表3、图1所示。

表3　科技金融各维度指数及排名

城市	政府创新投入指数	排名	人力资源投入指数	排名	资本市场投入指数	排名	企业研发投入指数	排名
北　京	4.901	3	2.074	2	2.595	1	2.629	1
大　连	3.438	9	1.295	9	-0.696	14	0.363	17
广　州	4.254	6	0.686	15	0.570	4	0.720	9
哈尔滨	1.493	16	0.844	13	-0.190	8	0.416	15
杭　州	3.604	8	1.309	8	-0.346	10	0.725	8
济　南	1.822	15	1.156	10	-0.484	13	0.550	13
南　京	4.405	5	1.937	4	-0.033	7	0.564	12
宁　波	3.255	10	1.314	7	-0.436	12	0.402	16
青　岛	2.314	13	0.579	16	-0.846	15	1.144	3
厦　门	3.031	11	1.506	6	-0.293	9	0.416	14
上　海	5.388	2	2.728	1	1.131	2	1.090	5
深　圳	6.339	1	2.019	3	0.478	5	1.168	2
沈　阳	2.789	12	1.065	12	-0.359	11	0.609	11
天　津	4.415	4	1.901	5	0.649	3	1.103	4
武　汉	3.618	7	0.799	14	-0.872	16	0.751	7
西　安	2.304	14	1.149	11	0.367	6	0.715	10
重　庆	1.188	17	0.332	17	-1.034	17	0.944	6

通过对科技金融二级指标进行主成分分析,提取两个公因子,其特征值分别是1.953和1.199,累计方差贡献率达80.12%;之后以各公因子方差所占累计方差贡献率的比重计算权重,对各公因子的因子得分进行加权汇总,得出科技金融指数,结果见表4。

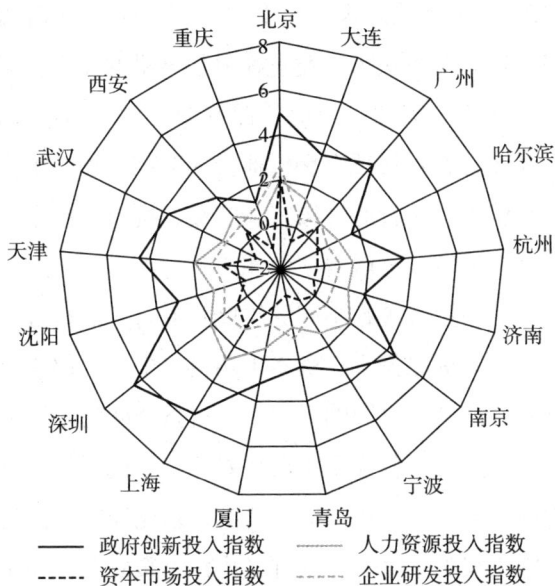

图 1　科技金融各维度指数

表 4　2010～2017 年 17 个城市科技金融指数及其均值和排名

城市	2010 年	2011 年	2012 年	2013 年	2014 年	2015 年	2016 年	2017 年	均值	排名
北　京	1.101	1.169	1.458	1.743	2.075	2.442	2.837	-0.307	1.565	1
大　连	-0.806	-0.730	-0.769	-0.742	0.704	-0.702	-0.276	-0.082	-0.602	17
广　州	-0.404	-0.575	-0.558	-0.570	-0.391	-0.218	0.401	0.254	-0.258	11
哈尔滨	-0.798	-0.874	-0.772	-0.708	-0.299	-0.342	-0.238	0.130	-0.488	15
杭　州	-0.436	-0.535	-0.471	-0.365	-0.294	-0.107	0.215	0.414	-0.197	8
济　南	-0.761	-0.912	-0.810	-0.677	-0.603	-0.295	0.210	0.249	-0.450	14
南　京	-0.398	-0.543	-0.473	-0.428	-0.322	-0.191	0.075	0.528	-0.219	9
宁　波	-0.205	-0.372	-0.303	-0.178	0.035	0.370	0.596	0.714	0.082	5
青　岛	-0.798	-0.871	-0.824	-0.579	-0.488	-0.369	-0.076	0.067	-0.492	16
厦　门	-0.201	-0.317	-0.273	-0.075	0.042	0.189	0.213	0.292	-0.017	6
上　海	0.451	0.244	0.320	0.269	0.477	0.797	1.157	1.077	0.599	3
深　圳	0.195	0.068	0.110	0.164	0.252	0.421	0.406	-0.335	0.160	4
沈　阳	-0.674	-0.811	-0.709	-0.703	-0.417	-0.496	0.292	0.574	-0.368	12
天　津	1.098	0.807	0.980	1.047	1.327	1.705	2.167	2.297	1.428	2
武　汉	-0.764	-0.674	-0.793	-0.309	-0.546	-0.368	-0.164	0.027	-0.449	13
西　安	-0.415	-0.261	-0.218	-0.102	-0.154	0.006	0.304	0.364	-0.059	7
重　庆	-0.313	-0.369	-0.431	-0.346	-0.309	-0.122	-0.065	0.066	-0.236	10

通过表3、表4可以看出，第一，17个城市的科技金融指数整体呈现出逐年递增的趋势，这说明各城市日益重视科技金融的发展，逐步加大各方面投入力度。第二，北京、天津、上海、深圳四个城市科技金融发展较为突出，各维度都表现优秀，各科技金融主体投入较高，相关工作人员技术水平高，科技金融水平整体发展较好。第三，宁波、杭州、南京等东部沿海城市紧随其后，这些城市虽然已经取得了一些成就，但是与北京、上海等城市相比还有一定的差距，一些城市在不同的维度具有自身的短板。例如，南京市在政府创新投入、人力资源投入、资本市场投入中排名都较为靠前，但企业研发投入排名落后，从整体上影响了南京市科技金融的发展水平；而杭州市虽然排名不是很靠前，但是各维度排名相差不大，说明杭州市在科技金融各方面发展比较均衡。第四，华东地区如济南，东北地区包括哈尔滨、大连等城市科技金融发展比较落后，各维度排名均较为靠后，这些城市应加大科技金融投入，努力提高地区科技金融发展水平。

3. 创新型城市发展指数计算

通过对创新型城市二级指标分别进行主成分分析，提取公因子，对各维度下公因子的因子得分进行加权汇总，计算创新型城市发展指数各维度（知识创新水平、社会经济基础、支撑服务基础）因子得分，结果如表5、图2所示。

表5 创新型城市发展指数各维度因子得分及排名

城市	知识创新水平因子得分	排名	社会经济基础因子得分	排名	支撑服务基础因子得分	排名
北 京	0.025	1	0.033	1	0.008	5
大 连	0.002	15	0.005	9	0.003	16
广 州	0.007	7	0.003	10	0.006	13
哈尔滨	0.003	12	0.001	15	0.006	14
杭 州	0.009	6	0.005	8	0.007	8
济 南	0.003	14	0.001	16	0.006	12
南 京	0.004	10	0.006	7	0.010	3
宁 波	0.009	4	0.002	14	0.008	4
青 岛	0.001	17	0.003	12	0.002	17

城市	知识创新水平因子得分	排名	社会经济基础因子得分	排名	支撑服务基础因子得分	排名
厦　门	0.001	16	0.000	17	0.005	15
上　海	0.018	2	0.018	2	0.013	2
深　圳	0.016	3	0.002	13	0.006	10
沈　阳	0.003	13	0.003	11	0.006	11
天　津	0.009	5	0.014	3	0.018	1
武　汉	0.004	11	0.008	5	0.007	7
西　安	0.006	9	0.008	6	0.007	6
重　庆	0.006	8	0.014	4	0.006	9

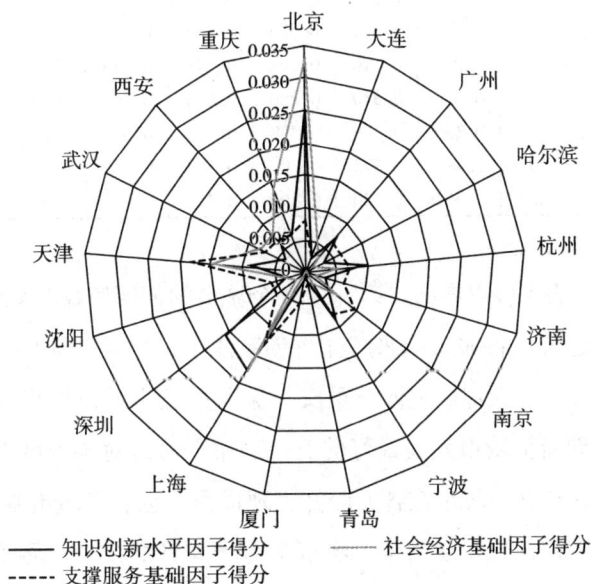

图2　创新型城市发展指数各维度因子得分

运用熵值法判断各公因子的离散程度，根据因子离散程度的大小，判断该因子对发展模式水平的影响程度。通过将3个公因子进行标准化处理得到熵值与各因子权重，将这些指标的权重分别与其所对应的得分相乘求和，得到各城市创新型城市发展指数，结果如表6所示。

表6　2010～2017年17个城市创新型城市发展指数及其均值和排名

城市	2010年	2011年	2012年	2013年	2014年	2015年	2016年	2017年	均值	排名
北 京	1.844	1.999	2.327	2.160	2.796	3.166	3.376	3.604	2.659	1
天 津	0.751	0.888	1.013	1.252	1.373	1.513	1.765	1.673	1.279	3
上 海	1.414	1.524	1.651	1.696	1.750	1.829	1.908	1.999	1.721	2
重 庆	1.842	0.661	0.761	0.825	0.881	0.984	1.098	1.081	1.017	4
广 州	0.385	0.345	0.407	0.424	0.462	0.532	0.586	0.680	0.478	11
深 圳	0.494	0.522	0.611	0.687	0.695	0.905	0.982	1.217	0.764	5
哈尔滨	0.295	0.240	0.211	0.233	0.251	0.267	0.294	0.272	0.258	14
济 南	0.161	0.209	0.168	0.189	0.175	0.196	0.257	0.321	0.210	16
青 岛	0.129	0.158	0.209	0.171	0.194	0.244	0.282	0.306	0.212	15
杭 州	0.495	0.531	0.619	0.628	0.629	0.728	0.738	0.767	0.642	7
南 京	0.451	0.517	0.642	0.577	0.531	0.664	0.630	0.643	0.582	9
宁 波	0.399	0.457	0.587	0.591	0.529	0.566	0.545	0.449	0.515	10
厦 门	0.120	0.118	0.077	0.126	0.121	0.141	0.175	0.182	0.133	17
沈 阳	0.446	0.393	0.397	0.340	0.260	0.240	0.295	0.291	0.333	13
大 连	0.360	0.376	0.390	0.430	0.498	0.212	0.302	0.277	0.356	12
武 汉	0.341	0.397	0.481	0.573	0.703	0.778	0.845	0.896	0.627	8
西 安	0.415	0.451	0.562	0.680	0.793	0.853	0.954	1.029	0.717	6

通过表5、表6可以看出，第一，17个城市的创新型城市发展指数基本呈现逐年递增的趋势，各城市越来越注重创新水平，推动产业创新，实现跨越发展。第二，北京、天津、上海、重庆、深圳这五个城市的得分远远高于其他城市，属于创新型城市发展最好的五个城市。通过对各维度因子得分结果分析可以发现，这几个城市在各方面都表现优秀，创新型城市基础设施完善，城市建设资源丰富，研发能力强，经济实力雄厚且高技术产品输出金额都远高于其余的城市。第三，西安、杭州、武汉、南京、宁波、广州的创新型城市发展指数紧随其后，在这六个城市中有四个属于长三角城市群，其中南京和杭州是长三角城市群的副中心。长江三角洲因为其独特的地理优势与交通优势，外贸出口便利，经济发达。第四，大连、沈阳、哈尔滨、青岛、济南和厦门的创新型城市发展指数都比较靠后，表明了这六个创新型城市发展较为缓慢，整体水平不佳。因此，这几个城市需要在今后发展中加大创新投入与经济建设的力度，营造良好的社会氛围。

三　模型构建与实证分析

（一）模型构建

本报告采用面板 VAR 模型来分析科技金融及其四个维度对创新型城市发展的影响。面板 VAR 模型的公式为：

$$y_{it} = \alpha_i + \beta_0 + \sum_{j=1}^{p} \beta_j \, y_{i,t-j} + \gamma_{i,t} + \mu_{i,t} \qquad (a)$$

上式中，y_{it} 是一个包含六个变量 $\{city, \; fintech, \; hc, \; government, \; capital, \; business\}$ 的向量，其中创新型城市发展指数用"$city$"表示，科技金融指数用"$fintech$"表示，人力资源投入指数用"hc"表示，政府创新投入指数用"$government$"表示，资本市场投入指数用"$capital$"表示，企业研发投入指数用"$business$"表示。在面板 VAR 模型中，i 代表城市，t 代表年份，考虑到个体的异质性，引入变量 α_i 反映个体异质性，变量 $\gamma_{i,t}$ 反映个体的时点效应，$\mu_{i,t}$ 为服从正态分布的随机扰动项。

（二）面板 VAR 模型估计

1. 变量描述性统计

各变量描述性统计如表 7 所示。

表 7　变量描述性统计

单位：个

变量	样本量	平均值	方差	最小值	最大值
$city$	136	0.735	0.667	0.077	3.604
hc	136	0.217	1.000	-1.486	2.771
$government$	136	0.035	0.999	-0.766	3.581
$capital$	136	0.077	1.000	-2.235	3.445
$business$	136	0.613	0.454	0.125	2.101
$fintech$	136	0.002	0.608	-0.910	2.840

2. 确定最佳滞后阶数

本报告采用连玉君老师的 PVAR 程序包中关于面板 VAR 的估计，根据 AIC（赤池信息量）、BIC（贝叶斯信息量）、HQIC（汉南—奎因信息量）准则确定最佳滞后阶数（Lag），结果如表 8 所示。从表 8 中可以得出，科技金融指数及四个维度指数的最佳滞后阶数均为 2。

表 8　面板 VAR 模型滞后阶数

	Lag	AIC	BIC	HQIC
fintech	1	2.802	1.755	3.486
	2	1.117 *	1.003 *	1.276 *
	3	3.475	2.473	1.928
government	1	1.322	2.300	1.718
	2	−1.644 *	−0.437 *	−1.158
	3	−0.849	0.652	−0.254
hc	1	1.283	2.261	1.679
	2	0.733 *	1.940 *	1.218 *
	3	1.694	3.195	2.289
capital	1	0.105	1.083	0.501
	2	−0.607 *	0.600 *	−0.121 *
	3	−0.101	1.400	0.494
business	1	1.606	2.690	2.026
	2	0.559 *	1.767 *	1.045 *
	3	0.774	2.277	1.374

注：* 表示在 10% 的显著性水平下显著为正。

采用 GMM 估计科技金融指数以及四个维度指数对创新型城市发展指数的影响，具体回归估计结果如表 9 所示。

表 9　面板 VAR 模型估计结果

	系数	S. E.	p 值
PartA:科技金融指数			
fintech $j_{(t-2)}$ 科技金融指数	0.570 *	0.144	0.004
PartB:四个维度			
government$_{(t-1)}$	0.478 **	0.283	0.091

	系数	S. E.	p 值
$hc_{(t-2)}$	0.289 *	0.214	0.001
$capital_{(t-2)}$	0.046 **	0.174	0.068
$business_{(t-2)}$	0.005 **	0.042	0.077

注：* 、** 分别表示在 1%、10% 的显著性水平下显著为正。

从科技金融总体水平来看，科技金融指数滞后两期的系数为 0.570，且在 1% 的水平下显著为正，表明科技金融对创新型城市的发展有显著的促进作用，往期科技金融的投入对创新型城市的发展有重要的推动作用。

从科技金融各个维度来看，（1）政府创新投入对创新型城市发展的影响在 10% 的显著性水平下为正，系数为 0.478，影响程度最大，表明政府创新投入对创新型城市建设有着不可或缺的支撑作用，城市创新发展离不开政府的推动。政府作为国家管理的行政机关，对整个城市的发展进行调控与配置，相比其他主体，政府对科技的发展方向和市场的最新动态有着更为清晰的认识。（2）人力资源投入对创新型城市的影响在 1% 的显著性水平下显著为正，系数为 0.289，影响程度较大，科技型人才的凝聚与投入对创新型城市发展有积极的推动作用。（3）资本市场投入对创新型城市发展的影响在 10% 的显著性水平下显著为正，系数为 0.046，程度较弱，说明资本市场对创新型城市的发展有着积极的影响，银行信贷、风险投资等为城市发展提供了大量的资金，在一定程度上缓解了城市创新中的资金短缺问题。（4）企业研发投入对创新型城市发展的影响在 10% 的显著性水平下显著为正，系数为 0.005，影响程度最弱，说明企业创新投入对创新型城市发展也具有促进作用，但目前影响效果较小。这可能是因为企业在决策时往往将自身发展放在首要位置，较少考虑所产生的社会效应，进而导致资源错配，在一定程度上掣肘了城市创新发展。

脉冲响应函数是一种非参数模型的分析方法，根据脉冲响应函数的定义，当恒量给予变量一个标准差的冲击时，将对其他变量造成短期或者长期的冲击。本报告利用 Monte Carl 模拟 500 次，分别给予变量一个标准差的冲击，得到 95% 置信区间的各个变量的脉冲响应函数图。

图 3 是科技金融指数对创新型城市发展指数的脉冲响应函数结果，从图 3 可知，给科技金融指数一个标准差的冲击，创新性城市发展指数在当期迅速做出反应，产生正响应状态，短期内这种正响应逐渐增强，在第 1 期达到顶峰，随后随着滞后期的逐渐延长，正响应增长速度逐渐减弱，但是第 1 ~ 6 期冲击后的整体趋势为正向影响。这说明科技金融的冲击对创新型城市发展具有显著的正向作用，且具有长期性，大力发展科技金融会增加这种正向效应，对城市创新活动具有积极作用。

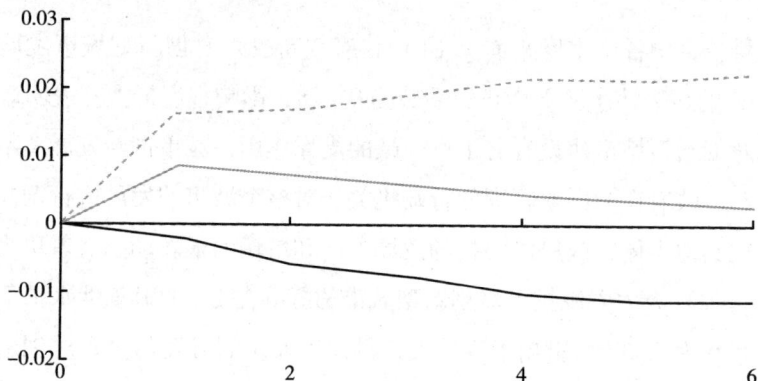

图 3 科技金融指数对创新型城市发展指数脉冲响应结果

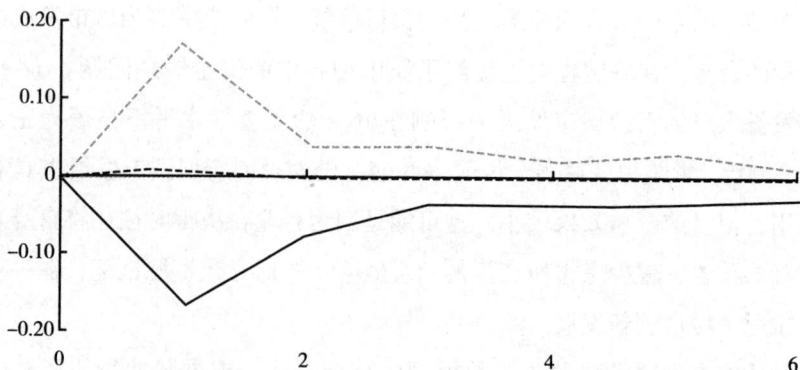

图 4 政府创新投入指数对创新型城市发展指数脉冲响应结果

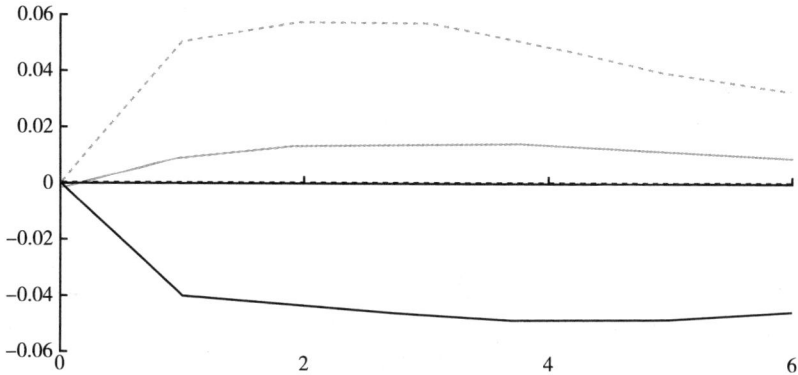

图5 人力资源投入指数对创新型城市发展指数脉冲响应结果

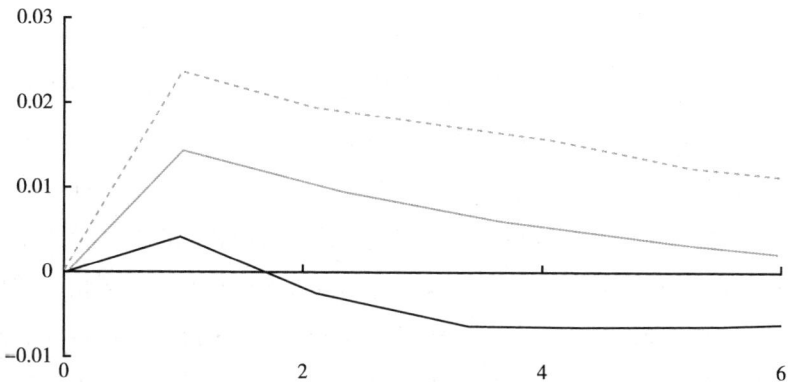

图6 资本市场投入指数对创新型城市发展指数脉冲响应结果

图4、图5、图6、图7依次为政府创新投入指数、人力资源投入指数、资本市场投入指数和企业研发投入指数对创新型城市发展指数的脉冲响应结果。

给政府创新投入指数一个标准差的冲击，创新型城市发展指数的脉冲响应函数在第1~6期的95%置信区间内均为正向反应，从第0期开始递增，并在第1期达到峰值，随后随着滞后期的逐渐延长，正响应逐渐减弱。由此可知，政府创新投入的正向效应对创新性城市发展具有显著的正向影响，但是政府创新投入的滞后影响存在一个门槛，并不能持续太长时间。

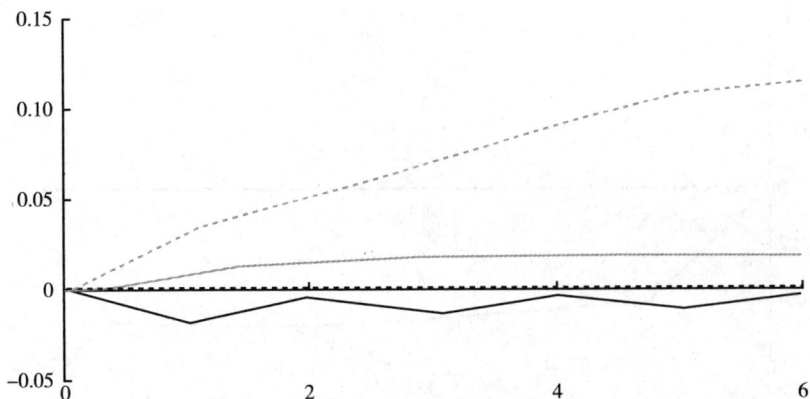

图7　企业研发投入指数对创新型城市发展指数脉冲响应结果

　　给人力资源投入指数一个标准差的冲击，创新型城市发展指数的脉冲响应函数在第1~6期的95%置信区间内均为正向反应，而且影响时间较长，从第0期开始逐期递增呈平稳态势，直到第4期后出现小幅下降趋势。由此可知，人力资源投入的滞后效应对创新型城市发展具有显著的正向影响，而且这种影响具有长期性。这在一定程度上印证了目前各城市为了发展新兴产业和战略引领产业，都在大量引进人才，形成人才聚集和人口的快速增长。

　　给资本市场投入指数一个标准差的冲击，创新型城市发展指数的脉冲响应函数在第1~6期的95%置信区间内均为正向反应，从第0期逐渐增加，在第1期达到峰值，之后正向作用逐渐减弱，但是第1~6期资本市场投入指数对创新型城市发展指数的冲击皆为正向影响。由此可知，资本市场投入的滞后效应对创新型城市发展具有显著的长期正向影响，不断增加资本投入会使这种影响扩大，但是资本市场投入的滞后影响存在一个门槛，需要持续加大资本资源投入。

　　给企业研发投入指数一个标准差的冲击，创新型城市发展指数的脉冲响应函数在第1~6期的95%置信区间内均为正向反应，从第0期开始逐年递增，第2期至第6期均呈现平稳影响趋势。由此可知，企业研发投入的滞后效应对创新型城市发展具有显著的正向作用，而且这种影响具有长期性、稳定性。

（三）方差分解分析

为了更深入分析科技金融及其四个维度对创新型城市发展的影响程度，本报告利用方差分解探究每个变量对创新型城市发展指数的贡献度，结果如表10所示。

表 10　方差分解结果

单位：%

	预测期数	科技金融	四个维度			
		fintech	*government*	*hc*	*capital*	*business*
city	1	0.0	0.0	0.0	0.0	0.0
city	5	3.6	6.2	5.8	3.9	1.1
city	10	9.4	11.4	9.3	5.2	1.2
city	15	13.0	14.6	12.7	6.8	1.3
city	20	21.2	14.6	12.7	6.8	1.3
city	25	21.2	14.6	12.7	6.8	1.3
city	30	21.2	14.6	12.7	6.8	1.3

由表10的方差分解结果可以看出，第一，科技金融指数在创新型城市发展指数方差分解中的占比为21.2%。第二，四个维度划分后在创新型城市发展指数方差分解结果中贡献度较大的是政府创新投入指数和人力资源投入指数，政府创新投入指数占比为14.6%，人力资源投入指数占比为12.7%，资本市场投入指数占比为6.8%，企业研发投入指数占比为1.3%。

四　雄安新区创新型城市发展对策建议

本报告选取我国17个创新型城市试点2010～2017年面板数据为样本，采用因子分析与熵值法测算了各城市科技金融指数与创新型城市发展指数，通过面板VAR模型实证探究了科技金融及其各维度对创新型城市发展的影响。实证结果表明，科技金融对创新型城市的发展有显著的正向促进作用，且具有时滞效应；但是科技金融对创新型城市发展的影响程度较弱，并且存在一个门槛，需要持续加大科技金融的投入，进而加强科技金融对创新型城市发展的积极影响。科技金融的四个维度——政府创新投入、人力资源投入、资本市场投入和企业研发投入对创新型城市发展均具有显著的正向促进作用，且具有长期性。其中，政府创新投入或政策支持以及培养出的人才或者外部人才的流入对创新型城市的发展起到更直接、更快的积极作用。

为了使雄安新区尽快晋升为国际一流创新型城市，引导科技金融有序发展，本报告基于雄安新区发展现状，从本报告实证结果入手，就科技金融的发展提出以下建议。

（一）加大政府创新投入，完善科技金融发展环境

目前，各级政府针对雄安新区科技金融发展提供了相应的政策支持，如中共中央、国务院发布的《中共中央　国务院关于支持河北雄安新区全面深化改革和扩大开放的指导意见》涉及了对科技金融发展的政策安排，对科技创新领域予以大力支持。河北省科技厅加快推进国家科技成果转化基金落地雄安新区，积极支持新区创新发展，服务新区科技金融体系建设。基于实证结果分析，政府创新投入对创新性城市发展具有显著的长期正向影响，但这种影响具有时滞效应，并且存在一个门槛，并不能持续太长时间。今后政府创新投入过程应从以下两方面着手：第一，在雄安新区科技金融建设初期，应当加大政府创新支出，并且政府支出应当注重效率，按照市场经济需求，以提高资源配置为原则，加强对非营利基础设施的建设，提高城市服务能力，同时要避免重复建设，提高市场运作效率，促进新区高质量发展；第二，随着科技金融的发展，政府的功能应重点放在对科技创新活动进行投入与引导、营造创新发展的良好氛围上。例如，加快发展城市创客空间、孵化器等新型孵化模式，在项目申报、人才引进、资金使用等方面为其制定相应的政策和具体优惠措施，为科技型企业发展提供便利；加大对各高水平实验室、研发机构、行业领军企业的研发投入力度，鼓励企业坚持自主创新；扶

持中小微企业的发展，建立专家团队，组织行业培训与帮扶活动，从企业实际出发，制定相关措施。

（二）加大企业研发投入，实现自主创新

目前，"中字头""国字头"企业，例如中国大唐、国投集团等，以及高技术民企，如阿里、腾讯等公司已经纷纷入驻雄安新区。它们通过各方面的对接，支持雄安新区打造成为科技金融示范区。基于实证结果分析，企业研发投入对创新型城市的发展具有显著的促进作用，而且这种影响具有长期性、稳定性，但目前企业研发投入对创新型城市发展的贡献度仅为1.3%。如今雄安新区以及京津冀城市群整体创新绩效低、成果转换慢，今后入住雄安新区的企业应当重视企业内部研发，加大资金投入，增强企业竞争实力，促进城市实现高质量发展。第一，注重研发过程中的效率，加快研发成果转化，由实证结果可以看出，从概念的产生到最终投入市场需要一个长期的过程，企业应该提高效率，在前期制订好时间计划与人员分工计划，在研发过程中注意监督，明确工作职责，促进整个团队高效运行；第二，提高研发人员的专业素养，积极吸引高端技术人才，提高研发团队准入门槛，对现有人员进行培训，定期考核，务必达到岗位要求。

（三）完善资本市场建设，创新金融服务

目前，大量的银行、证券、信托、保险等金融机构的总部、分支机构正在向新区聚集。基于实证结果分析，资本市场投入对创新型城市发展具有显著的长期正向影响，但其滞后效应存在一个门槛，需要持续加大资本资源投入，从而扩大这种影响。因此，雄安新区应从如下方面加强资本市场建设，加大各类金融机构对创新型城市发展的支撑作用。第一，完善雄安新区多层次资本市场建设。首先，优质企业应该利用资本市场完善法人结构，实现规范运作；其次，要加强新三板科技创新导向，给科技型中小企业提供资金帮助，鼓励各科技型企业进入新三板，不断提高新区市场活跃度；最后，为符合上市的公司开辟"绿色通道"，为优质企业的上市降低成本。第二，创新

金融服务与金融产品，推广知识产权和股权质押贷款。根据科技型企业的资金需求和专利的持有情况，选择评估方法，多渠道缓解科技型企业融资难问题。第三，加强资本市场监管，对各类违规违法现象进行严厉处罚。制定相关的规章制度补齐我国资本市场监管的空白与短板，在事前要严控审核机制，加强对风险的识别与把控，在事中始终保持高压态势，进行严格监督，事后对违规违法机构进行严肃处理，提高违规成本。

（四）吸纳科技创新人才，发展新兴产业

基于实证结果分析，人力资源投入对创新型城市发展具有显著的正向影响，而且这种影响具有长期性，其对创新型城市发展的贡献度达 12.7%，仅次于政府创新投入。如今，雄安新区存在城乡人才发展与城乡产业结构失衡的问题，因此，雄安新区在科技人才与新兴产业发展方面应从以下方面着手：第一，着重吸纳有丰富经验的科技金融复合型人才，对于有经验的人员要完善户籍制度，制定合理的优惠政策；第二，强化各高校与科研机构对新区的服务能力，鼓励各高校和研究中心与雄安新区企业进行对接，开展形式多样的合作，例如技术入股、劳动力培训、直接参与企业管理等，为企业注入新鲜的血液；第三，除了对外吸纳人才外，也可以对新区原有的劳动力进行培训教育，要增加新区的基础教育投入，尤其是贫困生的帮扶体系，降低个人受教育的成本，降低辍学率，将人才留住。

参考文献

卡萝塔·佩蕾丝：《技术革命与金融资本》，田方萌、胡叶青、刘然、王黎民译，中国人民大学出版社，2007。

赵昌文、陈春发、康英凯：《科技金融》，科学出版社，2009。

孙伍琴：《金融发展促进技术创新研究》，科学出版社，2014。

房汉廷：《创新视角下的科技金融本质》，《高科技与产业化》2016 年第 3 期。

杨冬梅、赵黎明、闫凌州：《创新型城市：概念模型与发展模式》，《科学学与科学

技术管理》2006 年第 8 期。

王保乾、罗伟峰：《国家创新型城市创新绩效评估——以长三角地区为例》，《城市问题》2018 年第 1 期。

杨兆廷：《雄安新区绿色金融和文化金融》，《甘肃社会科学》2019 年第 2 期。

孙守恒、王维才：《基于因子分析的城市汽车共享环境评价》，《经济地理》2017 年第 6 期。

孙瑜康、李国平：《京津冀协同创新水平评价及提升对策研究》，《地理科学进展》2017 年第 1 期。

张贵、刘雪晴、李佳钰：《以京津雄创新三角区领航京津冀世界级城市群建设》，《中共天津市委党校学报》2019 年第 1 期。

刘兵、曾建丽、梁林：《雄安新区城乡对称性互惠共生模式构建及对策研究》，《河北工业大学学报》（社会科学版）2018 年第 3 期。

J. G. Gurley and E. S. Shaw, "Financial Aspects of Economic Development," *American Economic Review*, 1955, (4).

S. Cozzolino, "The Creative City: Reconsidering Past and Current Approaches from the Nomocratic Perspective," in F. Calabrò, L. Della Spina and C. Bevilacqua, eds., *New Metropolitan Perspectives*, Springer, 2018.

M. Rodrigues and M. Franco, "Composite Index to Measure Cities' Creative Performance: An Empirical Study in the Portuguese Context," *Sustainability*, 2019, (3).

B.6
北京非首都功能疏解与雄安新区
创新生态体系的构建[*]

李峰 白芸 朱钰 曹勇[**]

摘 要： 党中央、国务院决定设立雄安新区，"创新驱动发展引领区"成为其战略定位。疏解北京非首都功能是京津冀协同发展战略的"牛鼻子"，一方面，强化首都创新引领功能，发挥其示范引领作用，另一方面，在大区域内引导首都城市功能的合理配置，推进京津冀三地之间的优势互补，建设富有竞争力和创新活力的世界级城市群。雄安新区作为北京非首都功能的集中承接区域，将成为京津冀世界级城市群的重要一极。但从目前发展来看，雄安新区依靠自身资源禀赋在短期内形成并发挥创新资源与要素的集聚效应比较困难，需要京津冀乃至全国的知识资本、创新资源与高新技术产业向雄安新区转移，带来技术、资本、创新要素在更大范围内的空间转移与重新整合，需要完善区域创新生态系统，推进体制机制改革，布局一批国家级创新平台，推动产学研深度融合，建设创新发展引领区和综合改革试验区，贯彻落实新发展理念，建设高水平社会主义现代化城市，成为新时代推动高质量发展的全国样板。

---

* 本报告为河北省社会科学基金项目"京津冀创新产业链构建及河北省产业转型升级对策研究"（HB18YJ020）的阶段性研究成果。

** 李峰，河北工业大学经济管理学院副教授、硕士生导师，研究方向为区域经济；白芸，河北工业大学经济管理学院本科生；朱钰，河北工业大学经济管理学院硕士研究生；曹勇，河北工业大学经济管理学院本科生。

关键词： 京津冀协同发展　非首都功能疏解　创新生态体系

2014年2月26日习总书记在北京主持召开座谈会，专题研究京津冀协同发展工作，习近平总书记阐述了推动京津冀协同发展的重大意义，对推动京津冀协同发展的目标、原则、任务等做了全面论述，明确把推动京津冀协同发展上升到国家战略层面。2015年4月30日，中共中央政治局会议审议通过的《京津冀协同发展规划纲要》，作为纲领性文件，确立了发展的目标、战略定位和相关政策，为京津冀协同发展工作的开展指明了方向，具有深刻的现实意义和长远的战略意义。2017年4月1日中共中央、国务院印发通知，决定设立河北雄安新区，这是以习近平同志为核心的党中央深入推进京津冀协同发展做出的一项重大决策部署。

疏解北京非首都功能是京津冀协同发展战略的"牛鼻子"。一方面，通过疏解非首都功能，统筹规划区域资源要素空间，优化区域分工和产业布局，促进京津冀协同发展，形成新增长极。另一方面，面向未来，有序疏解北京非首都功能，破除"一亩三分地"的思维定式，推动创新驱动、体制改革、试点示范等，促进京津冀经济转型发展，建设富有竞争力和创新活力的世界级城市群。

设立河北雄安新区，是以习近平同志为核心的党中央做出的一项重大历史性战略选择，是千年大计、国家大事。党的十九大报告明确指出，以疏解北京非首都功能为"牛鼻子"推动京津冀协同发展，高起点规划、高标准建设雄安新区。2018年4月，中共中央、国务院批复了《河北雄安新区规划纲要》。《河北雄安新区规划纲要》提出，将打造贯彻落实新发展理念的创新发展示范区，建设高水平社会主义现代化城市，成为新时代高质量发展的全国样板。但从目前发展来看，受制于自身创新资源与经济发展阶段，雄安新区依靠自身资源禀赋在短期内形成并发挥创新资源与要素的集聚效应比较困难，需要京津冀乃至全国的知识资本、创新资源与高新技术产业向雄安新区转移，带来技术、资本、创新要素在更大范围内的空间转移与重新整合，布局一批国家级创新平台，推动产学研深度融合，建设创新发展引领区和综合改革试验区，奠定打造创新高地的基础，进而优化京津冀城市布局和空间结构。

一 北京非首都功能疏解的内涵

"非首都功能疏解"概念最早是习近平总书记于2014年2月在北京考察工作时提出的，他指出要明确城市战略定位，坚持和强化首都全国"政治中心、文化中心、国际交往中心、科技创新中心"的核心功能。习近平总书记强调，京津冀协同发展的核心问题是疏解北京非首都功能，降低北京人口密度，促进经济社会发展与人口资源环境相适应。北京城市建设管理在不断取得成绩的同时，也面临着很多令人揪心的问题，主要表现在集聚了过多的人口和功能，经济社会各要素处于"紧平衡状态"。因此，要坚持和强化首都核心功能，调整和弱化不适宜首都的功能。

2015年2月10日，习近平总书记在中央财经领导小组第九次会议上指出，疏解北京非首都功能、推进京津冀协同发展，是一个巨大的系统工程。通过疏解北京非首都功能，调整经济结构和空间结构，走出一条内涵集约发展的新路子，探索出一种人口经济密集地区优化开发的模式，促进区域协调发展，形成新增长极。同时，要把北京非首都核心功能尽可能地压缩和疏解到周边，以交通一体化、生态环境保护、产业升级转移为率先突破的重点，提出促进基本公共服务均等化是推动京津冀协同发展不可或缺的重要内容，顶层设计初步完成。

从目前研究来看，大量文献都已提出疏解北京非首都核心功能是推行《京津冀协同发展规划纲要》的首要任务。文宗瑜提出，疏解北京非首都功能是对北京已有的经济存量要素做减法，实现减量发展。疏解北京非首都功能背景下的减量发展，既是为了强化北京"四个中心"的功能定位，对与北京"四个中心"功能定位不一致、不相关的经济存量进行疏解，也是为了落实首都城市战略定位，转变北京经济社会发展模式，推动北京经济的高质量发展①。文魁提到首都北京是一个统一的概念，由首都和北京两个概念合成。这两个概念由于在实际使用上具有相同的内涵，因此常常可以相互替代，但两者又分属于不同的范畴：首都是隶属于国家的范畴，虽然实际上就是指北京这座城市；北京是省级地方性城市的范畴，却又常常成为国家的符号，如北京共识、北京声音等②。

王德利、许静和高璇指出，"非首都功能疏解是一个长期过程，也是一项综合工程，涉及多元利益主体，未来不能单纯依靠行政措施，要加快完善非首都功能疏解的顶层设计，构建北京非首都功能疏解与周边承载地的对接机制，分类推进城市功能及人口疏解，精细和集约使用建设用地，降低非首都功能承载空间"③。吴建忠和詹圣泽通过探索"大城市病"的主要表现特征与危害、非首都功能疏解的含义，证明了北京非首都功能疏解的必要性与紧迫性④。刘宾指出非首都功能疏解是缓解北京"大城市病"的有效途径之一，通过产业转移实现非首都经济功能的疏解，可以促使津冀承接非首都经济功能中的产业和科技成果转化型企业转移，从而实现京津冀产业的协同发展⑤。

从非首都功能疏解的方法和路径来看，秦静、周立群和周彩云从非首都功能疏解的时序、布局、行业类型、产业链环节构成等方面，剖析总结出非首都功能疏解的四大特征⑥。王金杰和周立群提到京津冀协同发展围绕北京非首都功能疏解这一战略核心，逐步明晰了非首都功能承接平台"2 + 4 + 46"的大格局，各承接载体的建设全力推进并已显现出全新的发展态

① 文宗瑜：《疏解非首都功能与京津冀协同发展的同步推进》，《北京人大》2018 年第 3 期，第 50 ~ 52 页。
② 文魁：《北京城市发展的十大关系》，《城市管理与科技》2017 年第 1 期。
③ 王德利、许静、高璇：《京津冀协同发展背景下北京非首都功能疏解思路与对策》，《经济研究导刊》2019 年第 9 期。
④ 吴建忠、詹圣泽：《城市病及北京非首都功能疏解的路径与对策》，《经济体制改革》2018 年第 1 期。
⑤ 刘宾：《非首都功能疏解背景下京津冀产业协同发展研究》，《宏观经济管理》2018 年第 8 期。
⑥ 秦静、周立群、周彩云：《非首都功能疏解特点与天津滨海新区对接策略研究》，《产业创新研究》2018 年第 9 期。

势，但也存在承接平台较多、发展水平参差不齐，公共服务设施配套能力不足，自身机制不活，软环境改善滞后等问题。研究认为需要统筹优化承接格局，适时整合承接平台；找准有效承接的对接点，进一步完善和夯实三地承接平台和载体，使之成为北京非首都功能疏解的坚实依托和有力支撑①。

作为北京非首都功能的集中承接区域，雄安新区将成为京津冀世界级城市群的重要一极。李国平等认为，积极承接北京非首都功能疏解是雄安新区高质量发展的前提②。同样，杨开忠提出雄安新区既是疏解北京非首都核心功能的集中承载地，又是首都功能拓展区，二者相辅相成、不可偏废③。孙久文等和纪良纲等则进一步从微观视角出发，提出建设雄安新区是治理北京住房、交通、污染及水资源缺乏等"大城市病"的有力抓手之一，通过建设多中心城市、海绵城市、紧凑型城市和中国文化特色新城，解决北京"大城市病"④。

在北京非首都功能疏解集中承接方面，武义青等明确提出雄安新区要承接北京制造业中高技术含量、高附加值、低耗能、低耗水、低污染的高端高新产业，北京高校、科研院所、医院等承担社会公共服务功能的机构和部分行政性、事业性服务机构和企业总部⑤。在承接顺序上，薄文广等强调在承接北京非首都功能前，雄安新区应做到规划先行、交通先导、环境治理协

① 王金杰、周立群：《非首都功能疏解与津冀承接平台的完善思路——京津冀协同发展战略实施五周年系列研究之一》，《天津社会科学》2019年第1期。
② 李国平、宋昌耀：《雄安新区高质量发展的战略选择》，《改革》2018年第4期，第47~56页。
③ 杨开忠：《雄安新区规划建设要处理好的几个重要关系》，《经济学动态》2017年第7期，第8~10页。
④ 孙久文、彭建强等：《雄安新区战略发展的路径选择——"雄安新区与京津冀协同发展：理论及政策"高端论坛专家发言摘编》(下)，《经济与管理》2017年第4期；纪良纲、田学斌、赵培红：《以创新改革开放统领雄安新区建设发展》，《财经智库》2017年第3期，第24~36、138~139页。
⑤ 武义青、柳天恩：《雄安新区精准承接北京非首都功能疏解的思考》，《西部论坛》2017年第27期，第64~69页。

作、产业协同以及社会公共服务提升①。李峰指出："雄安新区推进京津冀协同创新的主要着力点在于：在全球范围内集聚创新资源与创新要素，依托对外开放和京津冀丰富的科技资源，构建新知识与新技术扩散和交互的重要枢纽；应与国家创新体系相耦合，探索科技合作的新模式，发挥城市绿色创新示范引领作用，成为京津冀设计研发、创新产品和创意理念的重要检验场。而且，雄安新区的建设需要以新的发展理念推进：打造城市财政金融新模式、提升城市服务能级、聚集全球人才战略、创新区域合作机制等，促进雄安新区成为京津冀创新资源的'汇集区'和创新成果的'扩散源'，成为高视野、高门槛、高层次的创新型国家级新区。"②张贵等指出："京津冀城市群已初具形态，但与世界级城市群还有较大差距，存在内部经济发展'断崖式'差距、产业结构不均衡、区域科技创新能力不平衡不充分等问题。应按照'一核、三城、三带'的基本架构，优化空间布局、发展智慧交通、构建人才平台、培育'双创'生态，着力建设京津雄创新三角区，领航京津冀世界级城市群建设。"③

二 北京非首都功能疏解与雄安新区的建设

（一）北京经济总体发展状况

近年来北京产业结构一直是"三二一"的发展格局，北京以第三产业为主带动经济增长，已经处于后工业化阶段。同时，北京结合"全国文化中心、政治中心、国际交往中心、科技创新中心"的战略定位，制定优惠政策，创造优越环境，鼓励创新，大力发展第三产业尤其是其中的新兴产

---

① 薄文广、殷广卫：《京津冀协同发展：进展与展望》，《社会科学文摘》2018 年第 2 期，第 52～54 页。

② 李峰：《雄安新区与京津冀协同创新的路径选择》，《河北大学学报》（哲学社会科学版）2017 年第 6 期。

③ 张贵、刘霁晴、李佳钰：《以京津雄创新三角区领航京津冀世界级城市群建设》，《中共天津市委党校学报》2019 年第 1 期。

业。2018 年，北京实现地区生产总值 30320 亿元，比 2017 年增长 6.6%。第一产业增加值 118.7 亿元，下降 2.3%；第二产业增加值 5647.7 亿元，增长 4.2%；第三产业增加值 24553.6 亿元，增长 7.3%。三次产业构成由 2017 年的 0.4∶19.0∶80.6，变化为 0.4∶18.6∶81.0。其中，2018 年实现新经济增加值 10057.4 亿元，比 2017 年增长 9.3%，占全市地区生产总值的比重为 33.2%，比 2017 年提高 0.4 个百分点。高技术产业实现增加值 6976.8 亿元，比 2017 年增长 9.4%，占地区生产总值的比重为 23.0%，比 2017 年提高 0.2 个百分点。战略性新兴产业实现增加值 4893.4 亿元，增长 9.2%，占地区生产总值的比重为 16.1%，比 2017 年提高 0.1 个百分点[1]。

北京第三产业发展速度很快，2018 年第三产业注册资本为 32.33 万亿元，占北京市场实有资本总额的 84.2%，第三产业是北京的主导产业，科技型企业数量占全部企业比重为 33.4%。科技型产业作为未来的战略性行业，不仅经济效益高，还能带动其他产业的高速发展，2018 年，北京科技型企业数量同比增长 9.7%，呈高速增长趋势，第三产业企业日均登记 746.01 户，科技型企业日均登记 312.45 户（见表 1），几乎占第三产业企业日均登记数量的一半[2]，可以看出，科技型企业创办积极性极高，科技型企业的投资创办正处于火热阶段。

表 1　2018 年北京第三产业发展情况

	第三产业企业	第三产业注册资本	科技型企业	文化及相关产业企业	金融业企业	"高精尖"产业企业
数量	154.42 万户	32.33 万亿元	55.34 万户	32.79 万户	9882 户	59.55 万户
同比增长(%)	6.5	10.6	9.7	4.0	2.8	4.9
占全部企业比重(%)	93.3	84.2	33.4	19.8	0.60	38.3
日均登记(户)	746.01	无	312.45	119.27	2.02	292.77

资料来源：数据来自《北京市 2018 年国民经济和社会发展统计公报》。

---

① 《北京市 2018 年国民经济和社会发展统计公报》。
② 《北京市 2018 年国民经济和社会发展统计公报》。

从空间发展格局来看，北京"三城一区"科技型企业占很大比重，各地区企业数量增速较快。"三城一区"包括中关村科学城、怀柔科学城、未来科学城和亦庄经济技术开发区。2018 年"三城一区"科技型企业数量为21.16 万户，几乎达到该地区总企业数量的一半，其中，"中国的硅谷"中关村科学城新登记企业数量占"三城一区"新登记企业数量的 54.4%（见表2），成为科技力量的主力军，怀柔科学城、未来科学城新登记企业数量占比相当，说明两地发展趋势相当，发展空间都比较大。

表2 2018 年"三城一区"新登记企业情况

单位：万户，%

	中关村科学城	怀柔科学城	未来科学城	亦庄经济技术开发区
2018 年新登记企业数量	3.02	1.13	0.9714	0.4306
占 2018 年"三城一区"新登记企业数量的比重	54.39	20.35	17.50	7.76

资料来源：北京市市场监督管理局 2019 年 2 月 25 日发布的《2018 年北京市市场主体发展分析》。

从对市外投资来看，北京企业对市外投资积极性增强，处于资本流出状态。2018 年，北京企业对市外投资 26515 次，约是吸引外埠投资次数 6775 次的 4 倍；北京企业对市外投资额总计 8641.50 亿元，约是吸纳投资额1801.27 亿元的 4 倍多。资本流出情况比较严重。从北京企业的投资方向看，广东、浙江、河北、天津等经济发达的省市和北京周边省市较多，但是增速较慢，而随着西部大开发等战略的实施，越来越多的北京企业选择投资云南、广西、四川等中西部地区，且投资额增速较快，均超过 10%①。

（二）北京非首都功能疏解整体状况

自非首都功能产业疏解工作开展以来，北京制定了多项政策以达到

---

① 《2018 年北京市市场主体发展分析》。

"控增量、调存量"的效果，制定了《北京市新增产业的禁止和限制目录》等具有法律效力的文件，并做了多次修订。文件内容包括全市范围内禁止或限制的行业，如建材、造纸、纺织等一般制造业，燃煤发电，区域性物流基地、专业市场等。

北京正在进行的非首都功能疏解包括了四个方面的内容：第一是高消耗产业，主要就是工业；第二是区域性物流基地、专业市场，主要就是批发市场；第三是部分教育医疗社会服务机构，主要就是医院、大学等；第四是部分行政性、事业性服务机构。北京在非首都功能疏解工作开展以来颁布了《北京市新增产业的禁止和限制目录》，并做了两次修订，积极推动了北京非首都功能"控增量、调存量"的工作，明确了四类功能区各自要限制的功能和产业，如核心区（东城区、西城区），在执行全市性管理措施的基础上，要严格禁止制造业、建筑业、批发业，禁止新建和扩建高等学校、大型医院等大型公建。依照目录，严控增量效果正逐步显现，2014年全市累计不予办理新设立或变更等登记业务达6900余件，全市新增固定资产投资项目数量922个，同比下降20%。2015年北京按照从严、从紧的原则修订目录，全市层面受到禁限的行业占全部国民经济行业分类的比例由32%提高至55%，城六区受到禁限的行业占比由42%提高至79%①。

京津冀协同发展五年来，北京加速疏解非首都功能，非首都功能产业产值比重明显下降，产业高端化趋势明显，另外，非首都功能疏解工作带来的人口控制也初具成效，北京市2014年年末常住人口为2151.6万人，2017年年末常住人口为2170.7万人，人口增长速度由2014年的1.7%下降至2017年的-0.1%。②疏解一般制造业企业累计达到2648家，累计疏解提升台账内市场581家、物流中心106个。③

---

① 《市发改委详解疏解思路和举措 四大非首都功能有序疏解出京》，北京市人大常委会网，2015年7月17日，http://www.bjrd.gov.cn/xwzx_1/xwkx/yfly/201507/t20150717_151375.html。
② 《北京统计年鉴》。
③ 《北京疏解整治显成效：制造业企业疏解数量达2648家》，中青视频网，2019年3月26日，http://v.cyol.com/content/2019-03/26/content_17967974.htm。

2014 年北京第一批外迁公司有 207 家，主要涉及化工、建材、铸造等门类，如北京凌云建材化工有限公司、北京首钢股份有限公司（第一线材厂）、北京市古城砖厂、北京龙人伟业新型建材有限公司、北京市板桥福利灶具厂。

2017 年北京市退出一般制造业企业 651 家，完成全年任务的 130%；清理整治"散乱污"企业 6194 家，实现阶段性目标；清理整治镇村产业小区和工业大院 64 家。截至 2018 年，北京已累计关停退出一般制造和污染企业 1992 家。①

2018 年，北京迁出市外企业共计 780 户，其中，内资企业 766 户、外资企业 14 户，注册资本共计 894.90 亿元，户均注册资本 1.15 亿元，迁出企业中超 1/4 迁往津冀地区。②

从北京迁出企业数量来看，非首都功能产业在北京呈现分布不均的情况，其中北京的丰台区、朝阳区、海淀区较多（见表 3），占 2018 年北京迁出企业的一半以上。这三个地区也是北京打造全国政治中心的重要地区。同时也有一部分首都功能产业由于竞争加剧以及其他原因迁出北京。

表 3　2018 年北京迁出企业迁出地情况

单位：户，%

排名	迁出地	迁出企业数量	迁出企业数量占比
1	丰台区	211	27.1
2	朝阳区	151	19.4
3	海淀区	142	18.2

资料来源：数据来自北京市市场监督管理局 2019 年 2 月 25 日发布的《2018 年北京市市场主体发展分析》。

---

① 《北京市 2017 年退出 651 家一般制造业企业》，中国政府网，2018 年 2 月 4 日，http://www.gov.cn/xinwen/2018-02/04/content_5263620.htm。

② 《市场主体增量提质 辐射带动作用增强——2018 年北京市市场主体发展分析》，北京市市场监督管理局网，2019 年 2 月 25 日，http://scjgj.beijing.gov.cn/zwxx/tjsj/201902/t20190225_108770.html。

从迁往区域来看，北京迁出企业主要迁往河北、浙江、广东、山东、湖北、江苏、天津，占北京迁出企业总量的 72.2%（见表4）。北京迁出企业数量近几年呈现上升趋势，且增速变快，另外，在迁往区域上也分布不均。从迁出企业行业分布来看，批发和零售业、科学研究和技术服务业、租赁和商务服务业合计占北京迁出企业总量的 84.0%（见表5）。

表4 2018 年北京迁出企业迁往区域

单位：户，%

排名	迁往区域	迁移企业数量	占北京市迁出企业总量比例
1	河北省	170	21.8
2	浙江省	116	14.9
3	广东省	83	10.6
4	山东省	53	6.8
5	湖北省	49	6.3
6	江苏省	49	6.3
7	天津市	43	5.5

资料来源：数据来自北京市市场监督管理局 2019 年 2 月 25 日发布的《2018 年北京市市场主体发展分析》。

表5 2018 年北京迁出企业行业分布

单位：户，%

排名	迁出企业类别	迁出企业数量	迁出企业总量占比
1	批发和零售业	271	34.7
2	科学研究和技术服务业	270	34.6
3	租赁和商务服务业	115	14.7

资料来源：数据来自北京市市场监督管理局 2019 年 2 月 25 日发布的《2018 年北京市市场主体发展分析》。

（三）津冀承担北京非首都功能疏解状况

在 2018 年北京迁出企业中，有 1/4 落户于津冀地区。其中，迁移至河北的企业数量占全部迁出企业的 21.8%，迁移至天津的占比为 5.5%，可以看出，津冀两地是北京非首都功能产业的重要承接地，也是主要承接地。如此多的企业进驻津冀两地，对促进三地产业的交流与融合发展具有重要意义。

天津滨海新区被规划为京津冀产业协同发展的"四大战略合作功能区"之一，天津港是中国北方最大的货运港口，同时在世界位居前列，天津打造以滨海新区为主的产业承接平台，构筑核心产业具有明显优势。为实现天津的战略功能定位，天津成立了宝坻中关村科技城，引进中关村高新技术，成为北京科研成果转化基地，近年又把滨海新区作为自贸区展开建设，打造全国高端装备制造产业基地和物流中心。为更好地承接北京非首都功能产业，天津建立了对接产业、重点承接平台、重点对接项目"三级清单"，从产业的各个方面与北京市深入合作。同时，制定了"1 + 16"承接方案，"1"就是天津滨海新区，"16"是除滨海新区之外的天津 15 个区的 16 个产业承接平台，诸如津南高研园、静海团泊健康产业园、宝坻中关村科技园等。

天津专题调研组调研结果显示，2016 年至 2018 年上半年，北京来津经营（或在津投资）企业 8116 家，呈现区域聚集化、行业高端化特征。其中，地域分布集中，滨海新区、武清区和宝坻区为主要承载地。在 8116 家企业中，滨海新区（含自贸区）3255 家，占 40.1%；武清区 2607 家，占 32.1%；宝坻区 280 家，占 3.5%；三地合计 6142 家，占来津经营（或在津投资）企业的 75.7%。北京来津经营（或在津投资）企业共涵盖 17 个行业大类，其中服务业行业 13 个，主要集中在科技和商务服务业。2018 年，北京企业在津累计投资额达 1025.23 亿元，占天津引进内资总额的 42.7%，北京企业投资成为天津引进内资的主要来源①。

京津冀协同发展进程中，河北成为承接京津产业转移首选之地。目前，

---

① 《北京来津（或在津投资）企业发展状况调查报告》。

河北已经建成 196 个产业园区，专门助力企业、项目集中落地。政府从这 196 个产业园区中优选出 40 个产业园区建设重点平台，并积极打造 5 个经济合作示范园区：北京新机场临空经济合作区、京冀曹妃甸现代产业试验区、渤海新区北京生物医药园、亦庄廊坊产业园和津冀涉县天铁循环经济示范区。同时规划出 5 条产业带：京津廊高新技术产业带、沿海临港产业带、京广线先进制造产业带、京九线特色轻纺和高新技术产业带、张承绿色生态产业带。引导转移产业集中落地，并且避免不同城市因产业功能相似无序竞争。

数据显示，2015 年，河北引进京津项目 4124 个，引入京津资金 3459 亿元。① 2016 年，河北从京津引进项目 4100 个，引入京津资金 3825 亿元。② 2017 年，河北引进京津项目近 3000 个，获得总投资 2500 亿元③。2018 年，京津冀产业转移系列对接活动促成 100 余项合作项目和协议：传统产业项目 25 项，总投资 180 多亿元；康养、医疗类产业项目 26 项，总投资 220 亿元；新能源产业项目 13 项，总投资 90 多亿元；扶贫产业项目 6 项，总投资 6000 万元；签订战略合作协议 48 个，拟投资 330 多亿元。④

2014 年至 2018 年，河北共引进京津资金约 1.8 万亿元，占全省同期引进省外资金的一半以上，共建科技园区 55 个、创新基地 62 个、产业技术创新联盟 76 个、创新平台 157 个，引进转化科技项目 570 个，吸引落户京津高科技企业 1350 家⑤。2019 年上半年，河北承接京津基本单位 233 个，其

① 《河北去年引进京津项目 4124 个》，经济日报网，2016 年 3 月 20 日，http：//paper. ce. cn/ jjrb/html/2016 –03/20/content_ 296022. htm。
② 《河北积极承接京津产业转移 引进京津高新技术企业 1350 家》，中国新闻网，2017 年 2 月 13 日，http：//finance. chinanews. com/cj/2017/02 –13/8148308. shtml。
③ 《2017 年河北省引进京津项目近 3000 个》，人民网，2018 年 6 月 21 日，http：// he. people. com. cn/n2/2018/0621/c192235 –31726381. html。
④ 《2018 京津冀产业转移系列对接活动》，新华网，http：//www. he. xinhuanet. com/zhuanti/ 2018jzdjxtcx/index. htm。
⑤ 《河北省构建"强磁场"吸引京津创新资源》，中国政府网，2017 年 9 月 23 日，http：// www. gov. cn/xinwen/2017 –09/23/content_ 5227042. htm。

中法人单位 44 个，产业活动单位 189 个，京津产业转移项目投资增长 12.5%。雄安新区建设明显加快。①

在承接产业层次方面，2013 年，北京部分企业选择外迁，将总部落在北京，将河北作为生产基地。锻铸造产业和家具产业整体转移至河北邯郸市和行唐县；邯郸市局开辟绿色通道承接北京新兴凌云医药化工有限公司转移。2014 年，涵盖电子信息、节能环保、新材料等产业的北京 20 多家产业集群分别迁至河北各大产业园区；秦皇岛迎来河北对接京津产业转移的首个综合性高科技园区——中关村海淀园秦皇岛分园，率先实现北京高科技产业大规模转移；北京与河北联合打造曹妃甸协同发展示范区（见表6）。2015 年，沧州黄骅市积极承接京津产业转移，汽车装备制造、生物医药、激光研发等新兴产业加速崛起，成为沧州产业转型升级的生力军。截至 2016 年底，沧州已引进京津生物医药、汽车装备制造等项目 1035 个，总投资 3464 亿元，形成产值超千亿元的产业集群。② 北京现代沧州工厂、首钢京唐二期、张北云联数据中心项目顺利在河北开工建设，北汽集团黄骅整车项目建成投产，北京生物医药产业园落户沧州渤海新区，北京威克多制衣中心落户衡水市，北京动物园批发市场也逐步搬迁至廊坊；首批 22 家北京医药企业签约入驻沧州渤海新区生物医药产业园；保定与京津地区合作筹划新型产业园区，吸引了大批在京央企；高碑店农副产品物流园、白沟大红门服装城等项目已开始运作；廊坊与北京经济技术开发区合作的亦庄·永清产业园 6 个项目也开工在即；唐山曹妃甸、海港开发区等 4 个工业园区将首批承接京津特殊化工产业转移；秦皇岛、石家庄、保定抓住"一带一路"沿线国家服务外包的重大机遇，有序承接京津服务外包产业转移，实现产值达 80 亿元。

---

① 《上半年河北省承接京津基本单位 233 个》，河北新闻网，2019 年 7 月 30 日，http://hebei. hebnews. cn/2019 –07/30/content_ 7442081. htm。
② 《沧州主动对接京津借势转型提升》，河北新闻网，2016 年 12 月 16 日，http://hebei. hebnews. cn/2016 –12/16/content_ 6151754. htm? winzoom =1。

表6 河北部分园区产业承接情况

园区	承接产业进展
曹妃甸协同发展示范区	曹妃甸协同发展示范区是北京与河北的一项共建工作。自2014年7月京冀两地签署《共同打造曹妃甸协同发展示范区框架协议》以来,曹妃甸累计签约北京项目278个,总投资达到3950亿元。作为京津冀协同发展四大战略功能区之一,曹妃甸协同发展示范区在推进首钢京唐二期项目的基础上,重点培育高端制造业、战略性新兴产业和生产性服务业,形成优势突出的大规模临港产业集群
中关村海淀园秦皇岛分园	中关村与河北建立合作关系。2014年5月,中关村海淀园秦皇岛分园成立,开放的市场环境以及与中关村的全方位协同,使落户企业完成了科技优势向产业优势的转化,目前上百个项目已投入运营。2015年4月,保定·中关村创新中心落户保定,这是中关村首个京外创新中心。中心坐落在"双子座"大楼,并且获得了充足的资金政策支持。创新中心与保定深度合作,搭建良好的创新创业平台,是战略性新兴产业科技孵化中心。目前,有86家企业签约入驻,京籍企业超过50%,企业累计研发投入3500万元,其基地园区也已开始运营
沧州渤海新区	沧州渤海新区累计承接引进150多个京津项目,总投资2100亿元,项目建设取得丰硕成果,包括渤海新区生物医药产业园、黄骅汽车产业园区、石油化工园区等。作为河北承接北京医药产业转移的唯一园区,医药产业园共签约医药项目113个,总投资354亿元。此外,以北汽集团汽车制造为龙头,向上下游延伸,组建形成完整产业体系,成为我国华北乃至北方重要的汽车零部件基地、整车基地、专用车制造基地、汽车物流和贸易基地
高碑店农副产品物流园	2015年10月,北京新发地高碑店农副产品物流园项目正式启动,逐步发挥北京农批市场转移聚集统一承接功能,"菜篮子"得到疏解。"箱包之都"白沟,成为北京大红门服装服饰、针织用品批发商户转移的首选之地。2016年,保定汽车试验场、徐水经济开发区与北京经济开发区合作筹建智能汽车与智慧交通产业创新示范区

资料来源:张楠:《京津冀协同发展下产业转移研究》,硕士学位论文,吉林大学,2017。

三 构建雄安新区创新生态体系,推动京津冀协同发展

(一)雄安新区发展与承担北京非首都功能疏解状况

《河北雄安新区规划纲要》提出,雄安新区规划范围包括雄县、容城、安新三县行政辖区(含白洋淀水域),任丘市鄚州镇、苟各庄镇、七间房乡

和高阳县龙化乡，规划面积 1770 平方千米。地处北京、天津、保定腹地，距北京、天津均为 105 千米，距石家庄 155 千米，距保定 30 千米，距北京新机场 55 千米，区位优势明显，当前开发程度较低，发展空间比较充裕，生态环境优良、资源环境承载能力较强，具备高起点高标准开发建设的基本条件。

目前，雄安新区经济发展主要依托当地自然资源及传统产业。传统产业主要集中在服装制造和建材加工制造等劳动密集型产业，截至 2017 年，雄安新区三县的支柱产业都已成型，产业结构互补。安新县拥有白洋淀 85% 的水域面积，是华北地区重要的水产品基地，另外，"旅游兴县"的战略也被政府大力实施；容城县则形成了以服装业为主、四大支柱产业竞相发展的良好局面，剩下三大支柱产业分别是机械制造、汽车零部件产业，箱包、毛绒玩具产业，食品加工产业；雄县是我国最大的橡胶原料生产基地，中国北方最具影响力的塑料产品生产基地和省级纸塑包装印刷产业基地，目前形成了塑料包装、压延制革、乳胶制品、电器电缆四大支柱产业。

从雄安地区发展规划来看，习近平总书记指出，规划建设雄安新区要突出七个方面的重点任务；一是建设绿色智慧新城，建成国际一流、绿色、现代、智慧城市；二是打造优美生态环境，构建蓝绿交织、清新明亮、水城共融的生态城市；三是发展高端高新产业，积极吸纳和集聚创新要素资源，培育新动能；四是提供优质公共服务，建设优质公共设施，创建城市管理新样板；五是构建快捷高效交通网，打造绿色交通体系；六是推进体制机制改革，发挥市场在资源配置中的决定性作用和更好地发挥政府作用，激发市场活力；七是扩大全方位对外开放，打造扩大开放新高地和对外合作新平台。

整个雄安新区的规划体系可概括为"1＋4＋26"规划体系，"N"个研究课题，"1＋N"政策体系。"1"是指 2018 年 4 月发布的《河北雄安新区规划纲要》，"4"是指《雄安新区总体规划（2018—2035 年）》《起步区控制性规划（2018—2035 年）》《河北雄安新区启动区控制性详细规划》《白洋淀生态环境治理和保护规划（2018—2035 年)》，"26"是指防洪、水系、海绵城市、排水防涝等 26 个专项规划；"N"是指将交通规划、水资源保障、清洁能源利用、城市住房制度等多个专题研究作为基础支撑；"1＋N"是指以《中共中央国务院关于支持河北雄安新区全面深化改革和扩大开放的指导意见》为主，以《雄安新区土壤污染综合防治先行区建设方案(2018—2022 年)》《关于河北雄安新区建设项目投资审批改革试点实施方案》《雄安新区工程建设项目招标投标管理办法（试行)》《关于河北雄安新区建设项目投资审批改革试点实施方案》等为辅的政策体系。2019 年 4月 1 日，雄安新区召开设立两周年座谈会。会议指出，雄安新区大的顶层设计已经基本完成，"1＋4＋26"规划体系基本建立，"1＋N"政策体系初步形成，新区规划建设的四梁八柱基本完成，科学管控、工程建设、生态治理、民生保障等各项工作有力有序有效推进。在这一时期内，当地依托政策优势及政策支持所带来的资本、科技等红利条件，大力推动基础设施建设，新区发展稳步进行。2019 年，总体规划已经编制完成，三大规划以及 22 个专项规划和 32 个专题研究都在同步推进，均取得阶段性成果。

在高新技术方面，5G 试点在雄安新区率先试用，无人驾驶、智能物流也在这里进行试点。未来，雄安新区将会成为一个高端产业集聚地。目前，各大互联网平台和科技公司开始在雄安新区内布局。

中国电信致力于雄安新区的通信基础设施建设。雄安国家骨干网和 5G创新示范网建设已经正式启动，雄安国家骨干网的建成将进一步提升雄安新区宽带用户互联网访问体验，并为雄安新区的政府机构和企业提供直达北京的 VPN 专线。其标志着雄安新区在信息化时代，拥有与"千年大计"相匹配的网络地位，且标志着雄安新区立足京津冀、辐射全国、影响世界具备了重要而坚实的网络基础。作为率先试用 5G 的地区，雄安新区将引领新兴科技迈入新的阶段。

2017 年 8 月，中国电信雄安国家骨干网暨 5G 创新示范网启动大会在雄安新区举办，中国电信将开展 5G 商业模式探索，助力新区智慧城市建设。智慧交通是雄安智慧新城的重要组成部分，雄安新区正是自动驾驶技术广阔的试验场。2018 年 12 月，百度 Apollo 自动驾驶车队在雄安新区率先开跑，展示了百度 Apollo 开放平台在乘用车、商用巴士、物流车和扫路机等多车型、多场景、多维度的应用。

截至 2019 年上半年，中国移动产业研究院、中国电科网络空间安全研究院等 28 个项目入驻雄安新区市民服务中心，眼神科技、首航节能等 12 个中关村高技术企业将总部转移到雄安新区或在雄安新区设立机构，100 多家在京企业与雄安新区达成近 200 个意向合作项目，14 家央企在雄安新区注册成立子公司，多家央企初步提出在雄安新区布局高新技术产业和现代服务业的总体构想。据不完全统计，央企按照《河北雄安新区规划纲要》等的部署，配合雄安新区党工委管委会，已完成各类工程项目 94 个，完成投资约 40 亿元，正在建设的项目有 149 个，计划投资总额 339 亿元（见表 7）。此外，包括安信证券等在内的 50 家企业已经入驻雄安新区（见表 8）。

表 7　入驻雄安新区的部分项目

序号	项目名称
1	中国电信中国雄安智慧信息产业园项目
2	中国电信智能车联网示范区和自动驾驶场外测试区项目
3	中国电信雄安国家高速网络项目
4	中国电信云上雄安数据中心和天翼云雄安资源池项目
5	中国电信雄安公共智能视频云项目
6	中电网络天地一体化信息网络雄安科技园项目
7	中电科太赫兹智能感知核心芯片和器件产业化项目
8	光启超材料前沿技术研究院及新型发动机先进技术研究院项目
9	华讯方舟雄安太赫兹科技创新研究项目
10	中国移动基础通信建设项目
11	阿里巴巴菜鸟智慧物流未来中心项目
12	京东金融总部项目
13	清华大学国防科技高端实验室

资料来源：新浪财经，http://finance.sina.com.cn/roll/2018 - 04 - 19/doc - ifzihneq1631183.shtml。

表 8　入驻雄安新区的部分企业

行业类型	企业名称
智能科技	达实智能、东华软件
地产行业	万科、绿地集团
移动通信	中国电信、中国移动、中国联通
基建企业	中国电网、中国雄安、中国华电集团公司、特变电工
大数据平台	腾讯、阿里巴巴、360、百度
金融行业	京东金融、安信证券、蚂蚁金服、中国人寿

资料来源：中国雄安官网，http：//www. xiongan. gov. cn/blueprint/rzjg. htm。

　　在规划布局方面，雄安新区将形成"一主、五辅、多节点"的城乡空间布局，要满足生产、生态、生活空间的协调。多节点是指形成多个特色小镇，特色小镇的建设将技术与生活结合在一起，是在科技的基础上完成的。2019年4月1日，雄安新区设立两周年，雄安新区确定了22个特色小镇的开发边界，规划了100个美丽乡村的点位和规模。雄安新区三县共有乡镇33个，除了县城所在的三个镇和雄县昝岗镇、安新寨里乡将建成组团外，安新县的大王镇、三台镇，容城县的平王乡、大河镇、小里镇将建成新区主城区，雄县的米家务镇作为预留开发空间，其他22个乡镇将分别建成22个特色小镇。22个特色小镇中，安新境内有9个，分别是安州、端村、刘李庄、龙化、赵北口、同口、芦庄、老河头、圈头特色小镇；雄县境内有9个，分别是大营、朱各庄、北沙、张岗、龙湾、双堂、苟各庄、鄚州、七间房特色小镇；容城境内有4个，分别是晾马台、八于、贾光、南张特色小镇（见表9）。

表 9　雄安新区规划中的特色小镇边界与点位

小镇边界	小镇点位
安新境内特色小镇	安州、端村、刘李庄、龙化、赵北口、同口、芦庄、老河头、圈头
雄县境内特色小镇	大营、朱各庄、北沙、张岗、龙湾、双堂、苟各庄、鄚州、七间房
容城境内特色小镇	晾马台、八于、贾光、南张

资料来源：新华网，http：//www. xinhuanet. com//politics/2019 – 03/31/c_ 1124307055. htm；中国雄安官网，http：//www. xiongan. gov. cn/2019 – 03/31/c_ 1210095916. htm。

在科技文化方面，高校的进入为雄安新区的未来发展注入人才力量，提供教育、研究机构资源，推进区域由农业城向高科技产业应用城的直接转变，促进建设和不断完善优化生活配套设施。目前近百所北京高校表示将会积极参与雄安新区建设。其中，包括北京大学、清华大学、北京理工大学、北京师范大学、北京邮电大学、中国传媒大学等。北京大学已经表示光华管理学院将会在雄安新区建立培训中心，并且也会在雄安新区设立医学部，同时北京大学将与职责部门合作建立政府和社会资本合作中心，着重服务新区建设。此外，中国传媒大学雄安新区发展研究院已成立，研究院主要研究方向为雄安新区未来发展。

目前，雄安新区正打造优质承接环境，优先布局公共服务设施，完善配套条件。在集聚创新要素资源、高起点布局高端高新产业方面，先后有 20 余家央企、40 余家金融机构、100 余家知名企业落户雄安新区，登记进驻雄安新区的企业达 3069 家，首批入驻市民服务中心的 26 家高端高新企业中约 90% 来自北京。伴随雄安新区的逐步建设发展，城市功能趋于完善，雄安新区交通网络便捷高效，现代化基础设施系统完备，创新体系基本形成，高端高新产业引领发展，优质公共服务体系基本形成。雄安新区将逐步建成国际一流、现代、绿色、智慧城市。

（二）构建雄安新区创新生态体系，推动京津冀协同创新

1. 以创新范式变革推动雄安新区发展

21 世纪以来，国际格局、创新主体、创新模式以及创新环境都发生了重大新变化，科学、技术、产业交叉融合加速，跨学科、跨部门、跨行业组织深度合作和开放创新，世界各国正从单体创新、线性创新逐步向创新生态系统范式过渡。美国提出"国家创新倡议"，"形成一个 21 世纪的创新生态系统"；日本也提出要实施重大的政策转向，从技术政策转向基于生态概念的创新政策，强调将创新生态作为日本维持今后创新能力的根基所在。

因此，雄安新区要打造全球创新高地和改革开放新高地，需要在创新思维、核心驱动力、组织形态方面进行突破调整。构建完善的创新生态体系是

雄安新区打造创新驱动新引擎的迫切需要。通过创新生态体系的构建，将北京强大的源头科技创新能力与天津雄厚的技术研发和科技成果转化实力及河北的巨大技术承接潜力相结合。尤其是，京津冀地区集中了全国1/3的国家重点实验室和工程技术研究中心，拥有超过2/3的两院院士，聚集了以中关村国家自主创新示范区为代表的7个国家高新区和7个国家级经济技术开发区，拥有丰富密集的创新资源。雄安新区以创新生态体系变革区域创新范式，通过体制与机制改革，激发创新活力，建设一流的基础设施，提供优质公共服务，吸引高端人才集聚，推动雄安新区创新生态系统"核"的发展，进而打造全国创新驱动经济增长新引擎和世界创新创业的策源地。

2. 以大区域、网络化视域推动雄安新区发展

雄安新区作为北京非首都功能疏解集中承载地，与北京城市副中心形成北京发展新的两翼，将从空间上为京津冀整合、重构创新资源与创新要素创造条件，不仅转移与疏解首都人口和产业，探索人口经济密集地区优化开发新模式，而且推动知识密集型资源和产业的空间再配置、知识扩散与知识增值，建设成为高水平社会主义现代化城市、京津冀世界级城市群的重要一极。

通过承接著名高校在新区设立分校、分院、研究生院等，承接国家重点实验室、工程研究中心等国家级科研院所、创新平台、创新中心，以创新链配置科技资源，推动京津冀大区域内的企业创新逐渐并入京津冀协同创新网络体系中，促进京津冀创新资源与创新网络的相互镶嵌和协同互动。雄安新区将推动京津之间的分工协作关系不断创新和强化，消除京津冀区域间不同主体的隔阂和冲突，实现京津冀创新体系相互耦合，从根本上对京津冀整体利益产生协同增效作用，成为京津冀协同创新在空间维度上的新发展。

3. 以智能化推动雄安新区创新发展

《河北雄安新区规划纲要》明确提出，雄安新区要大力发展高端高新产业，加快改造传统产业，加快新旧动能转换。雄安新区将瞄准世界科技前沿，面向国家重大战略需求，通过承接符合新区定位的北京非首都功能疏解，围绕建设数字城市，积极吸纳和集聚创新要素资源，重点发展下一代通

信网络、物联网、大数据、云计算、人工智能、工业互联网、网络安全等信息技术产业，高起点布局高端高新产业，打造全球创新高地。

当前，人工智能正在成为新一轮科技革命和产业变革的重要驱动力量。雄安新区将搭建国家新一代人工智能开放创新平台，重点实现无人系统智能技术的突破，建设开放式智能网联汽车示范区，支撑无人系统应用和产业发展。目前，百度与雄安新区将共建雄安 AI-City，扩大无人车试验范围，在地下综合廊道中推广应用无人车。为此，雄安新区将以物联感应、移动互联、人工智能等技术为支撑，构建实时感知、瞬时响应、智能决策的新型智能交通体系框架。以"互联网＋、大数据＋"转变制造思维，注重先进制造技术和智能制造模式的应用，寻找智能制造业变革中的新增长点。通过人工智能与产业的融合，培育智能研发、数字化车间、智能营销，推动制造业研发设计，开创管理与营销的新路径、新业态和新模式。同时，雄安新区高效、高质地承接北京非首都功能疏解，积极推动京津冀创新扩散与雄安新区产业承接，探索人工智能与制造业实体经济融合发展路径，以智能制造引领产业转型升级，赋能河北乃至京津冀制造业高质量发展。

4. 以制度创新保障雄安新区创新高地建设

雄安新区创新高地的建设与发展并不是一蹴而就的，而是要经历一个相对较长的孕育、生成、成长及成熟阶段。首先，政府的主导作用非常重要。发展初期，政府的资金扶持发挥关键作用，需要在创新薄弱环节和共性关键技术领域发挥政府提供政策支持的作用。同时，充分发挥市场在配置创新资源中的决定性作用，促进生产要素自由流动，充分激发市场活力。

其次，需要建立一个由众多创新主体多方参与的平台，促进京津冀整个创新系统内的创新知识、创新资源在平台内部和外部不断流动，促进企业、高校、科研机构、行业协会、中介机构、民间团体等发挥协同作用，形成多位一体的创新系统共生机制。在清洁能源、代替燃料、废物处理等领域促进绿色技术的不断进步，催生新兴节能产业和低碳产业，形成新的商业模式。其中，要强化企业参与，形成以企业为主体的产业体系，发挥高校和科研院所对产业转型升级的科研支持作用，强化人才市场及中介机构的专业服务作用，发挥民间团体及个人的交流融合作用。

再次，树立"开放经济"和"共享经济"的发展理念和战略目标，探索技术平台建设方面的共生共建机制，转变原有的空间封闭的分工组织模式，通过对科技基础条件资源进行战略重组以及优化，建立成果孵化器、科技园区等技术合作平台，引导大学、研究机构等成立的技术研究所、大学园、科学园、孵化器等研发平台、创新平台和创业平台的集聚。例如，在绿色环保方面，绿色技术资金流入雄安新区，构建绿色智慧城市，引领绿色技术创新，推动应用型大学等研究机构与企业开展共生合作，加速京津雄科技成果的产业化，推动产学研双螺旋共生合作。

最后，京津冀创新主体多元参与，建立多层级、网络化、开放协同的创新治理机制。政府、企业、高校、科研机构、中介组织、金融机构等是重要的创新主体和创新治理主体。其中，政府是创新治理的主导者，企业和科研机构是创新治理的主体，其他社会组织是创新治理的参与者和监督者。需要强调不同创新主体和利益相关者的权利、责任与义务，促进政府、市场、社会及创新共同体间的信任与合作，使不同主体、要素、部门机构、地域区域、体制机制等平等参与和管理科技创新系统的公共事务，出台一系列有针对性的激励创新、鼓励竞争、支持人才流动和促进科研成果转化的政策法规，形成多中心、多层级、网络化的治理模式，积极推进雄安新区治理体系和治理能力现代化，从制度上为雄安新区打造全球创新高地提供有力保障。

参考文献

肖金成、张贵等：《雄安新区战略发展的路径选择——"雄安新区与京津冀协同发展：理论及政策"高端论坛专家发言摘编》（上），《经济与管理》2017年第3期。

孙久文、彭建强等：《雄安新区战略发展的路径选择——"雄安新区与京津冀协同发展：理论及政策"高端论坛专家发言摘编》（下），《经济与管理》2017年第4期。

文魁：《北京城市发展的十大关系》，《城市管理与科技》2017 年第 1 期。

王金杰、周立群：《非首都功能疏解与津冀承接平台的完善思路——京津冀协同发展战略实施五周年系列研究之一》，《天津社会科学》2019 年第 1 期。

秦静、周立群、周彩云：《非首都功能疏解特点与天津滨海新区对接策略研究》，《产业创新研究》2018 年第 9 期。

吴建忠、詹圣泽：《大城市病及北京非首都功能疏解的路径与对策》，《经济体制改革》2018 年第 1 期。

刘宾：《非首都功能疏解背景下京津冀产业协同发展研究》，《宏观经济管理》2018 年第 8 期。

张贵、刘霁晴、李佳钰：《以京津雄创新三角区领航京津冀世界级城市群建设》，《中共天津市委党校学报》2019 年第 1 期。

王德利、许静、高璇：《京津冀协同发展背景下北京非首都功能疏解思路与对策》，《经济研究导刊》2019 年第 9 期。

薄文广、陈飞：《京津冀协同发展：挑战与困境》，《南开学报》（哲学社会科学版）2015 年第 1 期。

刘雪芹、张贵：《创新生态系统：创新驱动的本质探源与范式转换》，《科技进步与对策》2016 年第 20 期。

孙久文、张红梅：《京津冀一体化中的产业协同发展研究》，《河北工业大学学报》（社会科学版）2014 年第 3 期。

专题报告

Special Reports

B.7
国家级新区产业创新效率研究
及其对雄安新区的启示[*]

张 贵 赵玉帛[**]

摘 要： 采用超效率 DEA 模型分别对不考虑非期望产出和考虑非期望
产出两种情形下国家级新区产业创新效率进行测度，并进一
步利用面板 Tobit 回归模型对产业创新效率影响因素进行探
究。研究结果表明：两种情形下国家级新区产业创新效率呈
现同步变动、逐年下降态势；中西部地区后成立的新区产业
创新效率较高，而前期成立的东部经济发达地区新区产业创

---

* 本报告为国家社科基金项目"世界级城市群视阈下京津冀创新要素优化配置机制与路径研究"
（19BJY061）的研究成果。

** 张贵，河北工业大学教授、博士研究生导师，京津冀发展研究中心执行主任，研究方向为京津冀区
域经济、创新生态、战略性新兴产业；赵玉帛，河北工业大学经济管理学院博士研究生，研究方
向为创新生态系统。

新效率较低；政府支持和金融服务对我国新区产业创新效率具有显著正向影响。在实证研究结论的基础上，借鉴其他国家级新区发展经验，对雄安新区产业发展提出针对性对策建议。

关键词： 国家级新区　产业创新效率　超效率 DEA　Tobit 回归

一　引言

截至 2019 年，我国先后成立了 19 个国家级新区。从成立时间来看，国家级新区的批复经历了三个阶段。第一阶段是 20 世纪 90 年代初上海浦东新区的成立。第二阶段是 2006 年到 2012 年，天津滨海新区、重庆两江新区、浙江舟山新区、兰州新区、广州南沙新区 5 个国家级新区相继成立。第三阶段是 2014 年至今，国家级新区的批复进入井喷时期。陕西西咸新区、贵州贵安新区等 13 个国家级新区陆续成立。批复阶段的时间节点体现了国家区域开发空间战略实施的逐步深入。从地域分布来看，东部地区 8 个、西部地区 6 个、东北地区 3 个、中部地区 2 个。从最初上海浦东新区"一枝独秀"到上海浦东—天津滨海"南北呼应"再到国家级新区多地开花，体现出国家从单点突破的非均衡发展战略到多极化发展的均衡化战略的转变。国家级新区承担着国家重大发展战略和深化改革开放的重要任务，在带动辐射周边地区经济快速发展，契合"京津冀协调发展""长江经济带""一带一路"联动发展，打造区域增长极方面发挥了重要作用。当前我国经济发展已由高速增长阶段转变为高质量发展阶段，新区产业是国家级新区实现创新驱动战略、引领当地经济发展的重要载体。新区产业创新效率的水平代表着技术的先进性和前瞻性，同时也反映出创新资源的配置能力、产业的劳动生产率，和产业对市场需求状况变化的适应能力。雄安新区的设立是千年大计、国家大事，是党中央在新时期下的重大历史性战略选择。雄安新区和其他以往成立的新区一样，是国家在不同战略发展机遇期的战略体现，都充当着创新实验田和改革先锋区的重要角色。故以往设立的国家级新区对雄安新区的发展具有重要的借鉴和参考意义。从创新效率的视角来看，国家级新区产业发展现状如何？未来产业发展态势如何？哪些因素对新区产业创新效率产生了显著影响？研究结果对新设立的雄安新区有何借鉴意义？以上疑问是本报告力图解决的现实问题，也是本报告的实践价值。

提升产业创新效率，对改变我国粗放式发展，走创新驱动、绿色导向、高质量发展道路具有重要意义。进而，学者们对产业创新效率开展了大量富有成效的研究。从研究产业来看，闫俊周和齐念念利用我国 86 家节能环保上市公司的样本数据，对我国节能环保产业进行创业创新绩效评价①。郭淑芬和郭金花利用中国文化产业统计年鉴数据，对我国 2012～2013 年文化产业效率进行测度，研究发现文化产业整体效率偏低且存在空间分布差异②。王虹和胡胜德利用中国旅游年鉴等相关资料，对我国"一带一路"沿线省区市的旅游产业效率进行测度，并对影响因素进行探究，提出相关对策建议③。戚湧和刘军从宏观层面入手，以中国高技术产业等统计年鉴为数据来源，对我国 2009～2014 年"长江经济带"高技术产业创新效率进行测度，发现其整体创新效率较高，但各省区市之间存在较大差异④。张旻等从微观层面着眼，以 Wind 数据库和上市企业年报等为数据来源，对高新技术产业进行实证研究，研究发现企业家精神和企业开放对高新技术产业创新效率具有重要的促进作用⑤。

从研究方法来看，产业创新效率评价方法主要分为参数分析法和非参数分析法两大类。参数分析法以随机前沿法为代表，该方法以计量经济学为理

---

① 闫俊周、齐念念：《中国战略性新兴产业创新绩效影响因素实证分析——以节能环保产业为例》，《河南工业大学学报》（社会科学版）2019 年第 1 期。
② 郭淑芬、郭金花：《中国文化产业的行业效率比较及省域差异研究》，《中国科技论坛》2017 年第 5 期。
③ 王虹、胡胜德：《基于 Tobit 模型的"一带一路"旅游产业效率投资影响因素及策略研究》，《中国软科学》2017 年第 12 期。
④ 戚湧、刘军：《长江经济带高技术产业创新效率评价及实证研究》，《科技管理研究》2017 年第 17 期。
⑤ 张旻、刘新梅、王文斌：《企业开放、企业家精神对高新技术产业创新效率影响的实证》，《统计与决策》2019 年第 9 期。

论基础，可以对技术效率、技术进步、全要素生产率等多个范畴进行测算，但缺点是只能对单一产出的产业创新效率进行测算。而生产实践中，产业发展的创新产出既有知识技术产出，也有经济效益和社会效益产出。非参数分析法以数据包络分析法（DEA）运用最为广泛，该方法以数学规划为理论基础，可以对多投入多产出的指标进行测算，但缺点是不考虑随机影响。在参数分析法方面，韩兆洲和程学伟利用随机前沿模型对我国 31 个省区市的产业创新效率进行测算，并研究了专利产出和产业创新效率之间的关系[①]。刘鹍和章文光利用 Cobb-Douglas 函数作为生产函数模型，采用 SFA 方法对京津冀三地高技术产业创新效率进行研究，结果发现三地创新效率呈现波动上升趋势[②]。宛群超等分别采用随机前沿分析和空间计量模型对我国各省域高技术产业创新效率进行测算和收敛性研究，实证表明我国省域高技术产业创新效率呈现整体上升、空间异质、显著集群特点[③]。在非参数分析法方面，董艳梅和朱英明使用规模报酬可变的两阶段动态网络 DEA 模型对我国高技术产业的创新效率、有效性及其规模收益等进行分析[④]。王钊和王良虎采用 DEA-Malmquist 指数对我国 29 个省区市的高技术产业创新效率进行测算，并利用断点回归法研究了税收优惠政策与不同创新阶段之间的影响效应[⑤]。孟维站等利用三阶段 DEA 方法，该方法是将 DEA 与 SFA 方法混合使用，对我国高新技术产业创新效率进行测度，并提出具有针对性的发展战略[⑥]。

从研究内容来看，产业创新效率的研究主要集中在两个方面。一是对产

① 韩兆洲、程学伟：《中国区域专利产出与产业创新效率研究》，《产经评论》2018 年第 3 期。
② 刘鹍、章文光：《京津冀高技术产业创新效率现状与启示》，《湘潭大学学报》（哲学社会科学版）2019 年第 1 期。
③ 宛群超、杨晓岚、邓峰：《中国省域高技术产业创新效率的收敛性及其影响因素研究——基于空间经济学视角》，《科技管理研究》2018 年第 8 期。
④ 董艳梅、朱英明：《中国高技术产业创新效率评价——基于两阶段动态网络 DEA 模型》，《科技进步与对策》2015 年第 24 期。
⑤ 王钊、王良虎：《税收优惠政策对高技术产业创新效率的影响——基于断点回归分析》，《科技进步与对策》2019 年第 11 期。
⑥ 孟维站、李春艳、石晓冬：《中国高技术产业创新效率分阶段分析——基于三阶段 DEA 模型》，《宏观经济研究》2019 年第 2 期。

业创新效率的测算研究，学者们分别从完善评价指标体系（如加入创新的非期望产出指标）、完善评价方法（如网络 DEA、多阶段 DEA 的使用）等角度来实现更科学的测算；二是对产业创新效率影响因素的研究，主要集中在企业、政府等市场主体行为上。相关研究在市场各主体行为对产业创新效率的影响作用上，部分问题看法一致，但也存在一些看似相互矛盾的地方。如王黎萤等研究表明政府资金对产业创新效率有消极作用[1]，陈羽洁等认为政府的扶持力度虽有利于知识开发效率的提高，但对整体产业的创新效率没有显著影响[2]。可能样本数据的代表性、使用方法的侧重角度、研究行业的差异性导致了结果的不一致性，进而也表明了我国不同产业、不同地区创新效率影响因素的差异性。

综观相关文献，虽然学者们对产业创新效率进行了多方面的大量研究，取得了丰硕的成果，但仍存在一些欠缺之处：（1）从研究产业来看，以往研究大多是针对某一特定产业，以高新技术产业为主对产业创新效率进行研究，缺少对一般范畴意义的产业创新效率研究；（2）从研究尺度来看，大多数研究是对我国省域以及某个区域（如长江经济带、京津冀）等大尺度空间的研究，缺少中小尺度空间的研究；（3）从产业创新效率测度的指标体系来看，大多数研究都只考虑了专利、科技论文等期望产出，考虑非期望产出的研究较少；（4）从产业创新效率影响因素来看，对国家级新区产业创新效率影响因素的实证研究较少，需要进一步丰富。

基于此，本报告首先用超效率 DEA 测算 2015～2017 年不考虑非期望产出的国家级新区产业创新效率，进而对模型加以改进，测算出考虑非期望产出的国家级新区产业创新效率，对比二者之间的差异，最后采用 Tobit 回归模型实证分析国家级新区产业创新效率的影响因素，并结合雄安新区实际情况提出针对性对策建议，以期对雄安新区产业发展提供政策借鉴。

---

① 王黎萤、虞微佳、王佳敏等：《影响知识产权密集型产业创新效率的因素差异分析》，《科学学研究》2018 年第 4 期。
② 陈羽洁、赵红岩、俞明传等：《中国创意产业创新效率及影响因素——基于两阶段 DEA 模型》，《经济地理》2018 年第 7 期。

二 研究方法

（一）超效率 DEA

数据包络分析法（DEA）是评价多项投入和多项产出决策单元行之有效的方法。该方法事前无须对数据进行无量纲化处理，也不需要对各指标权重进行赋权，具有较强的客观性。数据包络分析法主要分为传统 DEA 和超效率 DEA 两大类，但传统 DEA 存在无法对有效评价单位（即效率值为 1）进行进一步区分的问题。Banker 在 1984 年提出超效率 DEA 以弥补传统 DEA 的上述问题[1]，Andersen 等于 1993 年进一步改进了超效率 DEA[2]。故本报告采用超效率 DEA 对国家级新区产业创新效率进行测度。其中，超效率 CCR-DEA 模型主要考虑被评价决策单元相对于其他评价单元的效率，其参考对象不包括被评价决策单元本身，因此该评价模型可对 DEA 有效决策单元做出进一步区分评价。超效率 CCR-DEA 模型为：

$$
\begin{cases}
\min\left[\theta - \varepsilon\left(\sum_{i=1}^{m} s_i^- + \sum_{r=1}^{s} s_i^+\right)\right] \\
s.t. \sum_{\substack{j=1 \\ j\neq k}}^{n} X_{ij}\lambda_j + s_i^- = \theta X_0 \\
\sum_{\substack{j=1 \\ j\neq 1}}^{n} Y_j\lambda_j - s_r^+ = Y_0 \\
\lambda_j \geq 0, j = 1,2,\cdots,n, s_i^- \geq 0, s_i^+ \geq 0
\end{cases}
\tag{1}
$$

其中，$X = (x_{1k}, x_{2k}, x_{3k}, \cdots, x_{ik})$ 表示国家级新区产业创新投入向量，$Y = (y_{1k}, y_{2k}, y_{3k}, \cdots, y_{jk})$ 表示国家级新区产业创新产出向量，θ 表示产业创新效

---

[1] Rajiv D. Banker, "Estimating Most Productive Scale Size Using Data Envelopment Analysis," *European Journal of Operational Research* 17（1984）：35 - 44.

[2] P. Andersen and N. C. Petersen, "A Procedure for Efficient Ranking Units in Data Envelopment Analysis," *Management Science* 39（1993）：1261 - 1264.

率值。λ_j 为各评价单元（即各个国家级新区）的组合系数，s^- 表示评价单元达到最优效率需要增加的投入量，即产出不足量。s^+ 表示评价单元达到最优效率需要减少的投入量，即投入冗余量。超效率 DEA 模型在进行第 k 个决策单元效率评价时，使第 k 个决策单元的投入和产出被其他所有的决策单元投入和产出的线性组合替代，将第 k 个决策单元排除在外（$j = k$）。

超效率 DEA 模型在使用中存在一个默认的假设前提，产出指标必须为正向指标，即产出越大越好，当产出指标含有负向指标（非期望产出）时，将会出现效率测度无效的情况。故该模型一般用来测算不考虑非期望产出的情形。对考虑非期望产出的情形，一种做法是把非期望产出（如废水废气等）作为投入要素①，虽然也能测度出考虑非期望产出下的效率，但该种做法有悖于产业产出的实际情形。另一种做法是将非期望产出量取倒数来作为期望产出量进行处理②，但该方法未免过于简单，学术界采用较少。本报告借鉴郭四代等的做法，采用数据转换函数处理法，对非期望产出指标做以下数据转化③：

$$Y_i^* = -Y_i + C \tag{2}$$

其中，Y_i 为非期望产出指标向量，Y_i^* 为转化后的非期望产出指标向量，为保证转化后的向量元素取值都为正值，C 表示一个非常大的向量，元素取值为评价对象最大值的 1.1 倍。通过公式（2）处理后，非期望产出指标符合超效率 DEA 模型的计算要求，可以进行效率测度。

（二）Tobit 回归模型

由于本报告测算出来的国家级新区产业创新效率值均大于 0，属于左侧

---

① R. Ramanathan, "An Analysis of Energy Consumption and Carbon Dioxide Emissions in Countries of the Middle East and North Africa," *Energy* 30（2005）：2831 – 2842；X. Lu, J. Pan and C. Ying, "Sustaining Economic Growth in China Under Energy and Climate Security Constraints," *China & World Economy* 14（2006）：85 – 87.

② 华振：《我国绿色创新能力评价及其影响因素的实证分析——基于 DEA-Malmquist 生产率指数分析法》，《技术经济》2011 年第 9 期。

③ 郭四代、仝梦、郭杰等：《基于三阶段 DEA 模型的省际真实环境效率测度与影响因素分析》，《中国人口·资源与环境》2018 年第 3 期。

截断数据，使用传统的最小二乘法会造成一定程度的估计偏差，而 Tobit 回归模型的优势在于能较好地处理被解释变量为截尾或删失等被解释变量受限的问题。故本报告采用 Tobit 回归模型探究国家级新区产业创新效率的影响因素，从中识别出制约产业创新效率进一步提升的关键因素，为政府工作者制定针对性政策提供依据。Tobit 回归模型如下所示：

$$Y = \begin{cases} Y^* = \alpha + \beta X + \varepsilon, Y^* > a \\ 0, Y^* \leqslant a \end{cases} \tag{3}$$

其中，X 为解释变量，Y 为被解释变量，α 为截距常量，β 为回归参数变量，ε 为随机扰动项，a 为截断点。

三 产业创新效率评价体系构建与数据来源

（一）产业创新效率评价体系构建

产业创新投入和产出指标目前在学术界尚未达成一致认识。一般来讲，创新投入可以分为创新人才投入、创新资金投入、创新实物投入三大部分。创新人才包括科学家和工程师、研发人员等，反映创新投入人力资本的数量和质量；创新资金主要包括研发经费支出、科研活动中所获得的银行贷款及政府资金奖励等；创新实物投入包括实验仪器的购置和租赁所产生的费用。创新产出主要包括经济产出和知识技术产出两大类。经济产出包括新产品的销售收入以及创新引起的生产成本下降从而产生的利润增量等。知识技术产出主要包括专利和论文两大类。我国专利划分为外观设计专利、实用新型专利和发明专利三大类。外观设计专利和实用新型专利技术含量和创新程度较低，而发明专利新颖性强、技术含量高、市场运用前景好且认可度高，更能衡量创新的知识技术产出。但单纯地用专利数量来衡量知识技术产出也存在一定的局限性，因为各行业各企业性质不同，一部分创新成果并不适合申请专利。故寻求囊括非专利产出的合理指标显得较为必要。SCI 论文数量在一定程度上是产学研合作的产物，其研究成果与产业发展有千丝万缕的关系。利用 SCI 论文数量和发明专利申请数能更好地衡量创新的知识技术产出。基于此，本报告在借鉴以往研究的基础上，结合数据的可获得性和时效性、指标的代表性和完整性等原则，用专业技术人员数和 R&D 人员全时当量来表征创新人才投入，用 R&D 经费支出来表征创新资金投入，用研究与试验发展仪器和设备支出来表征创新实物投入，用新产品销售收入、SCI 论文数、发明专利申请数来表征创新期望产出。

以往研究较多忽视了对创新活动中非期望产出的衡量。随着我国对环境保护问题的日益重视，创新活动中的环境污染等问题也引起了人们的广泛关注。从绿色低碳视角考虑创新产出，创新产出既包括论文、专利和新产品等一般创新期望产出，又包括能源消耗和环境污染等创新非期望产出。基于此，本报告用工业废水排放量、工业二氧化硫排放量、工业固体废物废弃率来表征创新非期望产出，最终构建国家级新区产业创新效率评价指标体系（见表1）。

表1　国家级新区产业创新效率评价指标体系

一级指标	二级指标	三级指标
创新投入	创新人才投入	专业技术人员数（人）
		R&D 人员全时当量（人/年）
	创新资金投入	R&D 经费支出（万元）
	创新实物投入	研究与试验发展仪器和设备支出（万元）
创新产出	创新期望产出	新产品销售收入（万元）
		SCI 论文数（篇）
		发明专利申请数（件）
	创新非期望产出	工业废水排放量（万吨）
		工业二氧化硫排放量（吨）
		工业固体废物废弃率（%）

（二）数据来源

国家级新区的成立和发展，是引领区域经济增长，实现产业转型升级、深化改革、促成以点带面国家战略意志的体现。而国家级新区产业经济的发展必须以国家级新区所在母城为载体,依托新区母城较为完善的经济、社会环境,吸引创新人才、创新资本等创新要素的聚集。国家级新区产业发展与母城的发展密切相关、休戚与共。考虑到国家级新区数据的获得性问题,本报告参考叶姮等的做法[1],利用国家级新区所在母城的数据对国家级新区产业创新效率进行间接测度。本报告的数据来源主要分为传统统计年鉴、相关报告及汇编资料、互联网数据三大类。专业技术人员数、R&D人员全时当量、R&D经费支出、研究与试验发展仪器和设备支出来自2016~2018年《中国科技统计年鉴》及各城市年鉴汇编资料;新产品销售收入来自2016~2018年《中国统计年鉴》及各城市年鉴汇编资料;SCI论文数来自Web of Science数据库;发明专利申请数来自佰腾专利检索;工业废水排放量、工业二氧化硫排放量、工业固体废物废弃率数据来自2016~2018年《中国城市统计年鉴》。对于部分无法获取到地级市层次的年鉴数据,我们借鉴清华大学创新发展研究院评价中国城市创新生态系统的做法,用各地级市对所在省区市GDP的贡献率,乘以所在省区市的相关指标数据得到。

四 实证分析

利用DEA Solver Pro软件分别测算出不考虑非期望产出和考虑非期望产出情形下,国家级新区产业创新效率及排名情况,结果如表2、表3所示。

表2 不考虑非期望产出2015~2017年国家级新区产业创新效率及排名情况

国家级新区	2015年	2016年	2017年	平均值	排名
江北新区	2.355	2.366	2.181	2.301	1
长春新区	—	1.317	1.783	1.550	2
兰州新区	1.646	1.577	1.187	1.470	3
舟山新区	1.462	1.389	1.327	1.393	4

---

① 叶姮、李贵才、李莉等:《国家级新区功能定位及发展建议——基于GRNN潜力评价方法》,《经济地理》2015年第2期。

国家级新区	2015 年	2016 年	2017 年	平均值	排名
天府新区	1.085	1.399	1.446	1.310	5
西海岸新区	1.449	1.131	0.952	1.177	6
贵安新区	1.003	1.174	1.236	1.138	7
南沙新区	0.986	1.259	1.161	1.135	8
湘江新区	1.192	1.171	1.041	1.135	9
两江新区	1.230	1.126	1.042	1.133	10
哈尔滨新区	1.333	1.083	0.956	1.124	11
西咸新区	1.055	1.153	1.093	1.101	12
赣江新区	—	0.927	0.957	0.942	13
浦东新区	0.782	0.831	0.870	0.828	14
滇中新区	0.896	0.937	0.641	0.825	15
滨海新区	0.942	0.882	0.640	0.821	16
金普新区	0.836	0.752	0.660	0.749	17
雄安新区	—	—	0.643	0.643	18
福州新区	0.571	0.676	0.551	0.599	19

注：2015 年长春新区、赣江新区、雄安新区，2016 年雄安新区尚未成立，故相应年份数据缺失。

（一）不考虑非期望产出国家级新区产业创新效率分析

从波动情况来看，2015~2017 年新区产业创新效率波动幅度最大的是长春新区；西海岸新区、兰州新区、天府新区、哈尔滨新区、滇中新区、滨海新区、南沙新区、贵安新区、江北新区次之；两江新区、金普新区、湘江新区、舟山新区、福州新区、西咸新区、浦东新区、赣江新区波动幅度较小。

从发展态势来看，2015~2017 年新区产业创新效率增长幅度最大的是天府新区，增长 33.27%，贵安新区、南沙新区、浦东新区紧随其后，其产业创新效率分别增长 23.23%、17.75%、11.25%，而西咸新区增长幅度最低，仅增长 3.60%；西海岸新区的下降幅度最大，下降 34.30%，滨海新区的下降幅度次之，下降 32.06%。滇中新区、哈尔滨新区、兰州新区、金普新区分别下降 28.46%、28.28%、27.89%、21.05%，两江新区、湘江新区、舟山新区、江北新区、福州新区下降幅度较低，分别下降 15.28%、12.67%、9.23%、7.39%、3.50%。

从总体效率来看，2015～2017 年新区产业创新效率平均值最大的是江北新区，平均值为 2.301。长春新区、兰州新区、舟山新区、天府新区、西海岸新区、贵安新区、南沙新区、湘江新区、两江新区、哈尔滨新区、西咸新区效率平均值较高，分别为 1.550、1.470、1.393、1.310、1.177、1.138、1.135、1.135、1.133、1.124、1.101。而赣江新区、浦东新区、滇中新区、滨海新区、金普新区、雄安新区、福州新区产业创新效率平均值较低，分别为 0.942、0.828、0.825、0.821、0.749、0.643、0.599。

（二）考虑非期望产出国家级新区产业创新效率分析

从波动情况来看，2015～2017 年新区产业创新效率波动幅度较大的是长春新区、舟山新区、兰州新区；福州新区、西海岸新区、天府新区、哈尔滨新区、滨海新区、南沙新区、金普新区、赣江新区、滇中新区、江北新区次之；两江新区、湘江新区、西咸新区、浦东新区、贵安新区波动幅度较小。

从发展态势来看，2015～2017 年新区产业创新效率增长幅度最大的是天府新区，增长 33.27%，南沙新区、浦东新区紧随其后，其产业创新效率分别增长 17.75%、11.25%，而贵安新区增长幅度最低，仅增长2.07%；西海岸新区的下降幅度最大，下降 34.23%，滨海新区的下降幅度次之，下降 31.74%。哈尔滨新区、兰州新区分别下降 28.28%、27.74%，金普新区、滇中新区、两江新区、湘江新区、江北新区、福州新区下降幅度较低，分别下降 19.34%、19.14%、15.28%、12.67%、7.39%、5.52%。

从总体效率来看，2015～2017 年新区产业创新效率平均值排名最靠前的是舟山新区、江北新区，平均值分别为 2.715、2.301。兰州新区、贵安新区、长春新区、天府新区、西海岸新区、南沙新区、湘江新区、两江新

区、哈尔滨新区、西咸新区、赣江新区效率平均值较高，分别为 1.886、
1.610、1.581、1.310、1.183、1.135、1.135、1.133、1.124、1.101、
1.096。而滇中新区、浦东新区、滨海新区、金普新区、福州新区、雄安
新区产业创新效率平均值较低，分别为 0.861、0.828、0.822、0.815、
0.771、0.690。

表 3 考虑非期望产出 2015～2017 年国家级新区产业创新效率及排名情况

国家级新区	2015 年	2016 年	2017 年	平均值	排名
舟山新区	2.870	2.318	2.950	2.715	1
江北新区	2.355	2.366	2.181	2.301	2
兰州新区	2.073	2.086	1.498	1.886	3
贵安新区	1.593	1.611	1.626	1.610	4
长春新区	—	1.317	1.846	1.581	5
天府新区	1.085	1.399	1.446	1.310	6
西海岸新区	1.449	1.146	0.953	1.183	7
南沙新区	0.986	1.259	1.161	1.135	8
湘江新区	1.192	1.171	1.041	1.135	9
两江新区	1.230	1.126	1.042	1.133	10
哈尔滨新区	1.333	1.083	0.956	1.124	11
西咸新区	1.055	1.153	1.093	1.101	12
赣江新区	—	1.177	1.014	1.096	13
滇中新区	0.909	0.937	0.735	0.861	14
浦东新区	0.782	0.831	0.870	0.828	15
滨海新区	0.942	0.882	0.643	0.822	16
金普新区	0.843	0.921	0.680	0.815	17
福州新区	0.616	1.113	0.582	0.771	18
雄安新区	—	—	0.690	0.690	19

注：2015 年长春新区、赣江新区、雄安新区，2016 年雄安新区尚未成立，故相应年份数据
缺失。

由不考虑和考虑非期望产出两种情形下的国家级新区产业创新效率分析
可知，浦东新区、滨海新区等国家级新区虽然地处我国经济发达地区，集聚

了大量的创新要素，产业创新产出也较高，但是其产业创新效率并不高，在国家级新区中处于下游水平。这意味着高投入并没有带来与之相匹配的高产出，我国高研发投入与低实际产出的矛盾依然存在[①]。而舟山新区、江北新区、贵安新区等国家级新区产业创新效率较高，在国家级新区中处于上游水平，这些国家级新区经济发达程度虽远不及上海浦东新区等国家级新区，但是其产业发展势头迅猛，保持着低投入高产出的"小而美"发展模式。

（三）考虑非期望产出与不考虑非期望产出产业创新效率对比分析

第一，国家级新区产业创新效率呈逐年下降态势，考虑非期望产出产业创新效率略高于不考虑非期望产出产业创新效率。2015～2017年国家级新区不考虑非期望产出产业创新效率平均值分别为1.176、1.175、1.072，2017年相较于2015年总体下降8.84%。2015～2017年国家级新区考虑非期望产出产业创新效率全都高于不考虑非期望产出产业创新效率，其效率平均值分别为1.332、1.328、1.211，2017年相较于2015年总体下降9.08%。虽然考虑非期望产出后，国家级新区产业创新效率下降幅度扩大，但是从各年份来看，考虑非期望产出情形与不考虑非期望产出情形下的产业创新效率差距正在缩小，分别由2015年的0.156、2016年的0.153，缩小到2017年的0.139。

第二，大部分国家级新区产业创新效率在考虑期望产出和不考虑非期望产出两种情形下差距较小。绝大部分国家级新区考虑期望产出产业创新效率与不考虑非期望产出产业创新效率的差距在0.2以下，如赣江新区、福州新区、雄安新区分别相差0.154、0.172、0.047。个别国家级新区考虑期望产出产业创新效率与不考虑非期望产出产业创新效率的差距较大，其中舟山新区、贵安新区、兰州新区分别达到1.322、0.473、0.416。究其原因在于，这些国家级新区所处地区大都山清水秀，风景宜人，且重化工业

---

① 王钊、王良虎：《税收优惠政策对高技术产业创新效率的影响——基于断点回归分析》，《科技进步与对策》2019年第11期。

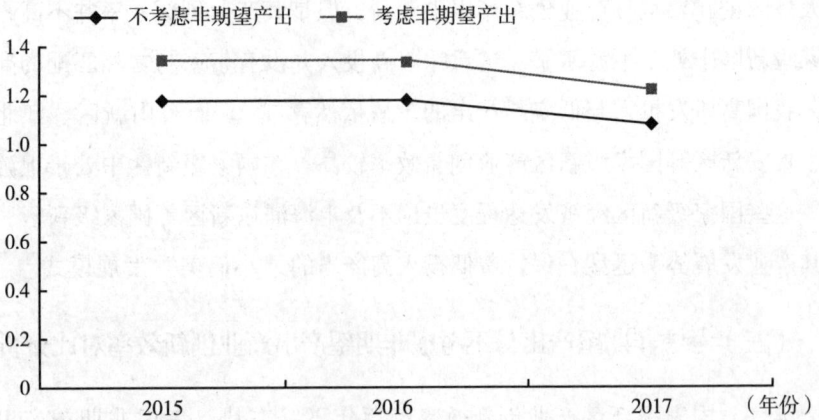

图1　不同情况下2015～2017年国家级新区产业创新效率平均值对比

较少，在自然环境方面具有先天的优势。因而在考虑非期望产出情形下产业创新效率上升幅度较大。

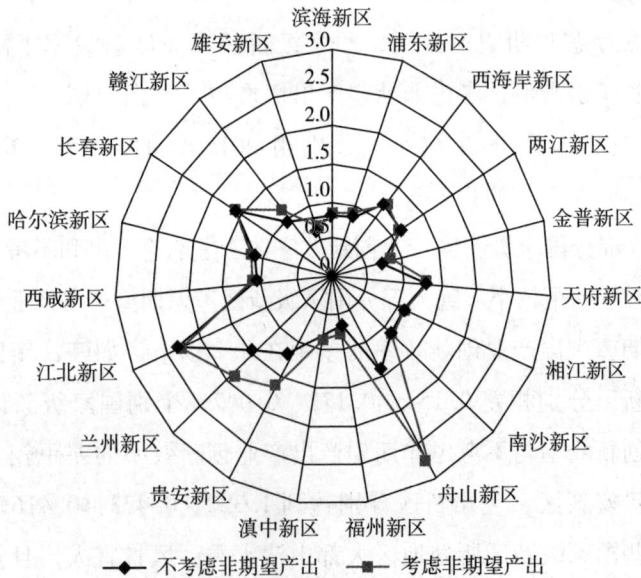

图2　不同情况下2015～2017年各个国家级新区产业创新效率平均值对比

由以上分析可知，不考虑和考虑非期望产出两种情形下国家级新区产业创新效率呈现同步变动、逐年下降趋势，国家级新区产业发展形势不容乐观。国际贸易形势日益恶化的不确定性加速了我国部分中低端产业向东南亚地区转移。而我国高端制造业、新材料、生物医药等高端产业体系尚未完全建立。产业发展青黄不接的状况导致了国家级新区产业创新效率持续下降。

（四）国家级新区产业创新效率影响因素 Tobit 分析

在参考以往研究的基础上[①]，结合国家级新区产业发展实际情况，本报告采用以下指标表征新区产业创新效率影响因素。采用当年实际使用外资金额指标表征外资使用额；采用公路、水路、航空货运量之和表征货物运输量；采用人均年末金融机构贷款余额表征金融服务度；采用国有经济固定资产投资总额与全社会固定资产投资总额的比值表征政府支持力；采用腾讯研究院《中国"互联网 +"指数报告》中的"互联网 +"指数表征信息互联度。环境管制不同，各个国家级新区单位 GDP 的二氧化硫排放量也不同。环境管制较为严格的地区，其排放的二氧化硫也较少，则单位 GDP 二氧化硫排放量较小。本报告借鉴彭峰等[②]的做法，使用地区单位 GDP 二氧化硫排放量来表征该地区的环境管制度。

根据以上影响因素，结合 Tobit 基本回归模型，本报告建立如下国家级新区产业创新效率影响因素 Tobit 面板回归模型：

$$Effe_{it} = \beta_0 + \beta_1 \ln(Fdi_{it}) + \beta_2 \ln(Fre_{it}) + \beta_3 \ln(Fin_{it}) + \beta_4 Gov_{it} + \beta_5 Inf_{it} + \beta_6 Env_{it} + \varepsilon \tag{4}$$

其中，$Effe$ 为各个国家级新区产业创新效率；i 表示各个国家级新区的编号；t 表示年份；β_0、β_1、β_2、β_3、β_4、β_5、β_6 表示各变量的回归参数；Fdi、

Fre、*Fin*、*Gov*、*Inf*、*Env* 表示各影响因素变量，为了消除量纲不一致对回归结果的影响，对 *Fdi*、*Fre*、*Fin* 影响因素变量进行取对数处理；ε 为残差项。

通过 Stata 13.0 统计分析软件进行 Tobit 面板回归，分析结果如表 4 所示。

表 4　国家级新区产业创新效率影响因素 Tobit 分析结果

解释变量	简称	标准差	系数估计值	p 值
外资使用额	Fdi	0.081	0.134	0.103
货物运输量	Fre	0.111	− 0.239 **	0.036
金融服务度	Fin	0.091	0.217 **	0.021
政府支持力	Gov	0.053	0.280 ***	0.000
信息互联度	Inf	0.018	0.003	0.875
环境管制度	Env	0.322	− 0.545 *	0.097

注：标 * 的数据为 10% 水平下显著，标 ** 的数据为 5% 水平下显著，标 *** 的数据为 1% 水平下显著。

外资使用额对国家级新区产业创新效率有正向影响，但未通过显著性检验。外资使用额影响系数为 0.134，但 p 值为 0.103，显著水平大于 0.1，说明外资使用额对国家级新区产业创新效率无显著影响。早期我国与西方先进国家技术差距大，引进外资的确可以为我国带来先进的生产技术和管理经验，进而通过模仿创新可以迅速提高我国企业的创新效率[①]。近年来，随着我国产业科技总体水平的不断提升，某些领域已经处于和西方先进国家"并跑"和"领跑"阶段，而国家级新区产业更是我国高科技水平的代表，外资使用额总体上虽然在增加，但国外先进技术的引进趋向停滞，对产业创新效率的提升作用也微乎其微，故对我国国家级新区产业创新效率没有显著影响。

货物运输量对国家级新区产业创新效率具有显著的负向影响。货物运输量影响系数为 − 0.239，p 值为 0.036，在 5% 水平下显著。研究结果在一定程度上反映了我国物流行业大而不强的现象。近年来，随着我国电子商务的普

① 钱丽、王文平、肖仁桥：《产权性质、技术差距与高技术企业创新效率》，《科技进步与对策》2019 年第 12 期。

及，物流行业也快速发展，2018 年我国快递年业务量突破 500 亿件，但人力成本居高不下、过度包装、分拣效率低下等问题仍不容小觑。物流行业整体效率不高，阻碍了产业创新效率的进一步提升，因而产生显著的负向影响。

金融服务度对国家级新区产业创新效率具有显著的正向影响。金融服务度影响系数为 0.217，影响系数仅次于政府支持力，p 值为 0.021，在 5% 水平下显著。产业升级和技术创新活动离不开银行、券商、风险投资等金融机构的支持，金融支持力度和服务水平越高对产业创新效率的提升作用越大。

政府支持力对国家级新区产业创新效率具有显著的正向影响。政府支持力影响系数为 0.280，对国家级新区产业创新效率正向影响作用最大，p 值为 0，说明非常显著。国家级新区从设立开始就得到了政府支持。其基础设施建设、产业发展定位和布局、各项改革试点政策等产业发展优势条件均得到政府的大力支持。

信息互联度对国家级新区产业创新效率有正向影响，但未通过显著性检验。信息互联度影响系数为 0.003，p 值为 0.875，显著水平大于 0.1，说明信息互联度对国家级新区产业创新效率无显著影响。从理论上来说，信息作为创新要素之一，对产业创新效率提升具有重要作用。然而国家级新区绝大部分位于省会城市，其所在城市是中国公用计算机互联网、中国教育和科研计算机网、中国联通计算机互联网等九大骨干网的核心枢纽和节点城市，也是新一代移动通信技术的率先部署城市，信息互联发达。信息互联度相比其他因素来说，对新区产业创新效率影响不显著。

环境管制度对国家级新区产业创新效率有负向影响，且通过显著性检验。环境管制度影响系数为 −0.545，p 值为 0.097，显著水平接近 0.1，说明环境管制度对国家级新区产业创新效率影响的显著程度较低。适当的环境管制将刺激企业进行更多技术创新，降低遵循环境管制成本，最终更具竞争优势[1]。但从原始数据来看，各个国家级新区 2017 年二氧化硫排放量比 2015 年均减

---

① 赵丽娟、张玉喜、潘方卉：《政府 R&D 投入、环境规制与农业科技创新效率》，《科研管理》2019 年第 2 期。

少50%以上，更有甚者减少了80%，明显超出技术创新对环境保护的贡献范畴，背后折射出政府治理雾霾的"一刀切"现象。高强力度的环境管制使企业面临巨大的生存压力，利润大幅减少，研发投入萎缩，进而抑制了产业创新效率的提升。

五　研究结论与对雄安新区的启示

本报告首先利用超效率 DEA 对国家级新区产业创新效率进行测度，其次考虑到创新活动中存在非期望产出的现实情形，利用数据转换函数处理法对非期望产出指标进行处理，使其符合超效率 DEA 的应用条件，再进行考虑非期望产出产业创新效率的测度。研究发现，在两种情形下国家级新区产业创新效率呈现逐年下降态势，且变动趋势同步。大部分国家级新区在考虑非期望产出情形下的产业创新效率要高于不考虑非期望产出情形下的产业创新效率。浦东新区、滨海新区等先期成立的经济发达地区新区产业创新效率较低，而江北新区、贵安新区等后期成立的经济不发达地区新区产业创新效率较高。最后利用 Tobit 面板回归模型对国家级新区产业创新效率影响因素进行分析，结果表明：政府支持力、金融服务度对产业创新效率具有显著的正向影响；外资使用额、信息互联度对产业创新效率没有显著影响；货物运输量、环境管制度对产业创新效率具有一定程度显著水平的负向影响。基于此，结合其他新区发展经验提出关于雄安新区产业发展的对策建议。

（一）打造"三型"政府，助力雄安新区产业发展

一是打造服务型政府。雄安新区建设近乎"平地建新城"，雄安新区内原有产业以传统农业和服装、塑料包装等中低端制造业为主，产业基础薄弱。而国务院批复的《河北雄安新区规划纲要》指出，未来雄安新区将要重点发展高端现代服务业、现代生命科学和生物技术、新一代信息技术等新兴高科技产业。新兴高科技产业的承接需要雄安新区的相关配套服务。在服务产业人才方面，立足河北工业大学、河北大学等省内重点高校，承接北京

大学、清华大学等世界一流大学的分院、分区、研究生院，统筹国家重点实验室和国际一流科研平台，重点培育建设一批前沿性、开创性、引领性优势学科，以"高校联盟，平台协同"的新机制、新模式建设世界一流雄安大学，为雄安新区产业发展培育领军高端人才。雄安新区劳动力资源以高中学历以下的农民工为主，原有人力资源结构难以匹配雄安新区未来的产业发展。雄安新区应建立健全多层次职业教育培训体系，大力发扬工匠精神。借鉴德国"双元制"职业教育体系，建立学校企业双向合作、互输人才机制，企业向学校输送实践经验丰富的师资力量，学校向企业输送订单式培养人才，校企双方合作共赢，实现"政府搭台，企业唱戏"的职业教育制度①。鼓励当地农民工接受职业教育再培训，向培训合格的人员颁发相关资质证书，给予相应金额的技能补贴，推荐工作岗位。支持具有大中专学历的社会待业人员接受职业本科层次教育，营造"尊重技术工人，崇尚职业教育"的良好社会氛围，加大对工匠精神的宣传力度，开展"雄安巨匠"年度评选活动，使尊重爱护职业人才的理念深入人心，为雄安新区产业发展提供落地技能人才。雄安新区发展前期，本地人才供应不足，高端人才奇缺，必然需要从北京、天津创新高地引进人才。打通京津雄三地社会保障体系，使北京、天津户籍人才在雄安新区也能享受与京津两地不相上下的公共社会服务。完善人才引进管理服务，多措施构建公平合理的薪酬体系，营造卓越的人才服务环境，为雄安新区产业发展留住人才。在服务产业企业方面，设立雄安新区产业黑名单，对黑名单中的产业企业，严格把守，坚决禁止入驻。对黑名单以外的企业，简化入驻新区办理手续。对重点引进的高新技术企业，给予城镇土地使用税、企业所得税、城市建设税等相关税收优惠政策。加强产业企业的事中和事后监督，全面落实"随机抽取检查对象，随机选派执法人员，检查结果公开公示"监督制度，违法企业记入违法失信企业名单，行为严重的依法列为多部门联合惩戒对象。"打造服务型政府"贴身管家，精准服务。深

---

① 张贵、刘雪芹：《京津冀人才一体化发展的合作机制与对策研究》，《中共天津市委党校学报》2017 年第 3 期。

入基层，上门服务，听取、采集企业发展中面临的技术、管理、标准、资金等问题，对典型问题进行汇总归纳，提供一站式企业服务，疏解中小企业产品提升困难，稳定和增强企业信心及预期，加大创新支持力度，提升中小企业专业化发展能力，促进中小企业创新能力稳步提升。

二是打造智慧型政府。当前我国政府同级部门之间、上下级政府之间，数据接口互不开放，数据标准不统一，信息孤岛现象严重。政府对企业真实情况的了解，建立在企业自行上报数据的基础之上，而企业出于避税、逃避处罚等原因未必向政府上报真实有效的数据，导致政府对企业的指导和服务存在偏差和扭曲。只有打造智慧型政府，获取企业真实经营信息，才能解决政府"盲人摸象"式的指导问题。统一智慧型政府顶层设计规划，实现雄安新区内税收、土地、城建、气象等部门所有数据统一汇总到政府数据仓库，真正实现数据共享。基于数据仓库，让雄安新区公民享受数据共享和流程简化的改革成果，做到公民纳税、个人缴费、住院治疗、信用评估等无证明、零门槛办理，实现让数据多跑路，让人民群众不跑路的最终效果。结合5G网络、大数据、物联网、人工智能、虚拟现实技术，统一规划建设"雄安云"信息应用基础设施。通过财政补贴、企业出资、云运营商优惠等多种措施支持雄安新区内所有产业企业"上云"。通过基础设施云端显示目前状况、企业业务云上开展、设备产品云上展示、制造资源分布式协同，提高雄安新区内两化融合水平，促进供应链上下游对接，提升企业生产管理效率，优化资源协调配置，为企业自身发展和政府主动服务企业提供强有力的工具支撑。

三是打造创新型政府。设立雄安新区是千年大计、国家大事，是党中央做出的一项重大历史性战略选择，雄安新区肩负着国家区域创新实验田和改革先锋区的重担。人才是创新活动中的第一要素，创新人才服务政策，通过物质激励和人文关怀两种方式，引才、留才、育才、疏才，将高端创新人才牢牢留在雄安新区，为雄安新区产业腾飞提供强大的智力保障。企业是创新活动中的最小单元，雄安新区要敢于出台创新支持政策，把政府部门建立的数据仓库脱敏处理后，向符合相关标准的企业开放。企业可以利用数据仓库创新各种商业模式，探索全新的商业场景，为雄安新区公民提供更加优质、便捷、高效的服务，最终实现对政府和社会的反哺。产业创新是区域创新第一驱动力，雄安新区应积极推行深圳经济特区、上海浦东新区、天津滨海新区等先进成熟的产业政策，并结合自身特点，出台更加完善的产业政策。通过财政补贴、税费减免、地方法规、数据开放等一篮子创新政策，赋能雄安新区产业发展。

（二）创新金融服务，赋能雄安新区产业腾飞

一是设立雄安产业大基金。借鉴国家集成电路产业投资基金运营模式，从顶层设计角度建立基金运行机制，成立雄安产业大基金。整合优势资源，吸引多元社会资本参与，实施基金市场化专业化管理，提高基金运作效率，对雄安新区重点发展的5G、大数据、生物医药等重点产业进行投资，培育发展新兴产业集群，打造区域产业发展核心竞争力。

二是大力发展绿色金融服务。企业贷款利率直接和企业碳排放量挂钩，碳排放量越少，企业获取银行贷款资金的成本越低。银行放贷和计提存款准备金与银行放贷对象挂钩，给绿色低碳企业放贷的，可以适度降低流动性、盈利性等风险控制要求。在证券市场专门开辟绿色金融板块，符合标准的绿色低碳高科技企业可以优先、从简上市，进而提高资本市场对绿色低碳技术的支持度，鼓励企业自觉主动加大环境保护研发，最终促进雄安新区产业绿色创新。

三是开辟证券市场雄安板块。借鉴上海证券交易所科创板块，设立雄安板块，实现上市公司发行股票注册制，精简股票发行条件，提高上市审核效率，强化上市公司信息披露要求，实施严格的退市制度。开辟绿色通道，实行特事特办，重点支持雄安新区及其周边地区具有技术前沿、市场广阔、符合国家需求等特点的企业上市。

（三）创建智慧物流，助推雄安新区产业升级

一是创建智慧物流信息平台。以菜鸟网络、顺丰速运、京东物流、苏宁物流等先进物流平台为基础，以在线交易、即时结算、信用担保、普惠金融、信息查询等综合服务为切入点，有效整合上下游供应链资源和线上线下跨界资源，创建各个物流企业之间互联互通的智慧物流信息平台。实现对货

物来源地点、货物流向分布、物流交易数量、物流商品种类等大数据的动态监测与挖掘分析，为物流客户提供定制化、精准化服务，为政府管理部门提供决策服务功能。

二是提高仓储配送企业的信息化水平。配置物体识别、无人分拣、自动传送、动态监控等全自动设备以及高科技高效率的货物搬运设备，减少人力使用成本，以物流仓储管理信息系统为基础，充分利用无线射频技术、二维码、图像识别、区块链等技术，全面提升物流订单运营、货物管理、客户服务的能力。根据物流公司的实践经验，传统仓库大多存在选址不够科学合理的问题，容易导致仓库闲置或仓库超出负荷等极端现象。利用电商商家的历史沉淀数据和即时销售数据，以及运输沿线的土地成本、人力成本、交通可达度等多源数据，建立人工智能神经网络模型，自主学习，自动优化，提供配送仓库选址、仓库货物提前调货等一整套仓储配送解决方案。

三是升级末端配送收件企业。新零售业态的成功取决于智慧物流的建设水平，而城市末端配送收件企业在智慧物流的建设中起着关键作用。随着我国消费的进一步升级，多元化、定制化、精准化等上门配送收件服务对末端配送收件企业提出了新的要求。突破以往末端配送收件企业定时、定点的配送收件方式，采取与便民超市、大型写字楼、大型商场、医院等企事业单位合作的方式，综合运用末端配送站、自助提货柜、无人机配送、无人车配送、快递员配送等多种配送收件方式提高效率。逐步淘汰传统纸质快递单，大力推广使用电子快递单，提倡和鼓励使用精简可回收快递包装，建立快递包装末端配送收件企业回收体系，节约纸张消耗，提高物流绿色环保水平。在快递收寄实名制的基础上，采用信息脱敏和加密技术，保障消费者的个人隐私信息。

参考文献

李湛、桂海滨：《国家级新区的发展与再认识》，《上海经济》2017 年第 1 期。

李涛、张贵：《研发要素流动对京津冀城市群的科技创新影响研究》，《河北工业大学学报》（社会科学版）2019 年第 2 期。

孟维站、徐喆、刘宇佳等：《我国科技政策组合特征对高技术产业创新效率的分阶段影响》，《经济问题》2019 年第 6 期。

闫俊周、齐念念：《中国战略性新兴产业创新绩效影响因素实证分析——以节能环保产业为例》，《河南工业大学学报》（社会科学版）2019 年第 1 期。

郭淑芬、郭金花：《中国文化产业的行业效率比较及省域差异研究》，《中国科技论坛》2017 年第 5 期。

王虹、胡胜德：《基于 Tobit 模型的"一带一路"旅游产业效率投资影响因素及策略研究》，《中国软科学》2017 年第 12 期。

戚湧、刘军：《长江经济带高技术产业创新效率评价及实证研究》，《科技管理研究》2017 年第 17 期。

张旻、刘新梅、王文斌：《企业开放、企业家精神对高新技术产业创新效率影响的实证》，《统计与决策》2019 年第 9 期。

韩兆洲、程学伟：《中国区域专利产出与产业创新效率研究》，《产经评论》2018 年第 3 期。

刘鹃、章文光：《京津冀高技术产业创新效率现状与启示》，《湘潭大学学报》（哲学社会科学版）2019 年第 1 期。

宛群超、杨晓岚、邓峰：《中国省域高技术产业创新效率的收敛性及其影响因素研究——基于空间经济学视角》，《科技管理研究》2018 年第 8 期。

董艳梅、朱英明：《中国高技术产业创新效率评价——基于两阶段动态网络 DEA 模型》，《科技进步与对策》2015 年第 24 期。

王钊、王良虎：《税收优惠政策对高技术产业创新效率的影响——基于断点回归分析》，《科技进步与对策》2019 年第 11 期。

孟维站、李春艳、石晓冬：《中国高技术产业创新效率分阶段分析——基于三阶段 DEA 模型》，《宏观经济研究》2019 年第 2 期。

王黎萤、虞微佳、王佳敏等：《影响知识产权密集型产业创新效率的因素差异分析》，《科学学研究》2018 年第 4 期。

陈羽洁、赵红岩、俞明传等：《中国创意产业创新效率及影响因素——基于两阶段 DEA 模型》，《经济地理》2018 年第 7 期。

周平：《基于超效率 DEA 模型的区域低碳效率空间分异——以湖南省各市州为例》，《经济地理》2017 年第 3 期。

刘兵、李青、梁林：《天津市人才配置效率动态演化及影响因素研究——基于超效率 DEA 和 Malmquist 指数》，《河北工业大学学报》（社会科学版）2019 年第 2 期。

华振：《我国绿色创新能力评价及其影响因素的实证分析——基于 DEA-Malmquist 生产率指数分析法》，《技术经济》2011 年第 9 期。

郭四代、仝梦、郭杰等：《基于三阶段 DEA 模型的省际真实环境效率测度与影响因素分析》，《中国人口·资源与环境》2018 年第 3 期。

冯志军、陈伟、明倩：《能源环境约束下的中国区域工业研发创新全要素生产率：2001~2011 年》，《工业技术经济》2013 年第 9 期。

白俊红、江可申、李婧：《应用随机前沿模型评测中国区域研发创新效率》，《管理世界》2009 年第 10 期。

崔蓉、费锦华、孙亚男：《中国省际绿色创新生产率的变动及其空间溢出效应研究》，《宏观经济研究》2019 年第 6 期。

曹霞、于娟：《绿色低碳视角下中国区域创新效率研究》，《中国人口·资源与环境》2015 年第 5 期。

叶姮、李贵才、李莉等：《国家级新区功能定位及发展建议——基于 GRNN 潜力评价方法》，《经济地理》2015 年第 2 期。

清华大学创新发展研究院等：《中国城市创新生态系统评价（2016）》，社会科学文献出版社，2017。

王聪、朱先奇、刘玎琳等：《京津冀协同发展中科技资源配置效率研究——基于超效率 DEA - 面板 Tobit 两阶段法》，《科技进步与对策》2017 年第 19 期。

张立杰、梁锦凯：《我国丝绸之路经济带沿线省（市、区）高技术产业创新效率研究——基于 DEA-Malmquist-Tobit 方法》，《科技进步与对策》2019 年第 13 期。

彭峰、周淑贞：《环境规制下本土技术转移与我国高技术产业创新效率》，《科技进步与对策》2017 年第 22 期。

钱丽、王文平、肖仁桥：《产权性质、技术差距与高技术企业创新效率》，《科技进步与对策》2019 年第 12 期。

赵丽娟、张玉喜、潘方卉：《政府 R&D 投入、环境规制与农业科技创新效率》，《科研管理》2019 年第 2 期。

张贵、刘雪芹：《京津冀人才一体化发展的合作机制与对策研究》，《中共天津市委党校学报》2017 年第 3 期。

Rajiv D. Banker, "Estimating Most Productive Scale Size Using Data Envelopment Analysis," *European Journal of Operational Research* 17 (1984): 35 - 44.

P. Andersen and N. C. Petersen, "A Procedure for Efficient Ranking Units in Data Envelopment Analysis," *Management Science* 39 (1993): 1261 - 1264.

R. Ramanathan, "An Analysis of Energy Consumption and Carbon Dioxide Emissions in Countries of the Middle East and North Africa," *Energy* 30 (2005): 2831 - 2842.

X. Lu, J. Pan and C. Ying, "Sustaining Economic Growth in China Under Energy and Climate Security Constraints," *China & World Economy* 14 (2006): 85 - 87.

B.8

基于产业高端化发展的雄安新区
国际一流创新型城市建设[*]

——全球价值链攀升演化博弈视角

邢 会　王伟婷　郭辉丽　许 龙[**]

摘 要: 基于产业向全球价值链高端攀升的雄安新区国际一流创新型城
市建设，是打造新时代国家高质量发展样板城市的必要举措。
本报告以演化博弈理论为基础，在总结现有创新型城市建设经
验及雄安新区建设现状的基础上，详细分析雄安新区传统制造
业与高端高新产业在向全球价值链高端攀升过程中与不同利益
相关者的合作关系。研究表明在国际一流创新型城市建设进程
中，雄安新区应借助各级政府力量，高度重视高端服务业的发
展，助力传统制造业转型升级；与此同时，应积极发展壮大高
端高新产业，积极抢占全球价值链高端环节，选择先低后高的
投资策略，提高自身实力以实现对外投资利益最大化。

关键词: 产业高端化　全球价值链　创新型城市　雄安新区

---

* 本报告是国家社会科学基金项目"开放式创新驱动制造业转型升级机理研究"（18BJY027）
的研究成果。

** 邢会，博士，河北工业大学经济管理学院教授、硕士生导师，研究方向为产业治理与区域经
济发展；王伟婷，河北工业大学经济管理学院硕士研究生；郭辉丽，河北工业大学经济管理
学院硕士研究生；许龙，博士，河北经贸大学工商管理学院讲师、硕士生导师，研究方向为
人力资本开发与区域经济发展研究。

一 引言

2017 年 4 月，中共中央、国务院决定设立河北雄安新区，2018 年，《河北雄安新区总体规划（2018—2035 年）》的出台标志着雄安新区进入国际一流创新型城市建设阶段。随着各国对创新重视程度的不断提升，当前的创新活动已经进入"城市时代"，许多发达国家通过建设创新型城市，占据创新价值高地并以此完成产业升级。因此，中国要想赶超西方国家，提升自己在全球创新体系中的地位，建设创新型城市成为不二选择。雄安新区作为继深圳经济特区、上海浦东新区之后又一具有全国意义的新区，能带动整个京津冀城市群高技术产业的发展，雄安新区建设是千年大计、国家大事。

产业是国际一流创新型城市建设的支撑力量，世界公认的创新型城市在打造自己的产业支撑体系时，均以高技术产业、先进制造业以及高端服务业为主。这些产业具有知识与技术密集度高的突出特点，并且会因自身富含高端生产要素容易获得全球价值链上的控制能力。产业单纯依靠自身难以应对激烈的市场竞争，需要依托开放式网络，积极融入全球价值链。2016 年商务部等七个部门联合下发的《关于加强国际合作提高我国产业全球价值链地位的指导意见》也指出，"鼓励企业在新兴领域布局全球产业生态体系，以更加开放的姿态，积极融入全球产业分工合作，更好地利用全球资源和市场，加强产业全球布局和国际交流合作"。

雄安新区在建设国际一流创新型城市的过程中同样提出基于全球价值链攀升的产业规划。一方面，要在现有制造业基础上通过转型升级促进传统制造业发展，以改变中国制造业在全球价值链"低端锁定"的困境。雄安新区三县传统产业虽然有力地支持了其经济发展，但这些产业均具有产品附加值不高与环保压力突出等特点，与雄安新区定位不符。并且，这些产业多以代工与贴牌生产为主，位于全球价值链的低端生产环节，需要在政府的支持下转型升级以提高其在全球价值链分工体系中的地位，实施现代化改造升级，对不符合发展方向的产业进行转移或依法关停，实现"被治理者"向"治理者"的角色转变。另一方面，重点发展新一代信息技术产业、现代生命科学和生物技术产业、新材料产业、高端现代服务业与绿色生态农业，实现国内产业价值链的高级化，占据全球价值链上可以获得较高租金的研发设计环节，成为价值链上的"治理者"，努力占据全球价值链高点，成为世界标杆及国际一流创新型城市。

基于此，本报告接下来，首先，比较分析国际知名创新型城市建设经验，为雄安新区创新型城市建设驱动力提供借鉴；其次，概括雄安新区创新型城市建设现状，明晰雄安新区现有产业基础、政府支撑与国际合作情况；再次，重点论述在雄安新区国际一流创新型城市建设过程中，传统制造业与高端高新产业主动融入全球价值链的演化博弈过程，明确产业向全球价值链高端攀升过程中与各利益主体的合作策略；最后，根据以上分析，提出关于雄安新区国际一流创新型城市建设的对策与建议。

二 创新型城市建设经验借鉴

（一）创新型城市比较分析

"创新型城市"理论自20世纪70年代开始发展起来，创新型城市是各个国家或地区提出的城市发展的新定位新目标，是主要依靠科技、知识、人力、文化和体制等创新要素驱动发展的城市。根据其影响力大小，可分为国家创新型城市、国际创新型城市以及国际一流创新型城市。国家创新型城市是指在创新型国家大战略的引导下，形成的具有强大城市竞争优势，并对其他区域具有高端辐射与引领作用的城市；国际创新型城市是指在国家创新型城市的基础上发展起来的具有国际竞争力的创新型城市；与国际创新型城市相比，国际一流创新型城市具有超群的政治、经济和科技实力，有强大的全球影响力。

城市创新能力的成长阶段划分为前创新型、创新型初级、创新型中级和创新型高级等四个阶段，目前，雄安新区处于创新型城市的前创新型阶段。在最初建设阶段，国家或地方政府占据重要地位，而市场则是在创新型城市建设成熟阶段或者经济较为繁荣的城市建设过程中占据重要地位。因此，接下来本报告将重点分析东京、大田与伦敦这三个政府主导建设的创新型城市，以及中国内地建设最早且较为成功的政府与市场相互支撑共同建设的创新型城市——深圳。除此之外，虽然政府没有直接参与波士顿创新型城市的建设过程，但政府的扶持在其创新型城市塑造过程中起到了不可忽视的作用，因此，波士顿同样是本报告重点分析的城市之一。

波士顿、东京、大田、伦敦以及深圳在创新型城市建设方面积累了丰富的经验，基于城市创新体系的理论框架，本报告从创新类型、主导模式和支柱产业三方面对各大创新型城市建设的模式进行深入对比分析，可以发现各城市的异同点，详见表1。

表1 创新型城市对比分析

	创新类型	主导模式	支柱产业
波士顿	高新科技创新型城市	市场主导	金融保险、不动产、旅游业
东京	服务业创新型城市	政府主导	租赁与汽车服务、信息与通信技术行业
大田	传统工业制造业创新型城市	政府主导	通信、信息、生物、新材料产业
伦敦	文化产业创新型城市	政府主导	金融保险、文化创意产业
深圳	传统工业制造业创新型城市	"政府+市场"主导	高新技术产业

（二）城市建设主要驱动力

从创新类型、主导模式和支柱产业三方面来看，以上创新型城市各具特点，核心驱动力较为集中，详见表2。

表2 创新型城市核心驱动力分析

核心驱动力 \ 城市	波士顿	东京	大田	伦敦	深圳
产业发展	实现由传统制造业向高科技、金融和商业服务业等的转型	制造业、建筑业和批发零售业下滑，形成了现代服务业集群	服务业产值比重上升，以通信、金融中介、不动产和商务服务为主	建立一系列新兴部门，金融保险业与文化创意产业得到快速发展	形成以高新技术产业等现代服务业以及先进制造业为主的产业体系
政府支持	通过采购订单鼓励波士顿的创新活动；实行优惠政策；建立完善的法律体系	对高新科技企业实施税收优惠；为企业发展提供资金支持；增加信息产业科研贷款	政府积极吸引人才；颁布优惠政策；积极引进外资发展技术产业	组织机构鼓励文化创意产业的发展；利用公共基金对文化创意产业提供资金支持	出台法律法规制度；重视对知识产权的保护；采取政府采购政策和人才激励政策
国际合作	—	吸引大量的跨国公司将总部设在东京；增加研究机构中国外研究人员	积极鼓励国内团体和国外研究中心合作	吸引大量的国际创意人才，吸收外界先进知识、技术与文化	积极融入全球价值链并引进国内外知名厂商，扩大产业规模

1.产业发展

众多经验表明，产业是国际创新型城市发展的必然要素。在国际创新型城市建设过程中，波士顿实现了由传统制造业向高科技、金融和商业服务业等的转型；东京制造业、建筑业和批发零售业下滑，形成了多样化、多层次的现代服务业体系；大田形成了以通信、金融中介、不动产和商业服务为主的现代服务业产业格局；伦敦以其发达的金融保险业与文化创意产业为主；深圳形成了以高科技产业等现代服务业和先进制造业为主的产业体系。由此可见，产业是城市发展的基础，是实现国际创新型城市建设的基石。

2.政府支持

政府在引领国际创新型城市建设中起到重要作用，国外创新型城市的建设都离不开政府的推动。波士顿利用政府采购与生物科技计划等政策鼓励城市创新活动的开展；东京通过对产业的扶持政策提高高新技术企业的自我创新能力；大田利用各种优惠政策吸引大型企业研发机构及高端人才；伦敦设立专门的机构鼓励文化创意产业的发展。对市场经济发达程度不高的中国深圳而言，政府的支持力量显得更为重要，深圳城市规划、新兴产业发展以及人才体系建设都离不开政府的大力扶持。无论市场经济发达与否，政府的支持都能在最大程度上降低城市发展过程中出现偏差的可能性，促进产业的长远发展以及城市的整体建设，在国际创新型城市的建设过程中发挥着重要的作用。

3. 国际合作

国际合作，有助于世界范围内创新资源的充分流动与利用。各城市在建设国际创新型城市过程中都积极参与协调互动的全球网络。波士顿随着全球化的发展加强国际交往与信息流动，其现代服务产业体系就是利用全球化发展起来的；东京吸引了大量跨国公司的到来，并通过跨国合作为企业带来高端技术及人才；大田积极引进外资并设立专项资金鼓励国内产学研团体与国外研究机构合作，推动了大田创新体系的建立；伦敦通过聚集全球公司群体并积极推进金融保险业与文化创意产业国际化，推动各类国际交流活动的展开；深圳通过积极融入全球价值链，参与国际竞争与合作，推动本土产业转型升级。总之，国际交流与合作是国际创新型城市建设的重要手段。

三　雄安新区创新型城市建设现状分析

（一）雄安新区产业发展现状

雄安新区规划范围涵盖容城、安新、雄县及周边部分区域，改革开放以来，三县经过长期积累，形成了一些支柱产业，这些产业支撑着雄安新区的发展并具有一定特点。

第一，县域产业历史悠久，特色明显。容城有"中国北方服装名城"之称，已形成以服装和毛绒玩具为支柱产业的发展格局；安新县有制鞋和羽绒制品两大支柱产业，羽绒制品产业起步于改革开放初期；雄县有纸塑包装、电器电缆、压延制革和乳胶制品四大支柱产业，2013 年被中国包装协会命名为"中国软包装产业基地"①。

第二，工业企业偏小，产业发展粗放。雄安新区三县主要以传统劳动密集和低附加值行业为主②，尽管企业数量不少，但多为中小型企业。许多企业还停留在作坊阶段，如表 3 所示，除乳胶制品业规模以上工业企业占比达到 26.67% 外，其余产业规模以上企业占比不到 10%，绝大多数还低于 5%，企业无法做大、无法做强是这三个县产业发展的鲜明特征之一③。另外，雄安新区三县的许多支柱产业生产地多聚集在农村，"散小乱污"企业居多，多处于粗放型发展阶段，工艺设备落后，造成了严重的污染问题④。在全球经济一体化、生产分工日益细化的背景下，任何国家的生产、结构升级都不可能脱离全球价值链，就雄安新区三县目前的产业状况来看，其产业很容易被锁定在低附加值的价值链环节⑤，缺乏国际竞争力。

表 3　雄安新区三县现有产业现状

地区	产业	产值规模（亿元）	企业数量（个）	规模以上企业数量（个）	规模以上企业占比（%）
雄县	纸塑包装	148.5	2700	41	1.52
	压延制革	46.1	670	15	2.24
	电器电缆	60.4	350	20	5.71
	乳胶制品	24.6	75	20	26.67

① 石亚碧：《雄安新区建设要处理好高端高新产业和传统产业之间的关系》，《经济论坛》2018 年第 7 期；徐永利：《雄安新区传统产业转型升级的思考》，《河北大学学报》（哲学社会科学版）2018 年第 1 期。

② 徐永利：《雄安新区传统产业转型升级的思考》，《河北大学学报》（哲学社会科学版）2018 年第 1 期。

③ 叶振宇：《雄安新区产业跨越发展研究》，《天津师范大学学报》（社会科学版）2018 年第 3 期。

④ 田学斌、柳天恩：《创新驱动雄安新区传统产业转型升级的路径》，《河北大学学报》（哲学社会科学版）2018 年第 4 期。

⑤ 柳天恩、武义青：《雄安新区产业高质量发展的内涵要求、重点难点与战略举措》，《西部论坛》2019 年第 4 期。

续表

地区	产业	产值规模（亿元）	企业数量（个）	规模以上企业数量（个）	规模以上企业占比（%）
容城	服装	235	920	35	3.80
	毛绒玩具	100	1170	—	—
安新	制鞋	近300	3000~4000	11	0.28~0.37
	羽绒制品	6.7	110	10	9.09

第三，品牌意识不强，雄安新区三县拥有全国知名品牌产品非常少①。企业品牌意识薄弱，许多企业长期处于贴牌生产阶段，不愿意创立自主品牌②。如表4所示，雄安新区三县中除容城服装业拥有25个省级商标外，其余产业自主品牌非常少。雄县的乳胶制品占全国80%的份额，只拥有几个省级商标，容城的毛绒玩具产业占全国50%的份额，却没有自主商标，这种贴牌生产的形式虽然能在一定程度上解决区域内劳动力的就业问题，却会被锁定在全球价值链的低端环节，进而陷入"贫困式"增长和"逐底竞争"困境中，大大限制了雄安新区的发展。

表4　雄安新区三县现有产业品牌及产地

单位：%，个

地区	产业	占全国市场份额	省级商标	国际商标	生产地
雄县	纸塑包装	8	3	0	红西楼村、黄湾村
	压延制革	30	1	0	—
	电器电缆	6	4	0	—
	乳胶制品	80	1~9	0	大步村、昝岗镇
容城	服装	3	25	0	县城
	毛绒玩具	50	0	0	晾马台镇、南王昝
安新	制鞋	30	7	0	三台镇狮子村、山西村
	羽绒制品	9	—	—	大张庄村

---

① 马春梅：《雄安建设开放发展先行区的难点与对策》，《经济论坛》2019年第9期。
② 叶振宇：《雄安新区产业跨越发展研究》，《天津师范大学学报》（社会科学版）2018年第3期。

总的来看，雄安新区三县现有产业具有一定的基础和影响力，虽与雄安新区未来发展定位不符，但也不宜全盘否定、彻底淘汰，应在现有基础上转型升级一批、依法关停一批，促进雄安新区传统制造产业数字化、网络化、智能化、绿色化发展。

（二）雄安新区政府支持现状

根据政府在产业发展过程中干预作用的强弱程度及影响效果，将各国发展模式大致分为两种：一种是国家干预辅助型发展模式，另一种是国家干预主导型发展模式。前一种模式在欧美国家比较常见，后一种更适用于发展中国家。在发展中国家单纯依靠市场体系影响产业发展是不够的，产业发展中各种资源的分配和利用只有政府力量介入，进行合理的规划，才能获得更好的生产效率和竞争优势。

雄安新区的发展模式为国家干预主导型，在国家干预主导的京津冀大规模建设过程中，雄安新区的发展也多有受益。在宏观规划方面，政府为雄安新区的发展定位和大体框架做了长远规划。2017年4月1日，国务院设立国家级新区——河北雄安新区，使之成为京津冀发展的新支点。雄安新区的出现，体现了国家对雄安新区发展的鼎力支持。2018年12月国务院批复《河北雄安新区总体规划（2018—2035年）》，进一步体现了国家战略部署的重大决心，为促进雄安新区发展，政府提供了一系列便利条件和扶持政策，如表5所示。

表5　雄安新区现有代表性扶持政策

政策类型	具体扶持政策
科技型企业认定扶持政策	年纳税达到20万元的科技型区内注册区外经营类企业，给予5万元资金扶持
	年纳税达10万元的租赁厂房类公司，给予5万元资金扶持
	取得国有土地使用证的科技型购地类公司，政府给予10万元资金扶持
人才政策	英才卡制度
	创新创业领军人才一次性资助20万~100万元项目启动费和50万元安家补贴

续表

政策类型	具体扶持政策
土地政策	企业购置土地给予优惠,按照企业规模及效益分一次或多次给予
财税补贴政策	企业部分高管缴纳的个人所得税的30%奖励给企业
	增值税本地留成50%、企业所得税本地留成40%、个人所得税本地留成40%
	企业缴税总和小于500万元最高扶持70%,大于500万元最高扶持90%

(三)雄安新区国际合作现状

随着经济全球化的迅猛发展,国际合作已成为推动发展中国家经济发展的重要因素之一。雄安新区作为我国经济增长的新极点,京津冀协同发展的新支点,其国际合作的溢出效应有利于促进雄安新区和京津冀的协同发展,进而推动创新型城市的建设。

雄安新区借助多方力量积极开展国际合作,2018年9月19日,雄安新区召开了首个大型国际论坛,吸引了大量国内外知名专家和企业家出席,并提出了关于新区建设的意见与建议。同年10月,第一届河北国际工业设计周在雄安拉开序幕,吸引了来自芬兰、美国、日本、以色列、加拿大等国的4.2万人,在项目对接成果签约仪式上,中芬设计博物馆等项目成功签约。工业设计是创新链的起点、价值链的源头、高新产业源头上的引擎,工业设计大赛有助于鼓励设计创新,打破制造业工业设计的瓶颈,实现雄安新区制造业转型升级和工业设计产业的共同发展。除以展会带动发展外,雄安新区还与国外高校展开交流合作,2019年6月,西悉尼大学希望在雄安新区设立中医药国际协同创新研究院,开展国际一流的中医药创新及临床研究。雄安新区还面向全球引进人才、集聚创新要素,并以重大工程、重大项目作为推进前沿技术研发创新与开展国际交流合作的重要载体,发展创新型经济。

雄安新区的国际合作已经初具规模,并在开展国际合作方面具有先天优势。首先,区位优势明显,雄安新区地处北京、天津、保定腹地,交通便捷通畅、生态环境优良,现有开发程度较低,发展空间充裕,具备高起点高标准开发建设的基本条件。其次，政府重视，建设雄安新区是千年大计、国家大事，中央政府和河北省政府都高度重视，为雄安新区的国际合作打下了坚实的基础。

雄安新区作为一个国家级新区，坚持"世界眼光、国际标准、中国特色、高点定位"的理念，努力打造贯彻新发展理念的创新发展示范区，建设成为国际一流的创新型城市。基于国际创新型城市的建设经验可知，产业发展、政府支持与国际合作这三大驱动力在国际一流创新型城市建设过程中缺一不可，且根据《河北雄安新区规划纲要》，产业的承接与发展是雄安新区的发展重点。在以产业发展带动雄安新区城市功能完善的过程中，还需要借助政府和国际力量，政府支持有助于产业的长远发展，并且，随着经济全球化进程的不断加快，产业在发展过程中除了依托自身拥有的资源外，还需要借助全球市场上的资源，雄安新区应该积极融入全球价值链，获得发展和国际竞争的主动权。因此在传统制造业和高端高新产业的引进，及向全球价值链攀升的过程中如何借助政府和国际力量带动雄安新区的发展是一个亟待解决的问题。

四　雄安新区产业攀升全球价值链演化博弈分析

（一）传统制造业转型升级演化博弈分析

雄安新区内三县支柱产业以传统制造业为主，这些产业普遍具有投入低、研发能力弱，自主品牌少，外销产品多以代工、贴牌生产为主的特点，极易出现全球价值链"低端锁定"，正是雄安新区产业规划中需要"转型升级的一批"。转型升级的本质就是要实现价值链攀升，推动传统制造业与高端高新产业有效对接，实现跨界融合，制造业服务化的水平和程度正是影响其全球价值链分工地位的重要因素之一[①]。

因此，雄安新区传统制造业转型升级需要高端服务业的支持，尤其是金

---

① 戴翔、李洲、张雨：《服务投入来源差异、制造业服务化与价值链攀升》，《财经研究》2019 年第 5 期。

融服务业和科技服务业等生产性服务业，以便更好地融入全球价值链，提升全球价值链分工地位。在此过程中，雄安新区制造业企业需要不断地与高端服务业企业博弈，调整自身的策略选择，以实现转型升级，进而推动创新型城市建设。基于此，本报告运用演化博弈理论分析雄安新区传统制造业的服务化转型升级过程。

1. 模型假设

假设一：博弈主体传统制造业企业、高端服务业企业以及政府都具备有限理性；其中三者的策略集分别为 ｛进行服务化，不进行服务化｝、｛参与，不参与｝ 与 ｛积极参与，消极参与｝。

假设二：传统制造业企业生产产品的成本为 C_{T1}；若单独进行服务化过程，产生的服务化成本为 C_{T2}；若高端服务业企业参与服务化过程则会产生服务成本 C_F；此时会使制造业企业节约成本 S_{TF}；若政府积极参与会为企业制定优惠政策，并监督企业的服务化过程，此时产生的总成本为 C_{G1}；此外，政府会为参与制造业企业服务化过程的高端服务业企业提供资金支持 C_{G2}；政府积极参与会使传统制造业企业的成本减少 tS，高端服务业企业成本减少 $(1-t)S$。

假设三：传统制造业企业生产产品获得的收益为 W_{T1}；若单独进行服务化过程，获得的收益为 W_{T2}；若高端服务业企业参与会获得收益 W_{F1} 与知识和经验收益 W_{F2}；并使制造业企业获得收益 W_{TF}；政府积极参与时获得的收益为 W_G；消极参与时获得的收益为 bW_G。

假设四：政府会监督企业的服务化过程，若在传统制造业企业服务化过程中，高端服务业企业没有参与则需支付给传统制造业企业的罚金为 M；若高端服务业参与服务化过程而传统制造业企业没有进行服务化过程则需支付的罚金为 K。

2. 演化稳定策略分析

假设政府选择积极参与、传统制造企业进行服务化并且高端服务企业参与的概率分别为 x、y、z；反之，分别为 $1-x$、$1-y$、$1-z$（$0 \leqslant x,y,z \leqslant 1$）。基于此，支付矩阵如表6所示。

表6 三方支付矩阵

			高端服务业企业	
			参与服务化	不参与服务化
政府	积极参与	传统制造企业	进行服务化	$W_G - C_{G1} - C_{G2}$; $W_{T1} - C_{T1} + W_{TF}$ $+ S_{TF} + tS - C_{T2}$; $W_{F1} - C_F + W_{F2} + C_{G2} + (1-t)S$	$W_G - C_{G1}$; $W_{T1} - C_{T1} + W_{T2} - C_{T2} + tS + M$; $-M$
			不进行服务化	$W_G - C_{G1} - C_{G2}$; $W_{T1} - C_{T1} - K$; $W_{F2} - C_F + C_{G2} + (1-t)S + K$	$W_G - C_{G1}$; $W_{T1} - C_{T1}$; 0
	消极参与	传统制造企业	进行服务化	bW_G; $W_{T1} - C_{T1} + W_{TF} + S_{TF} - C_{T2}$; $W_{F1} - C_F + W_{F2}$	bW_G; $W_{T1} - C_{T1} + W_{T2} - C_{T2}$; 0
			不进行服务化	bW_G; $W_{T1} - C_{T1}$; $W_{F2} - C_F$	bW_G; $W_{T1} - C_{T1}$; 0

根据表6求得政府选择积极参与传统制造业企业服务化过程策略的期望收益、选择消极参与策略的期望收益以及平均期望收益，进而求得政府的复制动态方程，同样可求得传统制造业企业和高端服务业企业的复制动态方程。令复制动态方程为零，可得8个特殊的局部均衡点，将其分别代入由复制动态方程得到的雅可比矩阵中，可以得到均衡点对应的特征值。为了便于分析不同均衡点所对应特征值的符号，且不失一般性，假设 $(1-b)W_G - C_{G1} - C_{G2} > 0$，$W_{TF} + S_{TF} - C_{T2} > 0$，$W_{F2} - C_F + W_{F1} > 0$。根据均衡点所对应的雅可比矩阵的特征值可判断其稳定性。

状态 I：当满足 $W_{T2} - C_{T2} < 0$ 且 $W_{F2} - C_F < 0$ 时，系统内有两个稳定点 $E_1(0,0,0)$ 和 $E_8(1,1,1)$，即政府选择消极参与，传统制造业企业不进行服务化，高端服务业企业不参与；以及政府选择积极参与，传统制造业企业进行服务化，高端服务业企业参与。状态 II：当 $W_{T2} - C_{T2} > 0$ 或 $W_{F2} - C_F > 0$ 时，系统内只有一个稳定点 $E_8(1,1,1)$。

3. 数值分析

根据复制动态方程，运用 Matlab 模拟仿真"政府—传统制造业企业—高端服务业企业"的演化稳定策略。设置参数：$b = 0.5$，$t = 0.3$，$W_G = 10$，$C_{G1} = 2$，$C_{G2} = 2$，$W_{T1} = 1$，$C_{T1} = 3.5$，$W_{TF} = 3$，$S_{TF} = 4$，$S = 8$，$K = 6$，$W_{F1} = 2.6$，$M = 4.6$，初始状态为 $(0.3, 0.3, 0.3)$。当 $W_{T2} - C_{T2} < 0$ 且 $W_{F2} - C_F < 0$ 时，设置参数 $W_{T2} = 2.5$，$C_{T2} = 6.8$，$W_{F2} = 3.2$，$C_F = 3.4$ 或者 $W_{T2} = 2.5$，$W_{F2} = 3.5$，$C_F = 6$，$C_{T2} = 6.8$，仿真结果如图 1 所示，演化稳定点为 $E_1(0,0,0)$ 和 $E_8(1,1,1)$；当 $W_{T2} - C_{T2} > 0$ 或 $W_{F2} - C_F > 0$ 时，设置参数 $W_{T2} = 2.5$，$C_{T2} = 6.8$，$W_{F2} = 3.4$，$C_F = 3.2$，仿真结果如图 2 所示，演化稳定点为 $E_8(1,1,1)$。

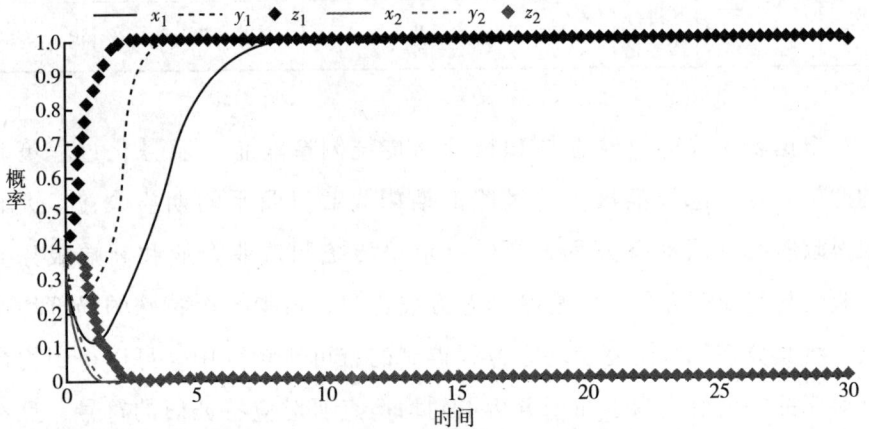

图1　稳定点 $E_1(0,0,0)$ 和 $E_8(1,1,1)$ 仿真结果（状态 I）

根据以上分析可见，雄安新区传统制造业要想实现转型升级，最优选择是积极进行服务化，并需要政府大力支持和高端服务业企业积极参与。政府应注重对传统制造业企业服务化过程的支持和监督，重视高端服务业的发展，向进行服务化的传统制造业企业和参与服务化的高端服务业企业提供优惠政策，从而降低传统制造业企业和高端服务业企业进行服务化的成本，提高其收益，推进传统制造业与高端服务业的积极合作，扩大传统制造业服务化的发展空间，助力传统制造业企业的服务化转型。

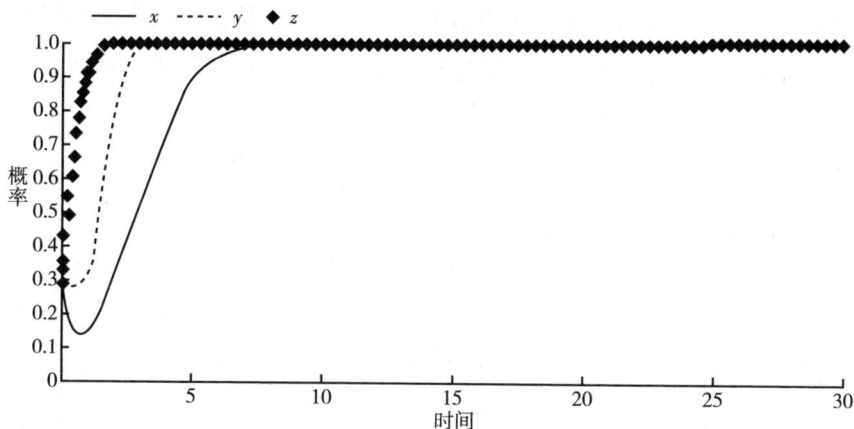

图2　稳定点（1,1,1）仿真结果（状态Ⅰ）

（二）高端高新产业对外投资演化博弈分析

产业的发展和转移是京津冀区域协同发展的主要动力，其中高端高新产业的承接与发展在雄安新区国际一流创新型城市建设中的地位尤为重要，因此，很多学者把注意力集中在雄安新区高端高新产业转移的问题上，然而高端高新产业转移是为产业发展服务的。雄安新区是我国进入高质量发展新阶段重点打造的产业高质量发展样板，这一目标要求打破产业低端嵌入全球价值链的路径，提升全球价值链分工地位，加快雄安新区国际一流创新型城市的建设步伐。

随着中国经济进入增速放缓"新常态"的出现，企业"走出去"的意识越来越强，对外投资活动是全面开放升级的重要内容，也逐渐成为中国对外开放的潮流和趋势。对外投资活动可以满足雄安新区高端高新产业对国内外资源的需求，有助于引进东道国的知识与技术，提高自身的技术水平，可以有效避免出口中面临的贸易壁垒。因此，与利用外资被动融入全球价值链不同，对外投资将成为雄安新区高端高新产业主动布局全球价值链的关键举措。在对外投资过程中，雄安新区高端高新产业首先要处理好与东道国政府的关系；其次要处理好与国外被投资企业的关系，避免投资成功却难以实现利益最大化问题的出现。基于此，本报告利用演化博弈理论重点分析雄安新区企业在对外投资过程中与东道国政府的演化博弈以及与被投资国外企业的演化博弈。

1. 雄安新区企业在对外投资过程中与东道国政府的演化博弈

（1）模型假设

假设一：博弈主体均具备有限理性，双方的策略集分别为 ｛进行对外投资，不进行对外投资｝与 ｛设置投资壁垒，不设置投资壁垒｝。

假设二：雄安新区企业不进行对外投资时的成本为 C_1 ；在东道国政府设置投资壁垒时能够进入东道国并成功投资的概率为 P ；此时对国外生产率水平为 D 的行业投资时，产生的额外成本为 $KC_2 + C_3$（其中 K 为投资壁垒强度，$K = \beta D$）；雄安新区企业的投资行为使东道国产生成本 C_4 ；若东道国政府设置壁垒，这一成本为 PC_4 ；东道国政府因设置投资壁垒产生的额外成本为 KC_5 。

假设三：雄安新区企业在不进行对外投资时的收益为 R_1 ；东道国政府不设置投资壁垒的情况下，雄安新区企业获得额外收益 R_2（$R_2 = aDQ - bQ^2$，其中 Q 为投资规模），并将 αR_2 分享给东道国以减少在对外投资过程中两者的冲突；此外，雄安新区企业的投资行为还会为东道国政府带来收益 R_D ；在东道国政府设置投资壁垒的情况下，雄安新区企业获得额外收益 PR_2 ，并将 αPR_2 分享给东道国，还会为东道国政府带来收益 PR_D（$a,b,\alpha,\beta > 0,0 < P < 1$）。

（2）演化稳定策略分析

在博弈模型中，假设雄安新区企业选择对外投资、东道国政府选择设置投资壁垒的概率分别为 x、y；反之，概率分别为 $1-x$、$1-y$（$0 \leqslant x, y \leqslant 1$），可得支付矩阵如表7所示。

根据表7可得局部均衡点 E_1（0，0）、E_2（0，1）、E_3（1，0）、E_4（1，1），当满足 $0 < [(1-\alpha)R_2 - C_3] / [(1-\alpha)(1-P)R_2 - KC_2] < 1$ 且 $0 < KC_5 / [(P-1)(\alpha R_2 + R_D - C_4)] < 1$ 时，系统内存在五个局部均衡点，将均衡点分别代入雅可比矩阵中可得不同状态下系统的演化稳定策略。

表 7　雄安新区企业与东道国政府的支付矩阵

		东道国政府	
		设置投资壁垒	不设置投资壁垒
雄安新区企业	对外投资	$R_1 - C_1 + P R_2 - K C_2 - \alpha P R_2 - C_3$； $\alpha P R_2 + P R_D - K C_5 - P C_4$	$R_1 - C_1 + R_2 - \alpha R_2 - C_3$ $\alpha R_2 + R_D - C_4$
	不对外投资	$R_1 - C_1$；$- K C_5$	$R_1 - C_1$；0

状态 I ：当 $(1 - \alpha) R_2 - C_3 < 0$ 且 $(1 - \alpha)(1 - P) R_2 - K C_2 > 0$ 时，E_1 $(0, 0)$ 是系统内唯一的演化稳定策略，即雄安新区企业不进行对外投资，东道国政府不设置投资壁垒。状态 II 与状态 III：当满足 $(1 - \alpha) R_2 - C_3 > 0$ 时，若 $\alpha R_2 + R_D - C_4 > 0$ 或 $K C_5 - (P - 1)(\alpha R_2 + R_D - C_4) > 0$，$E_3$ $(1, 0)$ 是系统内唯一的演化稳定策略，即雄安新区企业选择对外投资，东道国政府选择不设置投资壁垒。若 $K C_5 - (P - 1)(\alpha R_2 + R_D - C_4) < 0$ 且 $(1 - \alpha) P R_2 - C_3 - K C_2 > 0$，$E_4(1,1)$ 是系统内唯一的演化稳定策略，即雄安新区企业选择对外投资，东道国政府选择设置投资壁垒。

（3）数值分析

对外投资活动是全面开放升级的重要内容，可以使雄安新区企业获得全球资源，实现技术升级及创新，进而实现占据全球价值链高端的目标，因此，对外投资是创新型城市建设的必然举措。同时，近几年，全球贸易摩擦不断，雄安新区企业对外投资活动或多或少受到一定阻碍，因此，演化稳定策略 $E_4(1,1)$ 是最容易出现的状态，因此本报告重点对该演化稳定策略进行分析。此时，双方的利润 π_1 与 π_2 均是投资壁垒 $K(K = \beta D)$ 的减函数。并且，K 的变化会影响雄安新区企业的策略选择，设置参数 $P = 0.5$，$\alpha = 0.2, K = 2, C_1 = 3, C_2 = 0.5, C_5 = 3.5, R_1 = 6, R_D = 5, C_3 = 2, C_4 = 28$，$R_2 = 14$，初始状态为 $(0.5, 0.5)$，投资壁垒 K 从 2 开始变化，雄安新区企业策略的仿真结果如图 4 所示。

由此可见，随着 K 的减小，雄安新区企业更趋向于选择对外投资，此状态下为获得最大利润可以优先选择生产率水平较低的行业进行投资。

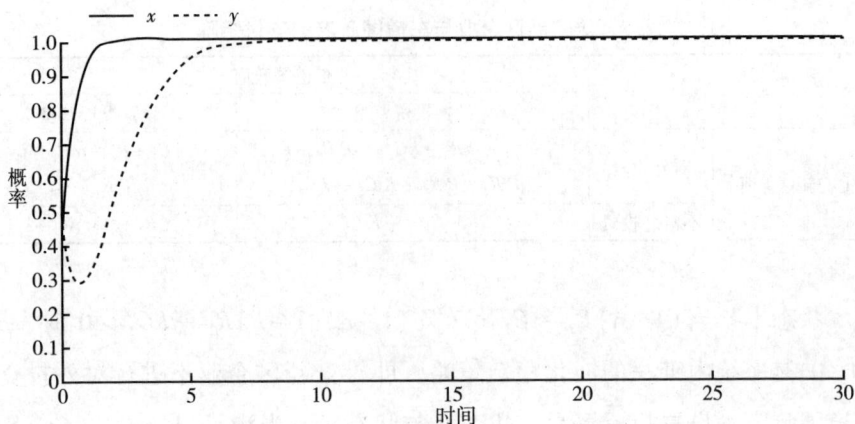

图3 稳定点 $E_1(0,0)$ 的仿真结果（状态Ⅲ）

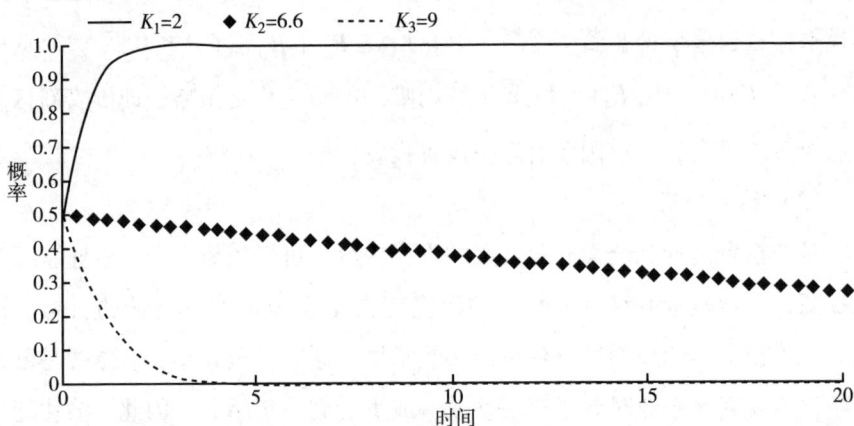

图4 投资壁垒强度 K 对雄安新区企业策略的影响

2. 雄安新区企业在对外投资过程中与国外被投资企业的演化博弈

雄安新区企业在对外投资过程中，除了在最初投资过程中与东道国政府博弈外，还要与国外被投资企业博弈。

（1）模型假设

假设一：博弈主体为雄安新区企业与国外被投资企业，且双方均具备有限理性。雄安新区企业与国外被投资企业的策略集均为｛积极合作，消极合作｝。

假设二：雄安新区企业与国外被投资企业在合作过程中获得总收益 P，其中双方企业获得的收益分别为 μP 与 $(1-\mu) P$ $(0<\mu)$；企业均拥有各自的独立资源，这一资源在消极合作时可获得的收益分别为 P_A 与 P_B；在积极合作时可获得的收益分别为 KP_A 与 KP_B。

假设三：雄安新区企业与国外被投资企业在合作过程产生总成本 C，若均积极合作则成本分别为 βC 和 $(1-\beta) C$ $(\beta<1<K)$；若一方消极合作，另一方积极合作则全部成本由积极合作者承担。

（2）演化稳定策略分析

在模型中，假设双方选择积极合作的概率分别为 x 与 y，选择消极合作的概率分别为 $1-x$ 与 $1-y$ $(0 \leqslant x, y \leqslant 1)$，可得支付矩阵如表8所示。

表8　雄安新区企业与国外被投资企业的支付矩阵

		国外被投资企业	
		积极合作	消极合作
雄安新区企业	积极合作	$\mu(P+KP_A+KP_B)-\beta C$ $(1-\mu)(P+KP_A+KP_B)-(1-\beta)C$	$\mu(P+KP_A)-C$ $(1-\mu)(P+KP_A)+P_B$
	消极合作	$\mu(P+KP_B)+P_A$；$(1-\mu)(P+KP_B)-C$	$\mu P+P_A$；$(1-\mu)P+P_B$

根据表8可得四个局部均衡点，并且当满足 $0<\{C-P_B[(1-\mu)K-1]\}/\beta C$ <1 且 $0<[C-P_A(\mu K-1)]/[(1-\beta)C]<1$ 时，系统内存在五个局部均衡点，将局部均衡点分别代入雅可比矩阵中可求得不同状态下系统的演化稳定策略。

当 $C \gg P_A$、P_B 时，$E_1(0,0)$ 是系统的演化稳定策略，即雄安新区企业和国外被投资企业均选择消极合作。当 $C \ll P_A$、P_B 时，$E_4(1,1)$ 是系统的演化稳定策略，即雄安新区企业和国外被投资企业均选择积极合作。当 $C \approx P_A$、P_B 时，系统内存在两个稳定点 $E_1(0,0)$ 和 $E_4(1,1)$。如图5所示，当原始概率处于 ABCE 内时，系统最终的渐近稳定点为 $E_4(1,1)$；若原始概率处于 ADCE 内时，系统最终的渐近稳定点为 $E_1(0,0)$。系统最终趋向于哪个稳定点取决于 ABCE 和 ADCE 两个区域的面积大小。由

$\partial S_1 / \partial P_A > 0$ 可得，若雄安新区企业拥有的独立资源带来的收益越大，系统内的稳定点越容易趋于"积极合作，积极合作"。由 $\partial S_1 / \partial K > 0$ 可得，若双方企业均积极合作的收益倍数 K 越大，系统内的稳定点越容易趋于"积极合作，积极合作"。

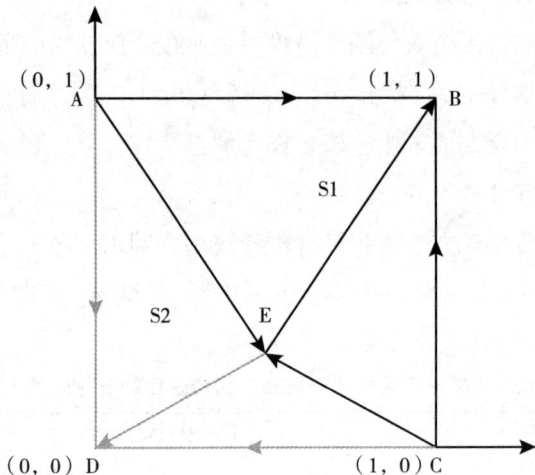

图5　状态Ⅲ下演化博弈相位

（3）数值分析

根据复制动态方程，运用 Matlab 模拟仿真雄安新区企业对外投资第二阶段"雄安新区企业—国外被投资企业"的演化稳定策略，即 $E_1(0,0)$ 和 $E_4(1,1)$（仿真图略）。为使系统达到最优策略，重点分析关键参数 P_A 及 K 对雄安新区企业策略选择的影响。设置参数 $\mu = 0.5$，$\beta = 0.5$，$P = 3$，$C = 6$，$P_B = 7$，$K = 4$，设初始状态为（0.5，0.5），雄安新区企业拥有的独立资源可带来的收益 P_A 从2开始变化，雄安新区企业策略的仿真结果如图6所示。设置参数 $\mu = 0.5$，$\beta = 0.5$，$P = 3$，$C = 6$，$P_B = 7$，$P_A = 6$，设初始状态为（0.5，0.5），双方企业均积极合作的收益倍数 K 从2开始变化，雄安新区企业策略的仿真结果如图7所示。

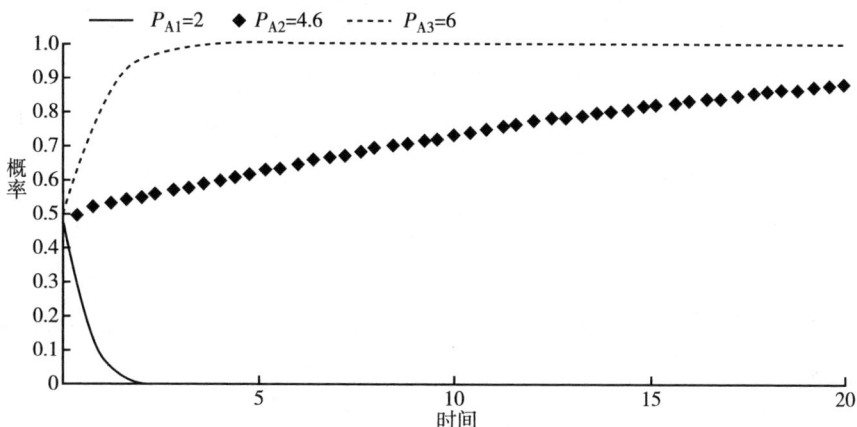

图6　雄安新区企业策略的仿真结果

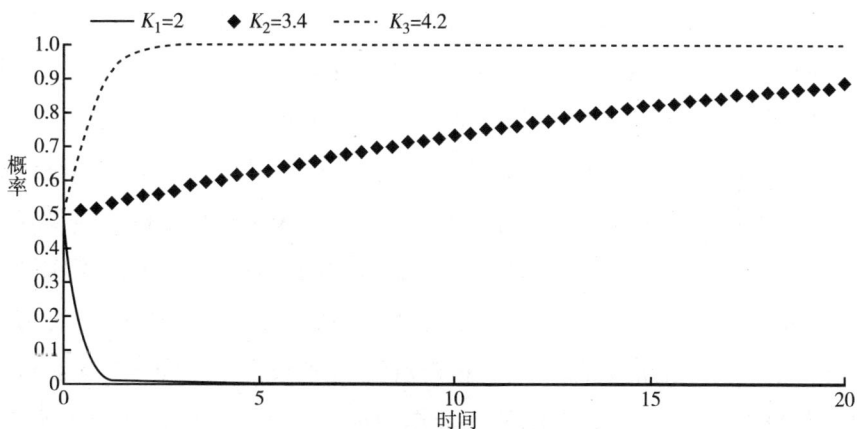

图7　雄安新区企业策略的仿真结果

根据图6和图7，随着 P_A 和 K 的增加，雄安新区企业更趋向于选择积极合作策略。所以在此状态下为使系统达到最优策略，雄安新区企业应努力提升自身实力，进而提升其拥有的独立资源带来的收益以及双方积极合作时的收益倍数，达到双方企业均积极合作的目的。

五　关于雄安新区国际一流创新型城市建设的建议

本报告对知名国际创新型城市的建设特点进行梳理与总结，发现国际创新型城市的建设离不开产业发展、政府支持与国际合作。在此基础上，考虑到雄安新区内不同类型的产业主动融入全球价值链的方式不同，首先，建立"转型升级一批"产业，即传统制造业借助服务化过程提高全球价值链分工地位的演化博弈模型，发现无论在何种情况下，"政府积极参与，传统制造业进行服务化，高端服务业参与"都是演化稳定策略。当同时满足 $W_{T2} - C_{T2} < 0$ 和 $W_{F2} - C_F < 0$ 时，"政府消极参与，传统制造业不进行服务化，高端服务业不参与"也是系统的演化稳定策略。

其次，建立高端高新产业借助对外投资活动主动融入全球价值链的两个阶段的演化博弈模型。在对外投资过程的第一阶段中，与东道国政府博弈时，"雄安新区企业不进行对外投资，东道国政府不设置投资壁垒"、"雄安新区企业进行对外投资，东道国政府不设置投资壁垒"和"雄安新区企业进行对外投资，东道国政府设置投资壁垒"都可能是系统的演化稳定策略，其中"雄安新区企业进行对外投资，东道国政府不设置投资壁垒"是最优策略，并且若系统处于"雄安新区企业进行对外投资，东道国政府设置投资壁垒"状态时，雄安新区企业为获得最大利润可以先选择生产率水平较低的行业进行投资；在对外投资过程的第二阶段中，与国外被投资企业博弈时，"雄安新区企业消极合作，国外被投资企业消极合作"和"雄安新区企业积极合作，国外被投资企业积极合作"都可能是系统的演化稳定策略，若雄安新区企业与国外被投资企业独立拥有的资源带来的收益越大，以及积极合作的收益倍数越大，则系统越容易趋于"雄安新区企业积极合作，国外被投资企业积极合作"。基于此，本报告对雄安新区加快建设国际一流创新型城市提出如下建议。

（一）重视服务业发展，助力制造业升级

在政府支持下，高端服务业的参与对传统制造业进行服务化转型升级至关重要，应大力发展金融服务业与科技服务业等有助于提高制造业知识与技术密集度的生产性服务业。为促进雄安新区传统制造业服务化转型升级，应

该推动高端服务业更多地参与传统制造业的服务化过程以增加两者的合作机会，将大数据、人工智能与物联网积极融入传统制造业，促进雄安新区传统制造业服务化与智能化发展。除此之外，政府还应注重对传统制造业服务化的支持和监督，扩大传统制造业服务化的发展空间，助力传统制造业通过服务化转型升级改变其"低端锁定"的局面，提升其在全球价值链中的话语权与地位。

首先，推进"产学研"结合。加强传统制造业与高等院校、科研院所的合作，合作方式可以逐步由浅入深，从依靠科研项目合作逐步向共同设立研发机构的合作方式转变，重点建设研发实验室等科技创新服务平台，促进传统制造业技术研发创新。合作范畴可以从以技术研发为主逐步向人才培育与科技成果转化扩展，企业可以与高校和科研院所合作共同培育高端技术人才，并共同建立成果转移转化平台促进科技成果转化。雄安新区传统制造业积极利用与高校以及科研院所的合作关系，改变研发投入低、研发能力弱以及贴牌生产的现状。

其次，加强与金融服务业合作。雄安新区传统制造业应积极与金融服务业合作，缺少金融服务业支持的传统制造业无法实现长足发展。传统制造业与符合自身条件的金融服务业合作，既可以满足传统制造业发展过程中对金融的多元需求，也能提高资金运作水平和使用效率，保证企业的良好运作。甚至传统制造业提高自身实力后，可以直接设立符合自身条件的专业性金融机构，既能获得有效的金融支持，又能增加自身服务化比重，推动雄安新区传统制造业服务化转型升级。

最后，政府积极扶持传统制造业与高端服务业的合作。政府部门在传统制造业的服务化过程中应该起到支持作用，政府可以建立交易网站，以网络化、信息化手段有效地把传统制造业与高端服务业连接起来，优化配置各类资源，增加传统制造业生产过程中的服务化比重。政府可以利用科研项目加强高校、研究院所与传统制造业企业的合作关系，促进科技成果的产业化进程。政府可以积极推动传统制造业与金融服务业合作，既能为金融服务业的发展提供保障，又能拓宽传统制造业的融资渠道。此外，政府可以加强传统制造业与高端服务业的合作，共同建立专业人才系统，保障传统制造业的服务化转型升级。

（二）实施先低后高计划，坚持"走出去"战略

雄安新区内高端高新产业在对外投资时应该结合自身的特点选择合适的投资行业，不要一味地选择生产率水平较高的行业，在"雄安新区企业进行对外投资，东道国政府设置投资壁垒"状态下，雄安新区企业与东道国的利润都受投资壁垒的影响，且投资壁垒会受行业生产率水平的影响，因此，在最初的投资过程中可以选择生产率水平较低的行业，在加深与东道国政府以及国外被投资企业的合作程度后，雄安新区企业对外投资活动为东道国带来的就业以及社会福利方面的收益将会得到东道国的重视，甚至使系统达到"雄安新区企业进行对外投资，东道国政府不设置投资壁垒"的条件，此时，雄安新区企业再逐渐选择生产率水平更高的行业投资，进而实现雄安新区高端高新产业积极融入全球价值链的第一阶段目标。

雄安新区企业可以学习华为公司境外投资"先易后难"模式的市场布局，华为公司较早地进军香港市场，后来又采取与本地企业合作的方式进军俄罗斯市场，随后逐步进入印度、德国、法国以及英国市场。在进军北美市场时，华为也是先选择用中低端产品占领市场，又与摩托罗拉合作进而打开美国市场。雄安新区企业在对外投资过程中也可以先选择对资金需求较大的国家进行投资，此时的投资壁垒必然也是较低的，并积极借助中国"一带一路"倡议，扩大雄安新区企业的国际影响力，此后再逐步向较发达的地区进军，开拓发达国家市场，逐步占据全球价值链高端环节。

雄安新区企业同样可以学习奇瑞通过海外建厂占据竞争优势的方式，奇瑞为了规避贸易壁垒，通过在国外建厂进入东盟市场，利用国际化资源，开发自主知识产权产品，塑造了全球知名品牌，实现了国际化转变。雄安新区企业可以积极主动地在海外直接投资建厂，并不断整合利用世界资源提高自身实力和全球对自身品牌的认知度，实现高端嵌入全球价值链，并进入全球

经济链条的上游环节，打造支撑雄安新区国际一流创新型城市建设的高端现代产业体系。

（三）提升内部实力，实现创新型城市建设

雄安新区在国际一流创新型城市建设过程中应该充分利用其特有的区位优势。雄安新区既具有疏解北京非首都功能的区位优势，又连接华北核心城市。雄安新区应积极与北京联系、交流与合作，在北京的辐射和带动作用下，借助北京科技资源密集的优势，实现雄安新区关于"创新驱动发展引领区与协调发展示范区"的定位。雄安新区要紧紧抓住北京非首都功能疏解的机遇，集中承接北京的产业转移和功能外溢，用一流的环境和服务吸引北京优质的教育、科技与人才资源，与北京中关村的科技园区建设形成互动互补发展，既实现雄安新区创新型城市的建设，又带动整个河北经济的发展。

雄安新区在建设国际一流创新型城市的过程中，应该提高创新基础设施的共享水平。创新基础设施是雄安新区各产业提升创新能力的载体，提高创新基础设施共享水平，既可以满足科技人员对创新环境的需求，又可以推进产学研紧密合作，此外，还可以保障雄安新区产业与北京科技园区以及高技术产业的交流合作，提升雄安新区产业自身的创新能力，进而提高企业拥有的独立资源带来的收益，使系统在 $C \approx P_A$、P_B 状态下更易趋于"积极合作，积极合作"，甚至满足系统趋于"积极合作，积极合作"的条件 $C \ll P_A$、P_B，进而帮助雄安新区高端高新产业嵌入全球价值链高端环节。

雄安新区在国际一流创新型城市的建设过程中应注重政府所处的地位。一方面，与市场经济发达的国外创新型城市相比，雄安新区的建设还处于前创型阶段，政府占据核心主导地位。政府应该采取积极的政策为创新型城市的建设营造有利环境，比如，为企业的创新研发活动提供补贴与税收优惠政策，积极引导高校对创新型人才的培养并提供政策支持吸引海内外高技术人才来雄安新区，建立知识产权保护制度以强化企业的知识产权意识。另一方面，在雄安新区具有内生性创新力量后，应避免政府在创新型城市建设过程中的

过度干预，避免阻碍社会资源的有效配置，应以政府为辅充分发挥市场机制的作用。市场机制可以解决市场中遇到的各种问题，实现资源的最优配置。

参考文献

王霞：《中美贸易摩擦对全球制造业格局的影响研究》，《数量经济技术经济研究》2019 年第 6 期。

王洋：《国家创新中心城市建设的国际经验借鉴》，《产业与科技论坛》2019 年第 3 期。

许辉、杨洁明、罗奎等：《境外创新型城市研究进展及启示》，《城市规划》2015 年第 5 期。

邢会、朱欢、高素英等：《基于集群式产业链的京津冀高技术产业创新能力提升研究》，《河北工业大学学报》（社会科学版）2018 年第 3 期。

王智新、赵景峰：《开放式创新、全球价值链嵌入与技术创新绩效》，《科学管理研究》2019 年第 1 期。

陈潇潇、安同良：《基于地方政府视角的创新型城市建设比较及启示》，《经济问题探索》2016 年第 8 期。

王丽：《雄安新区建设中的政府责任与政府边界》，《甘肃社会科学》2019 年第 2 期。

丁梅、张贵、陈鸿雁：《京津冀协同发展与区域治理研究》，《中共天津市委党校学报》2015 年第 3 期。

戴翔、李洲、张雨：《服务投入来源差异、制造业服务化与价值链攀升》，《财经研究》2019 年第 5 期。

温科、张贵：《京津冀产业空间关联网络特征及其转移效应研究》，《河北工业大学学报》（社会科学版）2019 年第 1 期。

张可云、赵文景：《雄安新区高技术产业发展研究》，《河北学刊》2018 年第 5 期。

覃毅：《雄安新区传统产业的功能定位与转型升级》，《改革》2019 年第 1 期。

柳天恩、武义青：《雄安新区产业高质量发展的内涵要求、重点难点与战略举措》，《西部论坛》2019 年第 4 期。

李琛、赵军、李喜洲：《财政分权、政府行为与对外直接投资：抑制还是促进》，《财政研究》2019 年第 5 期。

石亚碧：《雄安新区建设要处理好高端高新产业和传统产业之间的关系》，《经济论坛》2018 年第 7 期。

徐永利：《雄安新区传统产业转型升级的思考》，《河北大学学报》（哲学社会科学版）2018 年第 1 期。

叶振宇：《雄安新区产业跨越发展研究》，《天津师范大学学报》（社会科学版）2018 年第 3 期。

柳天恩、武义青：《雄安新区产业高质量发展的内涵要求、重点难点与战略举措》，《西部论坛》2019 年第 4 期。

田学斌、柳天恩：《创新驱动雄安新区传统产业转型升级的路径》，《河北大学学报》（哲学社会科学版）2018 年第 4 期。

马春梅：《雄安建设开放发展先行区的难点与对策》，《经济论坛》2019 年第 9 期。

B.9
国际创新型城市经验与雄安新区
创新型城市建设[*]

齐晓丽　苗阳　张艺锟[**]

摘　要： 雄安新区建设作为国家发展的重大战略部署，承载着疏解北京人口密度及其非首都功能、推动京津冀协同发展、调整优化京津冀城市布局和空间结构、培育创新驱动发展新引擎等任务和功能。如何结合雄安新区发展总体规划，在雄安新区发展现状的基础上，把雄安新区建设成国际一流创新型城市还面临着艰巨的任务。本报告基于建设的实践，从国际创新型城市特征分析以及国际创新型城市发展模式经验总结两个方面探讨创新型城市建设的要素和发展特征，结合雄安新区创新型城市建设的需求，从资金投入、人才投入和科技成果转化三个方面提出了雄安新区创新型城市建设的对策和建议。

关键词： 雄安新区　产业定位　创新型城市

雄安新区地处京津腹地，与北京市和天津市中心之间的距离都在150千米以内，在京津冀区域中具有区位优势明显、交通便捷通畅、生态环境优良、资源环境承载能力较强、现有开发程度较低、发展空间充裕等特点，

---

[*] 本报告是河北省科学技术厅资助项目"县域产业技术创新支撑体系发展规划"（20180405）的研究成果。

[**] 齐晓丽，河北工业大学经济管理学院副教授、硕士生导师，研究方向为区域经济；苗阳，河北工业大学经济管理学院硕士研究生；张艺锟，河北工业大学经济管理学院本科生。

2017 年 4 月中共中央、国务院决定在河北雄安设立国家级新区。雄安新区建设作为国家发展的重大战略部署，承载着疏解北京人口密度及其非首都功能、推动京津冀协同发展、调整优化京津冀城市布局和空间结构、培育创新驱动发展新引擎等任务和功能。2019 年 1 月中国政府网公布的《国务院关于河北雄安新区总体规划（2018—2035 年）的批复》指出雄安新区将建设成为国际一流的创新型城市，并从高端高新产业布局、创新人才发展机制、创新要素集聚、科技教育基础设施建设等方面提出了要求，但如何结合雄安新区发展总体规划，在雄安新区发展现状的基础上，把雄安新区建设成为具有高起点高端高新产业、良好创新人才发展机制、集聚国内外高端创新要素、具备国际一流科技教育基础设施、融入全球创新的国际一流创新型城市还面临着艰巨的任务。

创新型城市的建设是基于创新型城市的本质以及城市的建设目标，探讨如何有计划地建立起创新型城市。从创新型城市的本质上来说就是在城市中形成良好的创新生态，使城市成为依靠科技、知识等发展的城市，从城市的建设目标上来说，雄安新区的目标就是建立起国际一流的创新型城市。而形成良好的创新生态、建立起国际一流的创新型城市需要具备哪些要素，这些要素又具备什么特征是值得思考的。已有的城市创新能力评价相关报告和全球典型创新型城市的发展特征对这些问题的思考具有重要的指导和借鉴意义，我们可以通过总结国际创新型城市发展经验为雄安新区创新型城市的建设提供对策建议，所以本报告选择已形成规模效应的世界三大"大湾区"中的创新型城市作为研究对象。这三大"大湾区"分别是东京大湾区、纽约大湾区和旧金山大湾区，其中，东京大湾区主要考察东京和筑波两个城市，纽约大湾区主要考察纽约，旧金山大湾区主要考察旧金山和硅谷①。虽然三大"大湾区"具有不同的特点，东京大湾区是产业湾区，纽约大湾区是金融湾区，旧金山大湾区是科技湾区，但东京、筑波、纽约、旧金山和硅谷都是国际创新型城市。同时，由于以色列是全球创新创业活力最强、创新

---

① 旧金山指旧金山市；硅谷为世界高新技术创新和发展的开创者和中心，本报告将其单独列为考察对象，与其他创新型城市一同考察。

产出最多的国家，所以以色列也作为考察对象，并选取上海和北京作为对比。通过对选择的国际创新型城市的分析和比较，总结创新型城市经验、探讨形成城市良好创新生态的关键要素，最后结合雄安新区创新型城市建设的定位和目标提出雄安新区创新型城市建设的对策建议。

一 国际创新型城市特征

从全球创新活动的发展来看，创新能力的提高几乎成为所有发达国家、发展中国家以及各个地区的主要发展目标。在此基础上，创新型城市的建设成为各个城市发展的焦点问题，但值得思考的是，什么样的城市为创新型城市，判断创新型城市的标准是什么。虽然创新型城市的内涵以及创新型城市的判断标准没有完全统一的答案，但可以从已有相关研究和国际创新型城市发展经验中进行借鉴。自 1912 年熊彼特提出创新理论，以及 20 世纪 50 年代技术变革对经济发展产生深刻影响后，创新在经济发展中的作用受到广泛重视，20 世纪 70 年代形成了技术创新的系统理论，创新理论也被应用到各个领域。在这个背景下，关于城市创新的讨论开始发展起来。1998 年英国伦敦大学的比特·霍尔教授将创新型城市定义为具有创新特质的城市，最早对创新型城市进行研究的是英国研究城市创新的知名机构 COMEDIA 的创始人兰德利，其在 2000 年的著作中对创新型城市进行了界定并论述了创新型城市建设的七要素，建立了评价城市创新活力的指标体系。之后对创新型城市的内涵和构成要素等进行研究的代表性成果主要有城市创新环境的四个来源，创新体系正常运转的基本条件，2005 年世界银行发布的关于东亚创新型城市的研究报告提出的成为创新型城市的先决条件，从 2007 年起由康奈尔大学、欧洲工商管理学院和世界知识产权组织联合发布的《全球创新指数》中对各个经济体创新能力评价的指标等。国内学者也对创新型城市的内涵、构成要素和创新型城市发展模式等进行了相关论述。虽然现有国内外关于创新型城市内涵和构成要素的观点不一致，但总体认为创新型城市必须要形成良好的创新生态。基于此，本报告借鉴和综合《全球创新指数》和《全球城市创新创业活力研究报告》中对城市和城市创新活力评价的指标确定国际创新型城市特征分析的要素。《全球创新指数》是世界知识产权组织、康奈尔大学、欧洲工商管理学院于 2007 年共同创立的衡量全球近 130 个经济体在创新能力方面表现的年度报告，已经连续发布了 13 年。最新的 2019 年《全球创新指数》报告从创新投入和创新产出两个方面确定了对 130 个经济体创新能力评价的指标，其中创新投入的要素分为制度、人力资本和研究、基础设施、市场成熟度、商业成熟度五大方面。《全球城市创新创业活力研究报告》主要提出创新创业环境要素、创新创业行为要素和创新绩效三个方面的指标，其中创新创业环境要素主要包括经济发展水平、政策环境、国际化水平、互联网渗透率四个方面的指标，创新创业行为要素主要包括潜在创业者、创新投入和创业支持三个方面的指标，创新绩效主要是利用创新产出指标进行衡量。结合以上指标本报告选择了城市特征、高等教育、研发投入、创新关联四个方面的创新型城市建设要素，其中城市特征主要从城市规模和密度、产业发展和开放度三个方面进行衡量。

（一）城市特征

在国际创新型城市的发展过程中，各个城市各具特点，一般是基于自身条件和基础以及世界经济发展趋势不断积累形成的，但是国际创新型城市在发展中还是存在共性的部分，而且从国际创新型城市的发展现状来看也具有某些方面的共性特征，这在对国家或城市创新能力评价的各报告中也有所体现。综合《全球创新指数》《全球创新城市指数》《全球城市指数》《全球城市创新创业活力研究报告》中的指标体系和评价结果，表 1 中显示了典型国际创新型城市或国家人口密度、产业特点、开放度三个方面的基本特征。

表 1　典型国际创新型城市或国家的基本特征

城市/国家		人口密度	产业特点	开放度
大湾区中心城市	东京	高	以生产性服务业为支撑，制造业比重小	高
	纽约	高	以生产生活性服务业为主，制造业比重小	高
	旧金山	高	以服务业为主，辅以小规模轻工制造业	高

城市/国家		人口密度	产业特点	开放度
大湾区科技城	硅谷	高	高新科技企业与高校紧密合作	高
	筑波	低	政府主导的研发型科技创新园区	封闭
科技创新国家	以色列	低	创新驱动发展,实现科研创新成果产业化	高

资料来源:笔者整理。

表1中的人口密度是总人口数和面积的比值,而且表中显示的是国家或城市人口密度的总体情况,国家或城市开放度体现在两个方面,一个是对内开放,一个是对外开放。从结果来看,典型国际创新型城市都具有人口密度高、产业以生产性服务业以及高科技产业为主、开放度高的特征。

1. 城市规模和密度

依据《全球创新指数》《全球城市创新创业活力研究报告》中对国家或城市评价的指标体系和评价结果,本部分基于对《东京统计年鉴》、美国国家统计局网站、美国经济分析网、世界银行网站和《中国统计年鉴》中数据的整理,通过典型国际创新型城市的人口、面积、人口密度、GDP、人均 GDP 和人均收入六个指标对城市或国家的经济规模和密度进行分析。其中,上海和北京的人均收入是根据 2018 年《中国统计年鉴》中对分地区居民人均可支配收入的统计数据,按照 2017 年美元兑人民币的年平均汇率折算得到。另外由于未获得筑波的 GDP 和人均收入的相关数据,所以该地区的 GDP、人均 GDP 和人均收入数据空缺,2017 年典型国际创新型城市或国家的人口和经济规模及密度整理结果见表2。

表2　2017年典型国际创新型城市或国家的人口和经济规模及密度

城市/国家	人口 (万人)	面积 (平方千米)	人口密度 (人/平方千米)	GDP (亿美元)	人均 GDP (万美元)	人均收入 (美元)
东　京	1350	2188	6170	9750	7.22	19261
筑　波	20	284	704	—	—	—
硅　谷	272	700	3886	4551	16.73	98032
旧金山	88	116	7586	2398	27.25	11986
纽　约	851	1214	7010	9530	11.20	175960

城市/国家	人口 （万人）	面积 （平方千米）	人口密度 （人/平方千米）	GDP （亿美元）	人均 GDP （万美元）	人均收入 （美元）
以色列	871	25700	339	3533	4.05	30936
上 海	2418	6340	3814	4532	1.87	8726
北 京	2171	16410	1323	4144	1.91	8466

资料来源：笔者整理。

从表 2 的数据整理结果来看，这些典型国际创新型城市或国家的人口密度都很高，除了数据上显示人口密度很高外，每个城市的人口集中程度更明显，比如东京的人口更集中于东京都内，而以色列的人口和创新成果多集中于特拉维夫，在其他城市或国家存在同样的问题。另外表 2 中的人口密度是指所涉及城市或国家的总体情况，但城市或国家内部存在较大的差异。比如从北京来看，虽然人口密度总体上比其他城市低很多，但是从局部来看，存在人口密度极高的区域，北京东城区和西城区的人口密度为 2.3 万人/平方千米。不管是总体还是局部地区的人口密度都显示创新型城市需要一定的人口密度。另外，从城市的 GDP、人均 GDP 和人均收入来看，各个城市或国家的经济发展水平和人均收入水平都排在世界前列，这说明国际创新型城市或国家的创新不仅是单纯地追求创新成果或提高创新能力，更是为经济发展提供了重要支撑力量，即城市的创新不能仅考虑创新成果或创新能力，更应注重创新成果的经济转化能力。

2. 产业发展

在国际创新型城市或国家的发展中，虽然各个城市或国家的产业发展重点不同，但其发展历程中有一些共性特征，而且产业的发展历程对创新型城市或国家的形成有重要的影响。比如，从 20 世纪中期至今，东京的产业发展特点就是以农林水产业为主的第一产业占比极低且逐年下降，第二产业中制造业产值比重持续下降，而以服务业为主的第三产业逐步在国民经济中占据主导地位，纽约的城市发展也经历了从以制造业为主到以服务业为主的高级化过程。典型国际创新型城市或国家的产业发展历程总结见表3。

表3 典型国际创新型城市或国家的产业发展历程

地区	第一阶段	第二阶段	第三阶段
东 京	制造业	金融业、信息通信业	文化创意产业
筑 波	科技要素集聚	公共服务功能配套	科学和知识中心
硅 谷	国防工业、半导体	PC、软件和网络	社交媒体、人工智能、机器学习
旧金山	制造业	服务业	以金融、法律等生产性服务业为主
纽 约	制造业	由制造业向第三产业过渡	以金融为主
以色列	高科技民用产业	软件与信息技术产业	高科技产业的集群

资料来源：笔者整理。

从东京大湾区的中心城市东京来看，东京的产业发展随城市发展发生阶段性变化。第一阶段：20世纪50~70年代，东京依靠制造业使经济快速发展，东京第二、第三产业产值占比保持在36%，变动幅度在2个百分点以下。20世纪60年代，由于国内劳动力成本上升和国际原材料价格波动，都市产业和加工组装类轻工业成为新的投资重点；在60~70年代经济高速发展时期，受两次石油危机爆发导致能源价格上涨的影响，实施"工业分散"战略，将钢铁和化工等高能耗的一般制造业外迁。第二阶段：20世纪70~80年代，受能源危机、汇率变化、环境污染等问题的影响，东京产业发展方向发生变化，东京政府大力扶持电气机械和运输机械行业，旨在通过技术创新提高产品附加值，并相继推动通信、电力和金融等垄断行业的民营化进程，同时以金融业和信息业为代表的生产性服务业向东京集中，到20世纪80年代末，东京集中了日本国内约一半的信息、研发、广告业就业人员，形成了以生产性服务业为主导力量的格局。第三阶段：20世纪90年代至今，生产性服务业成为东京产业发展的支撑力量，同时化工产业技术研发成功应用于医药领域，实现了高附加值产品的规模化生产，带动了化工和食品行业等资源型产业重新崛起。进入21世纪后，日本政府不断加大对文化创意产业的支持力度，其中，动漫产业是文化创意产业中发展最好的领域。筑波科学城的产业发展比较特殊。筑波科学城自创立以来，就是以政府为主导，逐步发展成为日本最大的科学和知识中心（研究型园区），旨在实现国家技术创新的使命，筑波科学城建设始于1963年，1980年基本建设完成，筑波现在是日本著名的知识与学术密集型城市。筑波科学城的建设历程主要经历了三个阶段：第一阶段引入大学，带动人才与产业进入，实现劳动与要素资源的集聚，完善交通设施，改善通达性；第二阶段实现城市公共服务功能配套；第三阶段政府主导，私营部门参与，逐步投入资金，保障建设顺利进行。

从纽约大湾区的中心城市纽约来看，纽约是世界级国际大都市、世界金融中心、世界贸易中心、全球最大的海港之一。纽约目前的主要产业为金融、航运、计算机，但在其发展中经历了从以制造业为主到以服务业为主的高级化过程。在19世纪中叶至20世纪，纽约的发展主要是依靠工业革命的推动实现了劳动密集型、资本密集型制造业的快速发展，除内战（1861~1865年）、一战（1914~1918年）、大萧条时期（1929~1933年）、二战（1939~1945年）几个特殊时期外，制造业总体上稳定发展；二战结束至20世纪80年代，由于生产成本高昂等原因，那些因纽约交通便利的通达性而集聚的制造业企业纷纷迁离城市中心，使纽约经济支撑力量发生了由制造业转变为服务业的决定性变化，且服务业以生产性服务业最为突出，纽约的集聚效应促进了信息密集型、国际性指向的生产服务业的大力发展；20世纪90年代，在形成的生产性服务业的基础上，纽约的制造业占比继续降低，而且由轻工业转变为以服装业、印刷出版业为主的制造业的集聚，服务业方面形成了以金融业和房地产业为主的格局，此外，科技服务业、信息服务业也成为经济增长的主要动力。

旧金山是一个阶层、种族、文化非常多元的城市。旧金山的主要产业为电子、互联网、生物、高科技，是典型的后工业化城市。湾区内世界名校、科技人才集聚，汇集了众多世界500强企业。旧金山经历了从工业化城市向后工业化城市的转变。第一阶段（19世纪后期）实现工业化；第二阶段（20世纪初至二战前）受成本上升等因素影响，制造业占比整体呈下降趋势，传统制造业外迁，服务业占比快速上升，城市服务、管理功能突出；第三阶段（20世纪中叶至今）以金融、法律、管理等生产性服务业为主的第三产业成为经济发展支柱，制造业产值占比维持相对稳定状态。

硅谷是一座知识开发城，是大学城与高技术产业区的融合体。创新创业精神推动硅谷成为全球信息技术革命的领导者，半导体、计算机和互联网领域的产业创新尤为突出。硅谷的产业集群充分利用"干中学"效应，为推动区域经济发展做出了重大贡献。高校—科研—产业"三位一体"的产学研发展模式，确保了高技术产业市场竞争力。从产业发展历程来看，硅谷产业更替速度较快：20世纪50年代硅谷的主流产业是国防工业，但在斯坦福工业园奠定了高技术产业的基础；20世纪60年代硅谷的微电子企业迅速发展起来，以半导体为主；20世纪70年代硅谷以微处理器生产为主，同时建立起金融服务体系；20世纪80年代硅谷是软件和网络设备发展时期，以开发软件和计算机产业为主，产业结构走向国际化；20世纪90年代开始，硅谷主要发展互联网和无线通信行业，成为世界信息技术和高技术产业的中心；目前硅谷成为美国（世界）微电子和计算机的研究和制造中心，是世界高科技产业和尖端技术的集中地，尤以社交媒体（Facebook）、人工智能、机器学习领域的公司而著名。

从创新创业活力最强的以色列来看，以色列创新能力的飞速提高得益于大学、企业、政府联结成的"三螺旋"协同创新模式。以色列本土的高科技企业酝酿于20世纪60年代，兴起于20世纪70年代，发展于20世纪80年代，腾飞于20世纪90年代。20世纪70年代诞生了高科技民用企业；20世纪80年代涉足软件与信息技术产业，本土初创企业开始萌芽；20世纪90年代初，在犹太技术移民涌入和技术孵化器的帮助下，以色列高科技产业迎来高速发展期。以色列技术孵化器的成功运作、跨国企业的积极参与以及产学研一体化的科研支撑促成了高科技产业的集群发展。

从典型国际创新型城市或国家的产业发展历程来看，创新发展和产业发展有着密切的关系，产业发展是城市或国家创新的载体。国际创新型城市或国家的产业发展格局特点是从以一般制造业、重化工产业为主向以金融服务或高科技产业为主进行转变，而且这些典型国际创新型城市或国家的产业格局紧随国际形势变化，使城市或国家的产业发展能够站在世界产业发展的前沿。

3. 开放度

《全球创新指数》《全球创新城市指数》《全球城市创新创业活力研究报告》评价结果显示，高水平的开放度是创新型城市的显著特征，而开放度主要体现在对内和对外两方面。本报告利用潜在创业者数量表示城市的对内开放度，因为如果潜在创业者比较多，说明城市在政策和服务上对创业者有较高的包容度，这可以从某种程度上体现出一个城市的开放程度。城市的对外开放度可以通过世界 500 强总部数量和对海外资金、技术要素的吸引力两方面进行衡量，我们把这两方面称为城市的国际化水平。依据《全球城市创新创业活力研究报告》中各个典型国际创新型城市的潜在创业者数量排名和国际化水平排名，对开放度进行分析，相关数据见表4。

表4　典型国际创新型城市的经济发展水平和开放度排名

城市	经济发展水平排名	潜在创业者数量排名	国际化水平排名
东京（日本）	1	3	2
旧金山（美国）	8	13	7
纽约（美国）	2	7	1
特拉维夫（以色列）	5	23	14
上海（中国）	17	14	5
北京（中国）	19	12	1

资料来源：《2018 年全球城市创新创业活力研究报告》。

从典型国际创新型城市的潜在创业者数量排名和国际化水平排名的情况来看，国际化水平和潜在创业者数量对创新型城市的建设有重要的影响作用，这些典型国际创新型城市不仅经济发展水平都在前 20 名以内，除了以色列的特拉维夫以外，潜在创业者数量和国际化水平也都在前 20 名以内，尤其是国际化水平都在前 10 名以内。这说明在创新型城市建设过程中引入海外资金、技术要素、世界知名企业十分重要。这些城市除了在潜在创业者数量和国际化水平两方面体现出较高的开放度以外，其开放度还体现在雇用外国人的数量方面。比如从东京来看，东京都劳动局对东京都内外国人雇用状况的调查结果显示，从总量上看，截至 2017 年 10 月末，外国人劳动者数量比 2016 年增加了 18.5%，达到 39.48 万人。其中，中国籍劳动者数量为 14.5 万人，位列第一；越南籍劳动者为 60566 人，位列第二；韩国籍劳动者数量为 32014 人，位列第三。东京的外国劳动者数量占日本全国外国劳动者数量的 1/3 左右，而且根据东京都政策企划局网站数据，东京的外资企业数量超过 2300 家，占日本全国外企数量的 76%。在此基础上，日本东京不断出台吸引国外高端人才的引进计划。2009 年，日本启动高端人才引进计划，计划到 2020 年接受 30 万名留学生。2018 年 10 月，日本通过《出入国管理法改正案》，日本政府将外国人才在留资格分为"特定技能 1 号"和"特定技能 2 号"。其中 1 号资格要求外国人才拥有某项需要相当高度的知识、经验的技能；2 号资格要求外国人才拥有熟练技能。该法案还提出，引进单位要给持有"特定技能 1 号"在留资格的外国人才提供来日工作所必需的支援和帮助。2018 年 12 月，日本正式出台《外国人才引进法案》，2019 年 4 月起正式实施。预计未来五年内，在 14 个行业领域引进 34 万名国外人才。

（二）高等教育

创新型城市的建设一方面离不开高科技人才的支撑，另一方面也离不开高等学校的支撑，因为高等学校也是从事创新活动的主要执行主体。因此城市的高等教育水平与创新型城市的建设密切相关。从各个国际创新型城市或国家的发展来看，高等学校在发展过程中发挥了重要作用，以硅谷为代表，斯坦福大学等高等学校不仅为创新型城市的发展储备人才，还营造了激发创新意识的环境，从而为城市中创新创业活动的开展奠定了基础，并促使创新创业活动密集产生，拉动创新型城市的发展。表5中的数据对比了国际创新型城市或国家代表性高等学校人才培养的基本情况。

表5　国际创新型城市或国家代表性高等学校人才培养的基本情况

单位：万人，所

城市或国家	人口	高校数量	代表性高等学校	代表性高等学校在校生规模	代表性高等学校学生教师比
东　京	1350	8	东京大学	2.7	5：1
筑　波	20	4	筑波大学	2.4	5：1
硅　谷	272	13	斯坦福大学	1.7	4：1
旧金山	88	12	旧金山州立大学	3.0	9：1
纽　约	851	36	纽约州立大学	4.7	12：1
以色列	871	—	特拉维夫大学	3.1	11：1
上　海	2418	64	同济大学	3.9	6：1
北　京	2171	92	清华大学	4.9	13：1

资料来源：笔者整理。

从表5的数据可以看出，各个国际创新型城市或国家中都有数量相对较多的高等学校，而且每个国际创新型城市或国家中都有世界知名的高等学校，这些高等学校的人才培养在创新型城市或国家建设中发挥了重要的作用。另外，代表性高等学校的学生教师比一般围绕在5：1的水平，这从一定程度上说明了高等学校的人才培养对学生教师比要求相对较高。学生教师比要求较高，不仅能够保证对学生的培养水平，也可以使教师有更多精力从事创新研究活动。这也是在硅谷、以色列等地区存在众多教师和学生创新创业活动的原因。

（三）研发投入

研发投入是创新活动的基本要素，也是创新型城市建设的重要方面，因为创新型城市的重要特点就是具有活跃的创新创业活动，不管是高等学校和研究机构的创新活动，还是企业的创新活动，都需要研发投入的支持。从发

展情况来看，国际创新型城市都具有研发投入较高的基本特征。据2018年
《全球创新指数》的统计，从全球发展的整体趋势来看，企业和公共研发
经费投入都在增长，研发经费投入强度也一直保持稳定。全球研发经费
投入持续增长，2016年的增长率为3%，全球商业研发经费投入2016年
的增长率为4.2%。从全球来看，企业越来越成为研发经费投入的主要力
量。表6显示了国际创新型城市的创新投入、创新产出和创新创业活力
指数关系。

表6 国际创新型城市的创新投入、创新产出和创新创业活力指数关系

城市	创新投入	创新产出	创新创业活力指数
东京(日本)	10	11	2
旧金山(美国)	14	4	10
纽约(美国)	10	7	1
特拉维夫(以色列)	9	2	7
上海(中国)	4	23	13
北京(中国)	4	25	6

资料来源：《2018年全球城市创新创业活力研究报告》。

从表6中相关城市的创新投入、创新产出和创新创业活力指数关系来
看，虽然东京、旧金山和特拉维夫的创新能力已经很高，具有明显的创新优
势，但在创新投入方面还是位于世界前列，目前这些城市的创新产出和创新
创业活力依然位居世界前列。我国的上海和北京虽然创新投入较高，但创新
产出和其他国际创新型城市还有较大的差距。这说明创新投入是创新型城市
建设中的重要因素，而且也是创新的最基本保障，典型国际创新型城市的创
新投入都较高，但创新产出还取决于其他很多方面。

（四）创新关联

创新关联主要是指参与创新活动的创新主体之间的关系联结，创新主体
包括配置主体和执行主体，配置主体主要包括政府、企业和金融机构，其

中，企业包括国内企业和国外企业，执行主体主要包括企业、高等学校和研究机构，所以创新关联主要涉及的是执行主体之间、配置主体和执行主体之间的关系联结。由于创新过程的复杂化以及所需知识基础的复杂化，进行创新活动的主体都需要外界资助，并与外界开展各种合作。《全球创新指数》报告显示，创新关联是重要的影响因素，创新能力高的地区一般都存在很强的创新关联，而在所有的创新关联中最主要的就是创新活动的执行主体之间开展的各种形式的产学研合作。产学研合作主要有科技工业园模式、企业孵化器模式、专利许可和技术转让模式、高技术产业发展模式、工业—大学合作研究中心及工程研究中心模式。东京等国际创新型城市或国家产学研合作的特点见表7。

表7 国际创新型城市或国家产学研合作的特点

城市或国家	特点
东京	以产学合作和产研合作的不同创新合作机制实现企业和高校、研究机构的基础科学与技术研究合作以及技术应用和成果转化合作。推动高校和研究机构的研究活动与产业需求相结合,并建立产学研合作的信息沟通平台
筑波	以国家科研机构、筑波大学为主的科技城。在建设初期迁入31家国家科研机构,创办筑波大学,科技城的科技实力达到了国际先进水平,但在科技城发展过程中,科研机构、高校与产业缺乏联系,科技城的科技成果转化率不高
硅谷	以斯坦福大学和加州大学伯克利分校为代表的完善的教育体系为产业发展提供人才,同时高校积极与企业合作,参与创新研发和成果转化过程。高校和企业的合作不但融入产业的发展,产业的发展也完善了高校的人才培养
旧金山	以科技企业和科技投资集聚的形式形成了创新型城市。旧金山城市创新能力的形成主要因为2008年金融危机后,旧金山拥有闲置空间和税收优惠等优势,吸引了大批科技企业和科技投资到旧金山发展,其产学研合作模式和硅谷相似
纽约	以市场化为主导、以大都市文化为平台的产学研合作模式。在集中了大量的全球500强企业总部、金融机构和新兴服务业企业的基础上,建立了以大学为核心,政府、私人企业相互合作的合作模式,形成了热带雨林式的创新生态系统
以色列	以政府引导的创新创业环境建设和产学研合作机制为主。政府实施相关政策吸引国外风险投资对孵化器项目进行投资,为创业者和孵化机构提供基础配套服务和相关优惠政策,高校由技术转化公司连接学校研究成果和市场的关系

资料来源：笔者整理。

从典型国际创新型城市或国家的产学研合作特点来看，基于城市的不同特点，创新主体之间合作的形成存在差异。由于东京、纽约、旧金山等属于大都市，从经济发展水平和人口密度上都具备了创新发展所需要的条件，因此其创新能力的提高是在市场调节下产生的，并在政府相关政策的引导下形成了良好的创新研发和成果转化机制。但是筑波科技新城是在承担着重要职能的前提下由政府推动建立的，而不是在自由市场条件下形成的，所以其技术创新能力的提高都是通过政府的支持取得的，缺少创新转化的活力。硅谷和以色列创新能力的提高是由于当地形成了良好的创新文化环境，完善的教育体系激发了科技人才的创新创业活力，再加上具有良好的风险投资机制，形成了热带雨林式的创新生态系统。

二 国际创新型城市发展模式经验

（一）硅谷发展模式经验

硅谷是指美国加利福尼亚州北部高科技公司云集的圣塔克拉拉谷，最初以研究和生产半导体芯片等著称，是当今美国乃至全世界的信息技术产业先锋。硅谷目前孕育了包括苹果、谷歌、英特尔、惠普、思科、甲骨文、IBM 等在内的大批知名高科技公司，已形成微电子产业、信息技术产业、新能源产业、生物医学产业等产业集群。硅谷发展模式是在以斯坦福大学为基础的高度发达的科技实力和日益完善的风险投资市场条件下逐渐形成的，在此条件下高校和经济社会紧密结合并衍生出数量众多的科技企业，科技企业的集聚在一定程度上形成产业集群，而活跃的产业集群吸引更多的风险投资，因此在硅谷这种科技商品转化成果快、市场销量高的地区，这种模式带动积极的资本运作，产业集群及风险投资促进科技城在市场自发作用下成立。以硅谷科技城为典型代表的自由市场发展模式顶层设计、资金投入机制、人才引进机制和科技成果转化机制四个方面的经验如下。

1. 顶层设计

硅谷发展模式顶层设计的主要特点是政府出资设立国家实验室，由国家实验室完成科技的原始创新和国家战略高度的科技创新计划。国家实验室负责完成的国家战略高度的科技创新计划有两个来源，一个来源是国家科技委员会制订的战略计划，另一个来源是由政府各部门制订的部门发展计划。国家科技委员会和政府依据市场需求制订计划体系，并且政府结合市场所筛选的不同投资计划确定相应的投资比例，然后企业根据市场调节后的政府计划体系确定本企业的投资方向。在实验室所有权方面，国家实验室虽隶属于政府，但交由企业、大学及机构代管，政府节省人力及管理成本，同时，企业享有尖端设备、技术及成果，从体制上带动产学研机制合作开发与融合发展。在硅谷科技城，这种发展模式的体现就是科技城以斯坦福大学为基础形成了产学研的高度融合。斯坦福大学是国家实验室的代管者，科技城的工作人员同时拥有大学校内教师或学生和校外企业员工的双重身份，因此在国家实验室的使用及管理中，不仅促进了产学研的高度融合，也缩短了产业成果转化的进程，实现科技资源配置的高效运转。图1显示了硅谷科技城自由市场发展模式运作过程。

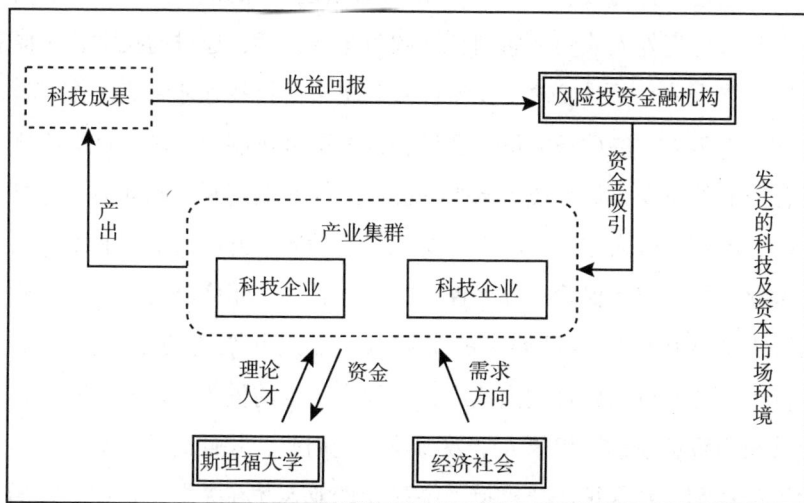

图1　硅谷科技城自由市场发展模式运作过程

2. 资金投入机制

硅谷发展模式的资金投入机制主要依靠政策倾斜、市场引导社会资金流动等方式，通过政府引导企业科技资金投入。企业既是研究开发、创新投入的主体，也是高科技产业高利润产出的受益者。在应用项目的研究中，企业作为资源配置的主体，在政府的融资担保、贷款低息等补贴性政策的引导下，根据市场的导向调整科研活动的资金投入，并且政府通过制订中长期科技活动计划指导企业未来研发活动方向。同时，发达的资本市场、多元化的创新融资渠道为企业技术创新提供有效融资。其中硅谷科技城中资金投入的主要来源是成熟的风险投资体系。风险投资的来源广泛，不仅包含政府直接投资和大企业的风险基金，还包含各类私人资本。私人资本是硅谷资金来源的主体，政府很少直接参与风险资本的管理及运作。

3. 人才引进机制

硅谷发展模式中人才引进机制是以市场为主导的科技人力资源配置手段。政府在其中以政策、福利制度的形式激励引导人力资源配置。发达的资本市场带动了发达的人才供求信息网络系统的形成，为企业和人才搭建了桥梁。企业通过完善的教育培训机制和人力激励及保障体系在系统中吸引人才。政府引进境外人才的一系列长期政策主要包括：通过向技术移民倾斜吸纳各国优秀人才，通过发放工作签证吸收更多高科技人才到美工作，将外国留美学生作为人才的后备力量。在硅谷人才引进机制中，员工培训制度受到社会各方面的重视，员工技术水平的提高能够激发创新的原动力、提高工作的效率，能够通过人才升级的方式实现产业的转型升级。福利制度方面主要包括医疗保险、健康保险、养老保险、失业救济、年终分红、奖金、赠送公司股票、带薪休假等名目繁多的福利政策。这些福利的金额约占工资的40%以上。硅谷科技城是美国政府人才引进政策的重要受益者，同时，硅谷科技城利用政策鼓励斯坦福大学教师及学生创业，并且给予高福利待遇政策及知识产权和专利保护法律支持。高科技产业人才在大学及企业之间形成人力资本连接，缩短了成果产业化进程。

4. 科技成果转化机制

硅谷资源配置模式中的科技成果转化机制是通过发挥大学和中小企业研发双重成果转化主体地位、确立科技共享体系、加快科技成果转换效率来实现的。政府、中小企业、研究所及高校的政产学研的高度融合及其有机联合和作用互动是技术转让工作的关键。1980年通过的《拜杜法案》将大学发明与私人企业结合起来，使私人部门享有政府资助科研成果的专利权成为可能，从而产生了促进科研成果转化的强大动力。硅谷将中小企业的科技成果转化上升到战略层面，利用国家政策将相关中小企业的科技成果转化制定成法律法规。首先，允许中小企业与政府共同出资研究并将取得的成果权转让给企业。其次，国家实验室面向中小企业开放，科技与设备共享，同时企业也带动了科研所的成果转化速度。从经济学角度来说，不同创新主体共享基础设施不仅降低了生产成本，也为形成价格竞争奠定了基础。

在硅谷科技城中，斯坦福大学与中小企业是科技成果转化的双主体，共同完成硅谷科技城的成果转化。首先在供求机制中，斯坦福大学是技术的供给方，中小企业是技术的需求方，成果转化由以大学为主体及以企业为主体两部分构成。大学将技术转让给企业完成自己的使命，企业作为技术成果化的主体发挥自己的作用完成整个成果转化过程。其次在竞争机制中，斯坦福大学公平公正地对待技术的需求企业，如果有很多企业对同一技术有需求，大学可以赋予多个许可使用权给企业。最后关于价格机制，斯坦福大学用技术转让的利润反哺基础研究投入。斯坦福大学与企业的双主体在科技成果转化中实际上缩短了技术成果化及成果产业化的过程，促进了硅谷成果转化机制的高效运转。

5. 硅谷发展模式的模仿和创新

硅谷作为全世界最成功的工业科技园典范和世界科技中心，成为世界其他地区工业科技园的效仿对象，其中，比较成功的为印度班加罗尔发展模式和中国台湾新竹发展模式。班加罗尔软件园和新竹科学工业园是在学习、借鉴硅谷发展模式的基础上建立起来的，园区的规划和建设、人才引进机制、资金引进机制、技术引进机制、管理环境和文化环境等方面皆以硅谷为蓝本，从某种意义上可以说是硅谷的一个翻版。

班加罗尔软件园作为印度最著名的工业科技园，依托班加罗尔附近十几所高校和高科技产业人才，在高度模仿硅谷发展模式的基础上，从本地实际出发，发挥本国的软件优势和语言比较优势，制订适合本国的科技发展战略计划，形成了以市场为资源配置中心、政府尽可能少干预企业及经济社会运作的合作创新模式下的企业导向型产学研开发模式。班加罗尔发展模式的经验主要包括政府职能定位和人才引进机制两个方面。在政府职能定位上，政府在软件园中的定位主要为保障基础设施的建设，这也是班加罗尔发展模式成功的重要因素，政府建立的完善基础设施保障了市场能够及时传递信息，促进整个工业科技园的良好运作。诸如政府于 1991 年投资兴建了可高速传输数据的微波通信网络，同时在硅谷设立了第一个国际商务支持中心，配备全套先进的服务基础设施，通过虚拟办公室提供 24 小时服务，及时反馈美国市场信息，力图实现本土公司与美国企业界之间联系的即时化和同步化。专门成立软件出口中介机构以协调对硅谷以及世界其他地区的软件出口。在人才引进机制方面，班加罗尔发展模式与硅谷发展模式相似，依托工业科技园附近的高校，将高校的教师及学生资源作为企业的人力资源主体。同时印度充分发挥在硅谷的印籍科学家的优势，利用在美国的社会关系网络，加强美国及印度之间的科技活动交流。

新竹科学工业园是台湾第一个科技园，号称"台湾硅谷"，成为孕育台湾高技术产业发展的基地，其信息和通信技术产业更是台湾发展高技术产业成功的典范。新竹科学工业园的发展模式是政府引导发展和市场自主配置相结合的模式。不同于硅谷以市场为中心的发展模式，在新竹发展模式中，政府发挥了巨大的支持作用，但是政府仅限于完善基础设施，并不参与科技资源配置和科技产业研究活动。新竹科学工业园的成功主要在于资金引进机制和人才引进机制方面。在资金引进机制方面，形成以官方资本为主导的多元化投资体系，但不同于以风险投资为主要资金来源的硅谷，台湾当局通过设置大量的科技奖项和科技基金激励新竹科学工业园企业加大研发投入和产品创新，风险投资的作用并不明显。在人才引进机制方面，新竹科学工业园主要依靠海外台湾籍人才的回乡创业。新竹 40% 以上的公司是由有美国教育背景的工程师创办，他们不仅带来了硅谷的先进技术与管理经验，还积极招募硅谷的朋友和同事回台湾共同创业，形成典型的"葡萄串"效应。两地产业互动日益密切，产生了一个定期穿梭于硅谷和新竹间特殊的"太空人"群体，充当两地经济中间人的角色。这不仅促使硅谷和新竹的交流与互动更加充分和深入，而且使两地信息传递速度迅捷同步。

（二）筑波发展模式经验

筑波发展模式主要是社团市场经济模式，又称行政管理导向市场经济。筑波发展模式认为政府应积极参与科技资源配置和科技管理，直接投资公用事业为私人投资创造条件，并通过优惠财税政策积极引导民间资本参与配置，以法律大纲等形式制定各产业技术发展战略和重要领域的研究开发计划，指明研究方向。筑波科技城位于东京东北 60 千米处，是高端科教机构密集、建筑群和绿地相映生辉的田园城市，是由日本中央政府计划、国家工程建设而成的新城。这一宏大工程的建设始于 20 世纪 60 年代日本政府的一项决策，当时正值日本经济高速增长时期，首都东京以优越的区位条件吸引了大量产业和人口流入，生产要素高度集聚，促使东京城市规模急剧膨胀、经济快速繁荣，同时也带来许多"大都市病"。基于这一背景，日本中央政府建设筑波科技城的目的主要包括两方面：一方面是缓解东京企事业与人口过密的问题；另一方面是聚集高端科教机构及产业，促进日本科技发展、充实高等教育。筑波发展模式是在集成创新、引进消化吸收再创新的基础上形成的。这是因为基础性投入不足，原始创新很难在日本的科技市场独立存在，所以日本政府在筑波集中一部分国家高校、实验室及尖端领域人才，依托高校资源建立的科研机构和科技城成为筑波科技城原始创新的中坚力量。

1. 顶层设计

筑波发展模式的顶层设计主要是政府设立的产业技术综合研究所和东京

大学合作形成的产学研综合研究机制（见图2）。产业技术综合研究所的所有权和使用权归属政府所有，企业在政府的宏观战略政策引导下可申请产业技术综合研究所的原始创新技术支持。作为日本最大的公共产业研究机构，产业技术综合研究所主要由研发实施部和研发支援部两个部门构成。研发实施部包括多个研究部门，是日本基础研究和应用研究的核心部门，其中，基础研究和应用研究项目分别通过制订"研究与发展制度"和"应用促进事业"两种不同性质的科技计划完成相应的研究任务和研究目标，而研发支援部在政府的引导下与东京大学等研究型大学合作共同支撑日本的基础研究事业。在日本筑波科技城建设中东京大学起到了重要的作用，东京大学从21世纪初，开始在政府财政资源配置引导下和更多的科技产业研发机构合作，东京大学的合作带动和推进了更大范围内的产学研综合体制形成。

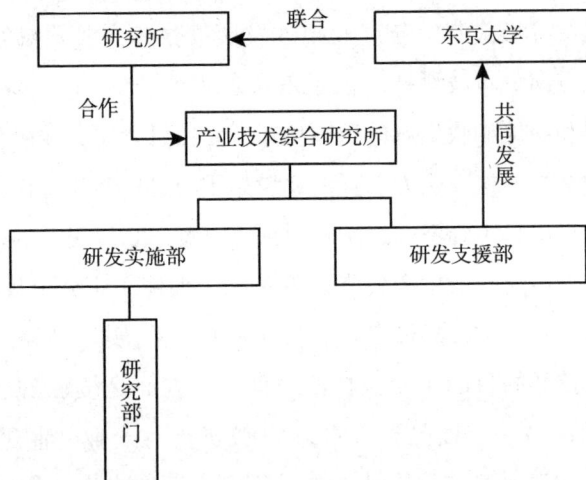

图2　筑波发展模式顶层设计

2. 资金投入机制

筑波发展模式中的资金投入机制主要是由政府出资建立的企业主导型科技体制，这种模式的主要特点是将政府补贴转化为企业科研经费，形成以这部分科研经费为中心，以大学和其他科研机构投入为辅的综合性资金投入机制。在筑波科技城的运作中，企业的科研经费占全日本科研经费的 66%，但实质上企业的投入都是政府的补贴。筑波科技城建立的全部经费由政府出资，国家及政府所属实验室、科研机构、教育机构也是在政府的帮助下建立。政府一半以上的科研预算通过低息贷款、财政补贴等形式对企业的科研资金投入进行补助，科研人员经费基本依靠政府财政拨款。在日本官僚主义的高压政策之下，民间资本相对缺乏自主性，企业和科研之间的联系多以行政命令为主，在科研预算方面，国家重点培育综合性研究机构，对大投入项目的研究领域进行充分投入和重点支持，同时承担大投入项目的各科研机构在事业年度要接受评估委员会的评估。

3. 人才引进机制

筑波发展模式中的人才引进主要依靠政府的行政命令统一分配。筑波科技城的人才基本全部由政府科技部门工作人员进行人才输送。首先，政府主导人力资源协同发展，科技城及科技企业的高等人才基本是来自东京及各高校的高等技术研究员、教员，在政府的安排下，统一分配。薪酬待遇方面，政府部门依靠政府机构财政拨款不断提高研究人员待遇。同时，日本本土各高水平大学不断为科技城输送人才，高校与科研机构之间进行人才互相补给。其次，日本政府为了保证人力资源结构的平衡发展，不断调整产业结构，产业政策从基础产业不断转向新兴产业，政府在新兴领域进行重点项目支持。再次，政府调整人力资源的重要手段是法律和法规，通过法律法规等方式规范人力资源市场及明确行业规范，同时完善的法律系统为求职者及供职者提供可靠的保障。最后，政府重视人力资源培训，通过财政补贴及政策要求强化企业对员工进行教育培训的意识，同时强化企业培训机制，通过培训，对人力资源市场的结构做出最灵敏的调整，更有利于人力资源的开发和配置。

4. 科技成果转化机制

筑波发展模式中科技成果转化机制的重要特点是以政府行政手段为中心，通过扶持中小企业作为科技成果转化的主体来实现国家的科技成果转化。首先，政府通过对中小企业的财政补贴、金融机构的低息贷款等财政优惠措施，为中小企业的高端人才储备提供资金支持，中小企业集聚的高端人力资本是带动科技成果转化的重要基础。其次，政府面向中小企业建立实验室，同时开放国家实验室。实验室、中小企业及高校的高效融合是政府主导的产学研一体化筑波发展模式的重要特点，科技企业与研究所的紧密联系，缩短了开发研究、成果商业化及成果产业化的技术创新过程，资源配置效率提高，成果产出效果显著。最后，重视科技情报工作，通过政府工作报告，将科技情报的重要性上升到国家战略高度，进行大型数据库建设，并向中小企业提供免费试用服务。

（三）以色列发展模式经验

以色列是世界上最负盛名的创新型国家，其中，位于以色列西海岸的特拉维夫是以色列的经济和科技中心，被誉为"欧洲创新领导者"和"仅次于硅谷的创业圣地"。特拉维夫的人口大约为 40 万人，不到以色列总人口的 1/20。20 世纪 80 年代以色列政府希望通过高科技转型发展实现经济发展，但通过考察美国硅谷之后发现，硅谷的成功经验在以色列很难得到复制，之后以色列政府做了两件事：1991 年创建了一个科技孵化器项目；1992 年建立了一个创业投资基金项目。孵化企业由创业者出技术、政府出资金、孵化器出管理，形成了最佳资源组合，同时又大力引进来自政府、企业、研究所、大学、中介的力量，大大提高了创业成功率。另外，以色列孵化器是政府支持的独立法人实体，其董事会由来自政府、企业、研究所、大学、中介等的代表组成，这一组合充分发挥了官、产、学、研、中介方面的作用，形成了政产学研一体的以色列发展模式。

以色列科技园的资金投入机制和文化激励机制对其创新发挥了重要的作用。1999～2010 年，以色列创新迅速发展的十多年间，以色列的科研经费占 GDP 的比重超过以科技著称的美国、日本和德国，居于世界首位，2010 年后被韩国赶超。同时，以色列在创新研发上重点专攻计算机软硬件技术创新、通信科技创新以及生物医药创新。以色列拥有大量的初创企业，这些企业的产生一方面缘于政府的各类资金支持，另一方面还缘于以色列成熟、活跃而庞大的风险资本市场。在文化激励机制方面，军旅磨炼不仅让每一代以色列人掌握了基本的军工科技，还培养了善于创新的本能和欲望，同时，以色列人口的教育水平极其高，高教育水平的全国性人口教育结构，为以色列科技创新提供了基本劳动力保障。犹太人的自由思维特性对以色列创新有极大的影响。犹太人认为，世俗的任何观点都可以被质疑，追寻自然本质规律是个人使命，为了让知识更加清晰透彻，任何个体都可以通过自己的缜密思考，与对方进行讨论、辩论。

三 雄安新区创新型城市建设的对策建议

（一）雄安新区创新型城市建设的需求

雄安新区是在深圳经济特区和浦东新区之后又一具有全国意义的新区，雄安新区发展建设规划将其分为前期、中期和远期发展区域。前期发展区域涉及的面积约为 100 平方千米，中期发展区域涉及的面积约为 200 平方千米，远期发展区域的面积约为 2000 平方千米，包括雄县、容城、安新三个县及其周边区域。总体上来说，设立雄安新区的现实意义和历史意义主要在于以下几个方面：作为北京非首都功能疏解的集中承载地，降低北京的人口密度、解决北京"城市病"等问题，探索人口经济密集地区优化开发新模式，调整优化京津冀城市布局和空间结构，培育创新驱动发展新引擎。

根据雄安新区发展规划和发展定位，从产业发展的需求来看，主要发展产业包括新一代信息技术产业、现代生命科学和生物技术产业、新材料产业、高端现代服务业、绿色生态农业等。其中新一代信息技术产业主要围绕数字产业，诸如通信网络、物联网、大数据、人工智能等。现代生命科学和生物技术产业主要围绕发展脑科学、基因工程等前沿技术培育生物医药和高性能医疗器械产业。新材料产业主要基于发展信息技术、生物医药、高端医疗、高效储能等产业对新材料的需求进行发展。高端现代服务业包括现代制造服务业、金融服务业、科技服务业、商务服务业、创业设计文化产业、高端影视文化产业、法律服务业。绿色生态农业主要发展创业农业、认养农业、观光农业、都市农业等。除了现代产业体系的建设外，还需要对符合发展方向的传统产业进行现代化改造。从居民生活需求来看，为打造优美的自然生态环境，主要需要治理农村面源污染，改善水质，改善大气环境质量，保护土壤环境，推进资源节约和循环利用、可再生能源利用，提升城市安全和应急防灾水平等。

（二）雄安新区创新型城市建设的资金投入机制

在对国际创新型城市的基本特征以及资金投入机制的分析中可以发现，资金投入是高端高新技术产业发展的基本条件，充足的资金投入是保障创新型城市高端高新技术产业发展的基础，但是不同的资金投入机制对创新活动的展开和可持续发展有不同的影响。虽然每个城市的资金投入机制不同，但总体来看，创新型城市建设过程中资金投入机制和创新型城市建设的阶段有关系。在创新型城市建设的初期，以政府资金为主导，同时积极发展城市的风险投资行业，在发展本地风险投资行业的基础上，积极和国际知名风险投资机构进行合作。在这个时期培育和发展城市风险投资行业时要注意对风险投资的引导，使风险投资的产业部门与城市主要发展的高端高新产业方向一致。在创新型城市建设初期过后，政府在资金投入上应主要起示范作用，以风险投资为主。所以雄安新区创新型城市建设的资金投入应主要从三个方面考虑：第一，由于雄安新区创新型城市建设还处于初期阶段，所以资金投入应以政府资金为主，但要注重培育和发展风险投资行业；第二，政府资金投入的力量主要放在创新服务平台建设上，包括信息交流平台、科技金融服务平台、科技法律服务平台等；第三，在资金投入上应注重对高等教育的投入，从国际创新型城市的发展经验来看，良好的产学研合作是创新型城市建设的必备条件。

（三）雄安新区创新型城市建设的人才投入机制

人才投入是雄安新区创新型城市建设的基石，从国际创新型城市的特征及其发展经验中可以看出，城市的对内开放度和对外开放度对创新型城市的建设有显著的影响。这在人才投入过程中体现在对创新创业活动的支撑度及对外界人才的接纳度和引进机制上。结合雄安新区产业发展和文化环境建设需求，借鉴国际创新型城市人才投入机制经验，雄安新区创新型城市建设的人才投入机制应从人才投入体系和人才投入政策两方面为创新型城市建设提供人才培养和人才引进方案。

在人才投入体系方面要注意均衡，因为在雄安新区创新型城市建设过程中其产业发展环境涉及技术研发、工艺改进、管理创新等很多方面，所以应注意人才培养和引进类型的全面性，人才的培养和引进既应有研究领域的科学家和工程师，也应有企业家和艺术家，在人才引进上应特别重视此方面。此外，国际知名高等学校对创新型城市的发展起到至关重要的作用，所以在雄安新区创新型城市建设中应重视引入或建设国际知名高等学校。在人才投入政策方面应注重政策对人员引进的引导及对创新创业意识和能力的培养。一是人才引进政策不能只注重引进人才自身的发展，还需注重引进人才对人才培养的贡献；二是在人才培养过程中通过政策引导创新创业意识和能力的培养，并建立和营造良好的创新创业制度和环境；三是通过政策引导企业重视员工培训，员工培训不仅能提高员工的技术水平，还能够在提高员工技术水平的基础上激发员工创新的原动力，提高员工工作的效率，从而通过人才升级的方式实现产业的转型升级；四是重视高等学校、科研机构和企业人员和国外创新型城市相关机构的联系和培训。从各国际创新型城市的特征来看，都具有从其他国际创新型城市引进人才并保持紧密联系与合作的特点，这些措施主要包括通过技术移民政策吸引国外科学家或工程师，或是在国外设立科技人员联系据点，或是通过培训等方式让本地科技人员与国外机构和高等学校加强交流与合作。

（四）雄安新区创新型城市建设的科技成果转化机制

在雄安新区创新型城市建设中，应格外重视科技成果转化机制，因为从我国整体以及各创新型城市的发展来看，我国整体以及各创新型城市的创新投入都较高，位于全球创新投入排名的前列，甚至是全球创新投入最多的，但是创新产出数量，尤其是科技成果转化能力和其他创新型城市或国家存在较大的差距。创新型城市如果想持续保持创新能力，必须保持创新创业活力，其中科技成果转化能力是创新创业活力最好的体现。

根据国际创新型城市或国家的特征和发展模式经验，在雄安新区创新型城市建设中，政府应在产业发展需求基础上，从促进产学研间形成需求导向的良好合作、建立科技成果转化平台、科技成果转化过程人才配套、技术生产工艺和设备配套等方面对科技成果研发阶段和科技成果转化阶段进行政策和资金支持。在科技成果研发阶段需要解决的主要问题是研发成果和市场需求匹配的问题。这需要从两方面进行：一是促进高等学校和科研机构在科技成果研发阶段与企业建立以需求为导向的合作，建立科技成果转化过程中企业和技术提供者的双主体地位；二是完善科技成果转化评价体系，引导高等学校和科研机构的科技工作者参与科技成果转化过程。在科技成果转化阶段需要解决的主要问题就是科技成果转化过程中企业缺少资金、人员、设备支撑的问题。这需要从三方面进行：一是政府资助建立各种形式的科技成果转化平台；二是在人才培养和引进过程中注重对科技成果转化所需技术人员、生产工艺人员、产品设计人员的培养和引进，而不是只注重研发人员的培养和引进；三是根据雄安新区产业发展对技术的需求，重视在科技成果转化过程中生产工艺和设备配套的问题，一项技术在转化成产品的过程中，需要生产工艺和设备的支撑，这也是限制科技成果转化的最主要问题。

参考文献

〔英〕查尔斯·兰德利：《创意城市：如何打造都市创意生活圈》，杨幼兰译，清华大学出版社，2010。

杨冬梅、赵黎明、闫凌州：《创新型城市：概念模型与发展模式》，《科学学与科学技术管理》2006 年第 8 期。

金吾伦、李敬德、颜振军：《北京如何率先成为创新型城市》，《前线》2006 年第 2 期。

刘力:《美国产学研合作模式及成功经验》,《教育发展研究》2006 年第 7 期。

张倩红、刘洪洁:《国家创新体系:以色列经验及其对中国的启示》,《西亚非洲》2017 年第 3 期。

姜辉:《城市开放度与全球配置创新资源能力的关系——以杭州为例》,《城市发展研究》2019 年第 6 期。

陈志洪、高汝熹、管锡展:《纽约产业结构变动及对上海的启示》,《上海经济研究》2003 年第 10 期。

刘彦平主编《四大湾区影响力报告(2018):纽约·旧金山·东京·粤港澳》,中国社会科学出版社,2018。

欧小军:《世界一流大湾区高水平大学集群发展研究——以纽约、旧金山、东京三大湾区为例》,《四川理工学院学报》(社会科学版) 2018 年第 3 期。

刘刚、张再生、吴绍玉:《创新生态系统的生成机理与运行模式研究——基于美国硅谷和天津高新区的对比分析》,《科学管理研究》2017 年第 6 期。

冯敏红:《基于美国科研创新曼哈顿模式与硅谷模式经验研究》,《科学管理研究》2017 年第 2 期。

张秀娥、祁伟宏、方卓:《美国硅谷创业生态系统环境研究》,《科技进步与对策》2016 年第 18 期。

盛垒、洪娜、黄亮、张虹:《从资本驱动到创新驱动——纽约全球科创中心的崛起及对上海的启示》,《城市发展研究》2015 年第 10 期。

苏洋、赵文华:《我国研究型大学如何服务全球科技创新中心建设——基于纽约市三所研究型大学的经验》,《教育发展研究》2015 年第 17 期。

陈强、刘笑:《城市三螺旋创新体系测度——基于上海和东京的对比研究》,《中国科技论坛》2015 年第 9 期。

董泽芳、袁川:《国外高校成功培养创新型人才的经验与启示——以哈佛大学、牛津大学和东京大学为例》,《现代大学教育》2014 年第 4 期。

陈艾华、邹晓东:《日本研究型大学提升跨学科科研生产力的实践创新——以东京大学 GSFS 为例》,《高等工程教育研究》2012 年第 5 期。

左学金、王红霞:《大都市创新与人口发展的国际比较——以纽约、东京、伦敦、上海为案例的研究》,《社会科学》2009 年第 2 期。

王志平:《纽约州政府科技政策的体系与经验》,《科学学与科学技术管理》2005 年第 6 期。

梅长春、丛继坤、金善女:《京津冀创新合作特征及效率研究——基于专利及论文数据的分析》,《河北工业大学学报》(社会科学版) 2019 年第 2 期。

张贵、刘雪晴、李佳钰:《以京津雄创新三角区领航京津冀世界级城市群建设》,《中共天津市委党校学报》2019 年第 1 期。

孙丽文、郭竞:《区域创新平台运行效率评价研究——以河北省为例》,《河北工业大学学报》2018 年第 3 期。

Peter Hall, *Cities in Civilization*, Harper Collins Press, 1998.

James Simmie, *Innovative Cities*, Spon Press, 2001.

Carl J. Dahlman, Jean-Eric Aubert, *China and the Knowledge Economy*: *Seizing the 21st Century*, World Bank Publications, 2001.

雄安新区创新驱动的原动力探索

——基于深圳经济特区的经验借鉴

王宏　张贵　李佳钰　张东旭*

摘　要：　本报告首先分析雄安新区创新驱动遇到的难题，并对深圳经济特区创新驱动的现状进行了分析；其次，从科学技术、创新人才、创新企业、创新平台、金融资本、创新文化和创新政策七个角度出发，构建城市创新动力系统；再次，基于系统动力学原理，运用 Vensim 软件，对深圳经济特区创新动力系统进行建模和仿真，并对仿真模拟结果进行分析；又次，基于以上分析，从构建城市创新生态系统的目标指向出发，总结深圳经济特区创新驱动发展的经验启示；最后，从构建创新生态系统、汇聚高端创新主体、集聚优质创新要素、打造创新服务体系四个方面，提出增强雄安新区创新动力的对策思路。

关键词：　雄安新区　创新驱动　创新生态系统　城市创新动力系统

2019 年，雄安新区的规划编制工作初步完成，已经进入大规模的实质

---

* 王宏，河北工业大学经济管理学院博士研究生；张贵，河北工业大学教授、博士生导师，京津冀发展研究中心执行主任，研究方向为京津冀区域经济、创新生态、战略性新兴产业；李佳钰，河北工业大学经济管理学院博士研究生；张东旭，河北工业大学经济管理学院硕士研究生。

性开工建设阶段。在建设雄安新区的过程中，努力把雄安新区建成创新驱动发展引领区，首先，可以探索创新驱动发展的路径与模式，辐射带动周边相关区域创新发展，为其他区域发展提供示范，符合党中央对雄安新区的战略定位。其次，创新是雄安新区快速发展的第一动力，坚持创新驱动是雄安新区建设发展的必然选择。最后，把雄安新区建设成创新驱动发展引领区，是建设京津雄世界级城市群的重要举措。

一　雄安新区创新驱动遇到的难题

设立雄安新区是千年大计，其创新驱动也是一项历史性工程。成立两年以来，雄安新区取得了重大发展，发生了巨大变化，同时雄安新区在创新驱动发展的过程中，也遇到了一些难题。

（一）设立时间短，创新要素仍未大规模迁入

雄安新区设立时间较短，由于雄安新区在设立初期将规划工作摆在首位，所以设立至今两年多的时间内，创新要素仍未大规模迁入，导致雄安新区的创新人才、创新型企业、高校、科研经费等创新要素供给不足。虽然河北将筹建雄安大学，同时，多所高校也已对接雄安新区，将在雄安新区建立分校，但是雄安新区仍没有一所已建成的高校。众多已经入驻雄安新区的企业和科研院所并未成为活力十足的创新主体，科技创新经费投入不足，科技人员基数小，高端科技创新人才缺乏，众多创新要素供给不足，以致未能形成以创新驱动雄安新区发展的局面。

（二）城建刚启动，创新环境离优秀差距大

雄安新区在进行了两年多的规划工作之后，城市建设刚开始启动，这就导致其创新驱动发展所需的环境不佳，与优秀的创新环境相比差距较大。雄安新区创新驱动发展所需的环境不佳表现在两方面。一方面，雄安新区创新驱动发展所需要的基础设施、产业生产配套能力、生活服务设施等硬性环境

仍在建设中，建成还需一定的时间；另一方面，雄安新区创新驱动发展所需要的创新体制、创新政策、创新文化等软性环境也不是一下子能够形成的，需要一个由少到多、从量变到质变的过程，初期会面临很多困难和挑战。

（三）资源禀赋差，缺乏创新驱动发展所需的基础

雄安新区当前的资源禀赋较差，缺乏创新驱动发展所需的基础，与深圳经济特区等具有良好基础的国家级新区相比，差距较大。2017年雄安新区的GDP仅有189亿元，相当于深圳经济特区同年GDP（22438亿元）的0.8%（见表1），人均GDP仅为全国平均水平的29%，缺乏创新驱动发展的经济基础。雄安新区当前的产业是以服装、塑料制品、食品加工、箱包等低层次的第二产业为主，产业结构层次较低，缺乏创新驱动发展的产业基础。

表1　2017年雄安新区与深圳经济特区数据对比

新区	面积(平方千米)	人口(万人)	GDP(亿元)	GDP占所在省区市比例(%)
雄安新区	2000(远期控制面积)	111	189	0.6
深圳经济特区	1991.64	1253	22438	25.0

资料来源：《2018年河北经济年鉴》《2018年深圳统计年鉴》等公开资料。

二　深圳经济特区创新驱动发展现状分析

深圳经济特区是我国创新驱动发展的排头兵，被称为"中国硅谷"，以"深圳速度"和"深圳质量"闻名全球，在创新驱动发展方面形成了独具特色的"深圳模式"，近年来取得了突出成果。2018年深圳经济特区高新技术产业产值达到2.3万亿元，同比增长12%，高新技术产业增加值达到7000亿元，同比增长13%。2018年深圳新增国家高新技术企业3200余家，累计达1.44万家，总量超过广州、上海，仅次于北京，在全国排第二位。同时，深圳高新区综合实力排名跃居全国第二位。

（一）创新驱动发展态势良好

近年来，深圳经济特区在战略性新兴产业新建了多家重点实验室、工程技术中心、公共技术平台等创新平台，实施了多个重大技术攻关项目，大力发挥战略性新兴产业的带动作用，提升了深圳市的技术创新能力。以华为和中兴为主的第5代移动通信技术在全球居于领先地位，即时通信公司腾讯已经迈入全球互联网企业三甲行列，一系列科研成果表明，深圳市的科技创新研发水平已处于世界前列。

专利申请授权情况位居国内领先地位。2017年深圳经济特区专利申请总量达177103件，专利授权总量达94250件，其中被授权的发明专利达1.8万件，平均每天产生52件发明专利，PCT国际专利申请量达20457件，保持全国领先水平，实现"十五连冠"，深圳有效发明专利5年以上维持率达85%，高于北京、上海、广州等大中城市，创新能力遥遥领先（见图1）。

创新载体建设效果显著。截至2019年5月，深圳市已建成各类创新载体超过2000家，覆盖了国民经济社会发展的主要领域。众多的创新载体为国家各类企事业单位和科研院所提供技术帮助，为深圳经济特区战略性新兴产业发展和关键技术领域的研发活动提供重要的技术支撑。

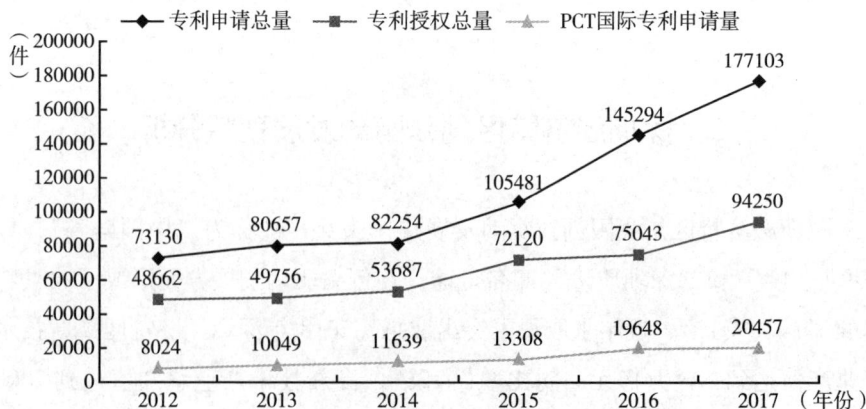

图1　深圳市2012～2017年专利申请授权情况

资料来源：《2018年深圳统计年鉴》。

（二）创新体制改革成效显著

以高新技术企业为主体的技术创新体系完善。2018 年深圳经济特区已获认定的国家高新技术企业超过 3200 家，资助企业类省重点实验室建设项目6 个，充分发挥企业内设重点实验室的纽带作用，对产业发展的支撑能力增强，企业广泛参与国家重大科技专项和各级各类科技计划。同时，深圳经济特区规模以上工业企业科技活动发展态势良好（见表2），创新体制改革成效显著。

表 2　深圳经济特区 2009 ~ 2017 年规模以上工业企业科技活动发展情况

年份	2009	2010	2011	2012	2013	2014	2015	2016	2017
有 R&D 活动的企业单位数(个)	1018	798	841	928	1009	1181	1304	2117	3507
有研发机构的企业单位数(个)	630	586	673	482	457	542	830	2147	3562
R&D 经费支出(亿元)	259	314	389	462	533	588	673	760	841
R&D 经费支出占主营业务收入的比重(%)	1.77	1.7	1.93	2.2	2.39	2.45	2.69	2.84	2.73
科技活动人员(万人)	19	25	24	28	27	29	29	35	41
R&D 人员折合全时当量(万人年)	11	14	14	18	16	15	15	16	16
新产品开发经费支出(亿元)	294	210	478	508	585	733	872	1090	1340
新产品产值(亿元)	2795	5265	5756	6223	6586	6942	8872	10499	12802

资料来源：《2018 年深圳统计年鉴》。

（三）创新驱动政策环境优异

近年来，深圳市多次召开科技创新类会议，不断贯彻落实国家科技创新会议的精神，出台了多项推动深圳创新驱动的政策文件，从财政金融、人才支撑、创新载体建设、高技术服务等方面，全面加强对创新驱动工作的支持，进一步夯实了创新驱动政策的环境基础。颁布、出台和印发了多项促进创新的政策条例和实施办法，推动科技创新政策和法律保障体系不断完善，促进创新驱动更快更好地发展。

科研机构充满创新活力。各类科研创新主体大力创办科学研究机构，建立了适合科研活动快速发展的体制机制。深圳光启高等理工研究院拥有核心自主知识产权和世界级的创新研发团队，掌握了隐身新材料技术、新型空间技术和无线互联技术，自成立以来累计申请专利超过 4400 件，其中超过 2400 件已获授权；深圳华大基因研究院先后完成了国际人类基因组计划"中国部分"（1%）、国际人类单体型图计划（10%）、抗 SARS 研究、"炎黄一号"等多项具有国际先进水平的科研工作，实现了科研由参与到接轨、由同步到引领的历史性升华，奠定了中国基因组科学在国际上的领先地位。

创新人才引进效果明显。深圳大力依托创新团队，不断集聚海内外创新智力资源。在引进的海外高层次人才团队中，90% 以上的成员具有博士学位，团队学科领域分布广泛，项目切合深圳经济特区的产业发展导向，对深圳市经济社会发展提供了强有力的支撑。

科技计划与经费管理改革成效显著。近几年深圳经济特区继续对科技研发资金计划进行优化，重点向技术研究开发计划、创新环境建设计划倾斜，加大资助比例。通过组织专家评审、现场考察、社会公示等程序，完善政府决策流程。

三　城市创新动力系统的构建

（一）城市创新动力系统的内涵

城市创新动力系统是由所有相互作用和相互依赖的推动城市创新驱动发展的要素所构成的有机组合。城市创新动力系统的基本内涵应包括：第一，城市创新动力系统是一个开放系统，与外界环境存在能量交换；第二，城市创新动力系统的构成包括所有能够推动创新活动的影响要素；第三，城市创新动力的本质是推动某城市内创新知识和创新技术的产生、扩散和应用，创新人才、创新平台、创新所需资金、创新信息的流动始终贯穿其中；第四，城市创新动力系统各要素之间的相互作用关系构成了一个复杂的网络系统。

（二）城市创新动力系统的构成

本报告的动力是指推动城市创新驱动发展系统运行的作用力。依据动力的作用来源划分，可以分为内部动力与外部动力。

城市创新动力系统必然会受到内部创新主体变量和外部环境变量双重因素的影响，即城市创新动力系统会受到内部动力和外部动力双重作用的影响。一个良好的城市创新动力系统是在一定的前提条件下，由内部动力与外部动力协同作用耦合的结果。

学术界已有的城市创新动力理论已经包含了很多城市创新动力系统内外部的动力因素，然而城市创新驱动是一个复杂的过程，推动城市创新的动力因素及其之间的相互作用关系纷繁复杂。图2归纳概括了构成城市创新动力系统的因素，需要注意的是，这些只是相对显著的因素，并不是完备的。

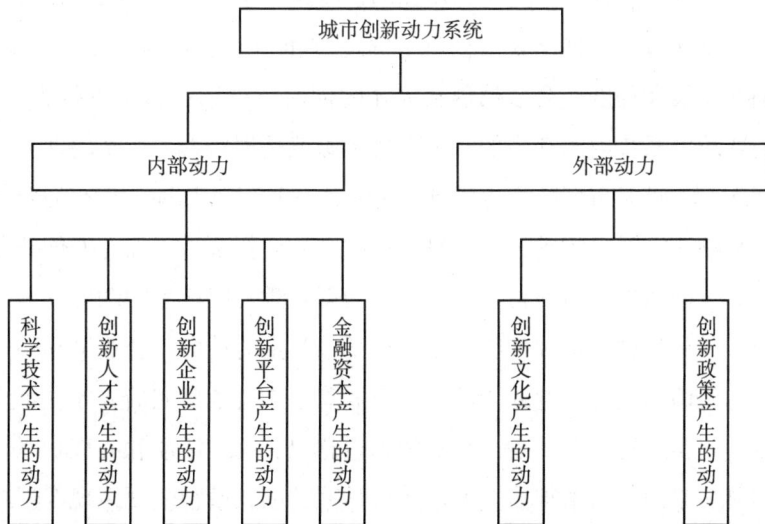

图2　城市创新动力系统的构成因素

1. 内部动力

推动城市创新驱动发展的内部动力有很多，本报告认为主要包含科学技术产生的动力、创新人才产生的动力、创新企业产生的动力、创新平台产生的动力和金融资本产生的动力，它们对城市创新动力系统的生成起决定性作用。

（1）科学技术产生的动力

科学技术是引领城市创新驱动发展的第一要素和第一动力。当前，全球新一轮科技革命正在兴起和发展，将深刻改变城市创新驱动发展的方式。加强科学技术的发展，将不断推动城市创新，使科学技术发展成为城市发展进步的重要途径。大力研发关于城市发展的关键科学技术，突破城市创新驱动所需的"卡脖子"核心技术，解决基础前沿和成果应用两个科学技术问题，通过科学技术和其他要素的高效配置实现科技成果转化，把科技成果的效用体现在城市发展的各个方面，增强科学技术发展对城市创新驱动的推动力。

（2）创新人才产生的动力

在城市创新发展的过程中，创新人才的重要性愈发显著。信息技术的不断发展，导致信息传播、处理和反馈的速度越来越快，创新人才作为处理信息的最重要环节，在推动城市创新中的地位和作用越来越重要。总体而言，城市创新在很大程度上会依赖创新人才的创新精神和创新决策行为。因此，城市创新动力系统内部动力的一个重要来源就是创新人才产生的动力。

创新人才对城市创新产生的推动力主要包括以下几种：具有创新精神的企业家和科学家产生的动力、科研人员和企业创新型员工拥有的创新倾向产生的动力、创新人才为获得物质利益类的创新激励所产生的动力。

第一，具有创新精神的企业家和科学家产生的动力。企业家和科学家是指受过专门训练且有专业才干的从事企业管理或科学研究的人才。企业家和科学家在创新活动中会体现出自身的思想意识、思维活动和心理状态，即企业家和科学家的创新精神。企业家和科学家的创新精神主要体现在创新创业意识、实干奉献意识、把握机遇意识、社会责任意识等方面。通常，企业家和科学家的创新精神越强烈，其创新欲望和创新意识就越强烈，越倾向于从事创新活动，对城市创新产生的动力就越强。反之，其对城市创新产生的动力就越弱。

第二，科研人员和企业创新型员工拥有的创新倾向产生的动力。科研人员和企业创新型员工通常具有合作创新、开拓探索、奋进拼搏、锲而不舍等优良素质，同时也有较强的学习能力、技术分析能力、设计制作能力、信息收集能力、深刻的洞察力和丰富的想象力等，他们所拥有的这些素质和能力会使其产生强烈的创新倾向。通常，科研人员和企业创新型员工拥有的创新素质和能力越强，其产生的创新倾向就越强，那么他们从事创新活动的意愿就越强烈，其对城市创新产生的动力就越强。反之，他们对城市创新活动产生的动力就越弱。

第三，创新人才为获得物质利益类的激励所产生的动力。对物质利益的追求，是创新人才发展科学技术、进行创新活动的直接动力。创新人才在创新活动中付出了艰辛的努力，追求并获得物质利益方面的激励也是合理的。通常，城市在创新激励方面的物质利益越丰厚，创新人员从事创新活动的意愿就越强烈，其对城市创新所产生的动力就越强。反之，他们对城市创新活动产生的动力就越弱。

（3）创新企业产生的动力

创新企业对城市创新具有强大的推动力，其中具有竞争优势转型能力的创新企业（常常表现为具有核心地位的平台型企业、创新型企业、"独角兽"企业等）的创新活动对城市创新起到了决定性的带动作用，能够推动城市创新。创新企业的创新活动对城市创新的推动力主要包括：创新企业的创新投入所产生的动力、创新企业的创新产出所产生的动力、创新企业的创新管理所产生的动力、创新企业的 R&D 能力所产生的动力等。

第一，创新企业的创新投入所产生的动力。创新企业的创新投入是指创新企业为促进创新活动的顺利开展所投入的创新资源，是创新企业开展创新活动的基础。创新企业的创新投入主要包括人力、物力和财力三方面的投入。人力投入通常是指企业在创新人才方面的投入，物力投入通常指创新企业拥有的先进设备和器材等，财力投入是指创新企业为了推动创新所投入的资金等，这三方面的投入都会促进创新企业创新活动的顺利开展。通常，创新企业的创新投入越大，其对城市创新所产生的动力也就越强。

第二，创新企业的创新产出所产生的动力。创新企业的创新产出是指创新企业在进行了创新投入后，所收获的创新最终效果。创新企业的创新产出能力越强，说明创新企业通过开展创新活动所收获的效益越大，因此创新企业进行创新活动的动力也就会越强，最终对城市创新所产生的动力也就越强。反之，对城市创新活动产生的动力就越弱。

第三，创新企业的创新管理所产生的动力。创新企业的创新管理通常包含科研管理、综采现场管理、科技活动管理等，是一个复杂的系统工程。通常，创新企业所采用的管理手段越先进，其创新管理能力越强，那么其创新成功的概率就越高，因此也就会更好地促进创新企业进行创新活动，最终对城市创新所产生的动力也就越强。反之，对城市创新活动产生的动力就越弱。

第四，创新企业的 R&D 能力所产生的动力。创新企业的 R&D 能力包括基础研究、应用研究和开发研究等方面的能力。创新企业只有通过开展 R&D 活动，才能吸收先进的科技成果，进而创造出新工艺和新方法，生产出新产品。创新企业的 R&D 能力越强大，那么其开展创新活动的实力就越强大，其创新成功的概率也就越高，因此也就会更好地促进创新企业进行创新活动，最终对城市创新所产生的动力也就越强。反之，对城市创新活动产生的动力就越弱。

（4）创新平台产生的动力

创新平台是为满足创新活动的需求而组建的研发服务平台，该平台可以提供创新活动所需要的基础设施、创新成果转化的基本条件、知识产权保护等。创新平台可以分为研发平台和服务平台。研发平台是创新活动的基础，主要包括重点实验室、工程技术中心、行业研发中心和企业技术创新中心等。服务平台的主要功能是传播和扩散创新知识与技术，为创新活动提供服务，主要包括孵化器、生产力促进中心、高新科技园区等。

创新平台对城市创新具有很强的推动作用，其通常表现在以下几个方面：第一，加快城市创新资源的整合，创新平台整合和集聚资金、人力、科技成果、设备、知识等创新资源,为创新活动提供必需的物质基础和生长环境,使初创企业的成本大幅降低,提高初创企业的竞争力,加速城市创新发展;第二,有利于人才的孵化,创新平台通过对管理者的管理水平和技术创新人才的创新思维进行培养,提高初创企业的成功率,推动城市创新发展;第三,有利于发挥活动的辐射和引领作用,创新平台集聚着大量的创新企业,这些企业之间联系密切,信息和技术扩散速度快,成熟的技术广泛辐射,能够快速提升企业的创新能力,增强城市创新能力。

通常创新平台的数量越多,创新平台的功能越完善,对城市创新所产生的动力也就越强。反之,对城市创新活动产生的动力就越弱。

(5)金融资本产生的动力

金融资本产生的动力主要是指大力投入金融资本对城市创新所产生的推动力。大力投入金融资本,能够为进行新产品研发生产的企业提供资金,支持企业进行创新,进而提升城市创新水平。金融资本的基本功能就是吸收储蓄,将分散的资金筹集到一起,提供企业创新研发过程中所需的大量资金。通常,投入的金融资本越多,企业的创新活动越活跃,对城市创新所产生的动力也就越强。反之,对城市创新活动产生的动力就越弱。

2.外部动力

推动城市创新驱动发展的外部动力有很多,本报告认为主要包含创新文化产生的动力、创新政策产生的动力等,它们对城市创新动力系统的生成起加速或减速的作用。

(1)创新文化产生的动力

城市创新活动的顺利开展需要良好的创新环境,而创新文化的建设在创新环境的营造中起到了基础性作用。优秀的创新文化,为城市创新的发展提供了沃土。一座城市的创新驱动与其他城市相比取得何种不同的成就,主要取决于城市的文化、精神等动力因素,而这些因素与科学技术水平、科技创新资源等同样重要。城市创新文化通过精神文化、物质文化、行为文化和制度文化这四个方面推动城市创新驱动发展,最终目标是构建运行良好的城市创新生态系统,作用过程如图3所示。

文化要素	影响过程	作用对象	文化载体	最终目标
精神文化 + 物质文化 + 行为文化 + 制度文化	精神思想 ↓ 行为动机 ↓ 行为方式 ↓ 行为结果	城市 ↑ 产业 ↑ 企业	城市精神 ↑ 产业形象 ↑ 企业品牌	城市创新生 态系统运行 良好 ↑ 产业繁荣 ↑ 企业壮大

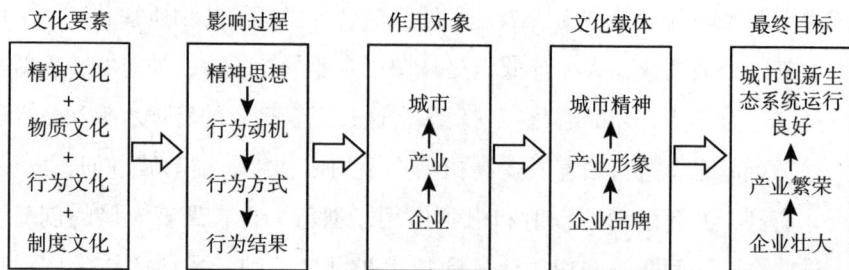

图3　城市创新文化推动城市创新驱动发展的作用过程

第一，精神文化产生的动力。精神文化是指导城市内各主体开展各种活动的行为规范、群体意识和价值观念，是以城市精神为核心的价值体系。当把创新精神融入城市精神文化之后，创新精神就会扎根于每一位市民的心中，会让市民自觉地把城市的前途与自身发展紧密结合起来，激发起全体市民的积极性，使市民的创新行为表现在日常工作生活中的每一处。这种精神文化产生的动力会在很大程度上提升城市创新的整体水平和质量。通常，这种精神文化越强烈，就越会带动城市整体的创新活力，对城市创新所产生的推动力也就越强。反之，对城市创新活动产生的推动力就越弱。

第二，物质文化产生的动力。物质文化表现为内部和外部两种形式。对外是以城市硬件的质量、性能等表现的，对内则是以营造环境、搭建平台等表现的。拥有良好的物质文化，会使城市在竞争中保持领先地位，会为创新人员营造良好的环境，购置先进的仪器设备，创造和谐的创新氛围，还可以用优厚的物质待遇集聚创新人才，使创新人才在优良的环境下创造更多的创新成果。同理，物质文化越优越，对城市创新所产生的推动力也就越强。反之，对城市创新活动产生的推动力就越弱。

第三，行为文化产生的动力。城市的行为文化是指通过日常的一些优秀人物、先进事例的示范作用，影响和带动城市市民的行为。城市的行为文化是城市市民各种行为的行动指南。面对城市之间的竞争，良好的行为文化能够使城市处于最有利的位置，最有效地配置和使用资源，最大限度地调动创新人员的积极性，产生最佳的城市创新效果。同理，行为文化越规范，对城市创新所产生的推动力也就越强。反之，对城市创新活动产生的推动力就越弱。

第四，制度文化产生的动力。制度文化对城市创新的推动作用是重要且直接的。一方面，创新制度是创新文化的一种表现形式，有助于市民更好地理解和遵守各种创新创业方面的规章制度；另一方面，无形的创新文化通过创新制度有形地表现出来，有助于创新文化的推广和普及。因此，健全且良好的创新制度文化产生的动力有助于推动城市创新取得丰硕的创新成果。

（2）创新政策产生的动力

创新政策并不是单一的政策，而是由科技政策、税收政策、经济政策、金融政策、教育政策等各种能够促进创新活动的公共政策组合而成的政策集合，其核心是创新活动，其目的是促进创新活动发展，由政府制定和实施。创新政策会对城市创新活动产生强大的推动作用，通常创新政策越完善，即该政策集合内包含的支持、促进创新活动发展的政策越多，其对城市创新活动产生的推动力越强，城市创新活动就越能够更好更快地开展。

按照各个政策在创新活动中所起的作用，通常将创新政策划分为三类，即创新需求政策、创新供给政策、创新环境政策。因此，可以将创新政策对城市创新活动产生的动力相对应地分为创新需求政策产生的动力、创新供给政策产生的动力、创新环境政策产生的动力。

第一，创新需求政策产生的动力。创新需求政策产生的动力是指政府制定创新需求方面的相关政策，提高城市对创新产品和服务的需求，进而对城市创新活动的发展产生的推动力，主要表现在以下几个方面。其一，政府采购政策产生的动力。政府部门通过制定政策，对创新产品和服务进行大宗采购，拉动对创新产品和服务的需求，可以减少创新产品和服务在初期面临的不确定性。其二，技术市场化政策产生的动力。政府部门通过制定政策，推动创新活动市场化、创新成果产品化，提高创新水平。其三，产业创新政策产生的动力。政府部门通过制定政策，优化产业结构，提高创新水平。其四，知识产权政策产生的动力。政府部门通过制定政策，保护专利权、著作权，鼓励和奖励创新人才，激励知识创新和技术发明，提高创新水平。

第二，创新供给政策产生的动力。创新供给政策产生的动力是指政府通过制定发布相关政策，提供资金、人才、基础设施等，进而对创新活动的顺利开展与持续进行产生的推动力，主要表现在以下几个方面。其一，物质基础政策产生的动力。政府部门通过制定政策，提供创新基础平台、高新技术开发区、重点实验室等创新活动所需要的物质基础，促进创新活动的开展。其二，人才开发政策产生的动力。政府部门根据创新活动和相关产业发展的需求，制定人才培训、人才激励等人才开发政策，推动创新活动的顺利开展。其三，财政支持政策产生的动力。政府部门通过制定政策，对创新活动提供财政支持，解决创新活动所需的经费和资金问题，推动创新活动顺利开展。

第三，创新环境政策产生的动力。创新环境政策产生的动力是指政府部门通过制定创新环境方面的相关政策，为创新活动创造良好的运行条件和环境，进而对创新活动的进行产生持续的推动作用，主要表现在以下几个方面。其一，税收优惠政策产生的动力。政府部门通过制定政策，为创新主体提供税收减免、税收抵扣等优惠，推动创新活动的顺利开展。其二，金融扶持政策产生的动力。政府部门制定相关政策，通过融资优惠、风险担保、贷款便利等鼓励和支持创新，推动创新活动的顺利开展。其三，支撑体系政策产生的动力。政府部门通过制定政策，建设基础支撑体系，为创新活动提供支撑，减少信息不对称，更好地推动创新活动的开展。

四 深圳经济特区创新动力系统建模与仿真

由于深圳经济特区是一线城市，因此可以依据已构建的城市创新动力系统来分析研究深圳经济特区创新动力系统。基于系统动力学原理，本报告对深圳经济特区创新动力系统模型进行构建，并通过调整该模型的参数对各子系统的强度进行仿真，并对输出结果进行分析。

（一）深圳经济特区创新动力系统的要素构成分析

深圳经济特区创新动力系统是由若干促进深圳经济特区创新驱动发展的作

用力结合而成的整体。依据城市创新动力系统内外部动力的划分，可以将深圳经济特区创新动力系统分为科学技术产生的动力子系统、创新人才产生的动力子系统、创新企业产生的动力子系统、创新平台产生的动力子系统、金融资本产生的动力子系统、创新文化产生的动力子系统、创新政策产生的动力子系统等。

深圳经济特区创新动力子系统与深圳经济特区创新动力要素的所属关系以及创新动力要素的解释指标如表3所示。

表3　深圳经济特区创新动力子系统和深圳经济特区创新动力要素

深圳经济特区 创新动力子系统	深圳经济特区 创新动力要素	解释指标
科学技术产生的动力子系统	科学技术产品出口量	高新技术产品出口总额(万美元)
	专利申请授权量	专利申请总量(件)
		专利授权总量(件)
		PCT 国际专利申请量(件)
创新人才产生的动力子系统	创新人才数量	R&D 人员(人)
	创新人才工作量	R&D 人员折合全时当量(人年)
创新企业产生的动力子系统	创新企业数量	有 R&D 活动的规模以上工业企业单位数(个)
		有研发机构的规模以上工业企业单位数(个)
	创新企业的创新投入	规模以上工业企业科技经费支出(万元)
	创新企业的创新产出	规模以上工业企业新产品产值(万元)
创新平台产生的动力子系统	创新载体数量	国家级创新载体累计数量(个)
		省级创新载体累计数量(个)
		市级创新载体累计数量(个)
金融资本产生的动力子系统	R&D 经费支出总额	R&D 经费支出总额(万元)
创新文化产生的动力子系统	文化多元化水平	人口迁移数量(万人)
	城市文化设施数量	博物馆、纪念馆数量(座)
		公共图书馆(座)
	企业家精神	私营企业比重(%)
创新政策产生的动力子系统	创新政策强度	由专家打分,通过政策赋值量化法计算得出(%)
	创新政策协同度	由专家打分,通过政策赋值量化法计算得出(%)
	创新政策完善度	由专家打分,通过政策赋值量化法计算得出(%)

（二）深圳经济特区创新动力系统的系统动力学模型构建

基于系统动力学原理构建深圳经济特区创新动力系统模型的基本思想，是通过构建深圳经济特区创新动力系统中各要素之间的因果关系和系统动态流图，来构建深圳经济特区创新动力系统动力学模型。

本报告基于系统动力学原理构建深圳经济特区创新动力系统模型，该过程可以分为以下三个步骤：第一，依据深圳经济特区创新动力系统中各要素之间的因果关系，绘制因果关系图；第二，绘制系统动态流图；第三，编写公式，用方程表示模型，并对模型进行调试，使系统运行良好。

1. 因果关系分析

本报告基于城市创新动力系统的演化规律，结合深圳经济特区创新动力系统的构成，建立了要素间的因果关联，构建出深圳经济特区创新动力系统的因果关系图，所包含的因果回路如图4所示。

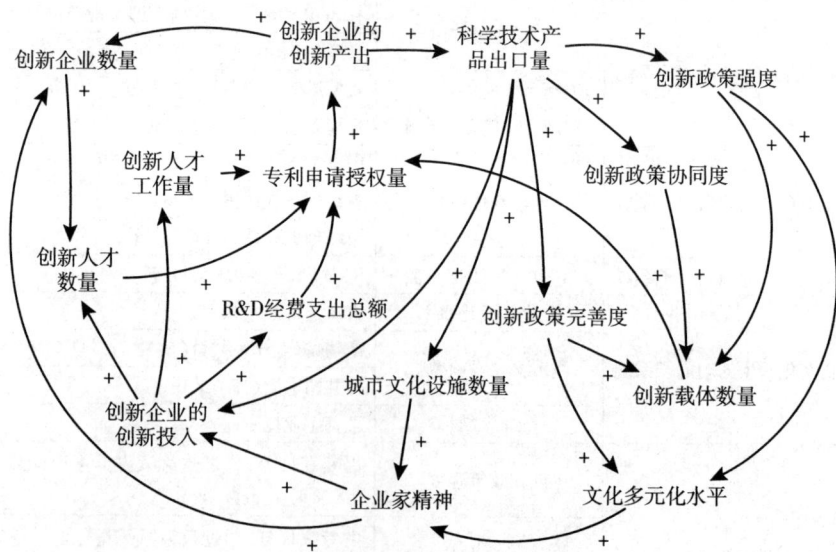

图4　深圳经济特区创新动力系统的因果关系

2. 流图分析

依据深圳经济特区创新动力系统的因果关系图构建深圳经济特区创新动力系统动态流图，如图 5 所示。

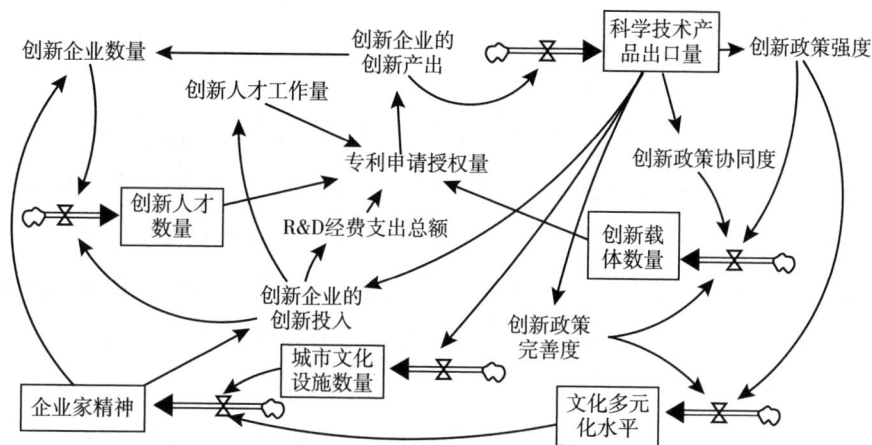

图 5　深圳经济特区创新动力系统动态

3. 方程模型

在本报告的建模计算过程中，所采用的数据来自《2018 年深圳统计年鉴》等公开资料。其中，深圳经济特区创新政策强度、创新政策协同度和创新政策完善度的数据，由本报告邀请深圳经济特区及京津冀协同发展研究相关专家进行打分，通过政策赋值量化法计算得出（满分为 5 分）。

依据水平变量和速率变量的判断标准，当深圳经济特区创新动力系统完全静止时，即整个深圳经济特区的创新动力为零时，依然能够被观测到的变量为水平变量，包括科学技术产品出口量、专利申请授权量、创新人才数量、创新载体数量、文化多元化水平、城市文化设施数量、企业家精神。

深圳经济特区创新动力系统模型的辅助变量为创新人才工作量、创新企业数量、创新企业的创新投入、创新企业的创新产出、R&D 经费支出总额、创新政策完善度、创新政策强度、创新政策协同度。

此次实证研究模型主要涉及的公式如下。

（1）Initial Time＝2010（表示模型的初始年份为2010年）

（2）Final Time＝2017（表示模型的结束年份为2017年）

（3）科学技术产品出口量＝INTEG（科学技术产品出口量的增加值，10872668）

（4）科学技术产品出口量的增加值＝10872668×［（创新企业的创新产出－52649725）/创新企业的创新产出］

（5）专利申请授权量＝INTEG（专利申请授权量的增加值，89965）

（6）专利申请授权量的增加值＝｛89965×［（创新人才工作量－157429）/创新人才工作量］｝＋｛89965×［（创新人才数量－177756）/创新人才数量］×0.5｝＋｛89965×［（创新载体数量－419）/创新载体数量］｝＋｛89965×［（R&D经费支出总额－3333102）/R&D经费支出总额］×0.19｝

（7）创新载体数量＝INTEG（创新载体数量的增加值，419）

（8）创新载体数量的增加值＝｛419×［（创新政策强度－0.74）/创新政策强度］｝＋｛419×［（创新政策协同度－0.82）/创新政策协同度］｝＋｛419×［（创新政策完善度－0.78）/创新政策完善度］｝

（9）文化多元化水平＝INTEG（文化多元化水平的增加值，42.19）

（10）文化多元化水平的增加值＝｛42.19×［（创新政策强度－0.74）/创新政策强度］｝＋｛42.19×［（创新政策完善度－0.78）/创新政策完善度］｝

（11）城市文化设施数量＝INTEG（城市文化设施数量的增加值，668）

（12）城市文化设施数量的增加值＝668×［（科学技术产品出口量－10872668）/科学技术产品出口量］

（13）企业家精神＝INTEG（企业家精神的增加值，0.86）

（14）企业家精神的增加值＝｛0.01×［（城市文化设施数量－668）/城市文化设施数量］｝＋｛0.01×［（文化多元化水平－42.19）/文化多元化水平］｝

（15）创新人才数量＝INTEG（创新人才数量的增加值，177760）

（16）创新人才数量的增加值 = ｛177760 × ［（创新企业数量 − 1384）／创新企业数量］× 0.2｝ + ｛177760 × ［（创新企业的创新投入 − 4849681）／创新企业的创新投入］× 0.3｝

（17）创新人才工作量 = 157429 + ｛157429 × ［（创新企业的创新投入 − 4849681）／创新企业的创新投入］｝

（18）创新企业数量 = 1384 + ｛1384 × ［（企业家精神 − 0.86）／企业家精神］｝ + ｛1384 × ［（创新企业的创新产出 − 52649725）／创新企业的创新产出］｝

（19）创新企业的创新投入 = 4849681 + ｛4849681 × ［（企业家精神 − 0.86）／企业家精神］｝ + ｛4849681 × ［（科学技术产品出口量 − 10872668）／科学技术产品出口量］｝

（20）创新企业的创新产出 = 52649725 + ｛52649725 × ［（专利申请授权量 − 89965）／专利申请授权量］｝

（21）R&D 经费支出总额 = 3333102 + ［（3333102／4849681）×创新企业的创新投入］

（22）创新政策完善度 = 0.78 + ｛0.78 × ［（科学技术产品出口量 − 10872668）／科学技术产品出口量］× 0.1｝

（23）创新政策强度 = 0.74 + ｛0.74 × ［（科学技术产品出口量 − 10872668）／科学技术产品出口量］× 0.1｝

（24）创新政策协同度 = 0.82 + ｛0.82 × ［（科学技术产品出口量 − 10872668）／科学技术产品出口量］× 0.1｝

（三）深圳经济特区创新动力系统仿真模拟及结果分析

基于系统动力学原理，本报告对深圳经济特区创新动力系统进行仿真，并对仿真结果进行分析。

1. 仿真模型的检验

本报告所建立的深圳经济特区创新动力系统的系统动力学模型用于研究深圳经济特区创新驱动状况，所以本报告选取专利申请授权量来对该模型进行检验，表4反映了专利申请授权量的仿真模拟输出值和真实值之间的差别。

表4 仿真模型拟合专利申请授权量的误差

单位：万个

年份	真实值	拟合值	误差
2010	9.00	9.00	0.00
2011	11.08	9.85	-1.23
2012	12.98	10.71	-2.28
2013	14.05	12.24	-1.81
2014	14.76	14.79	0.03
2015	19.09	18.62	-0.47
2016	24.00	23.84	-0.16
2017	29.18	30.41	1.22

从表4可以得出，深圳经济特区专利申请授权量的误差最大为2.28，这说明本报告所建立的深圳经济特区创新动力系统的系统动力学模型能够客观地反映深圳经济特区2010～2017年的创新驱动情况。

2.仿真实证模拟及结果分析

本报告选取深圳经济特区七个创新动力子系统，通过调整系数进行仿真实证模拟，分别将科学技术、创新人才、创新企业、创新平台、金融资本、创新文化和创新政策的强度增加10%，并计算输出变量的结果，依次讨论其对深圳经济特区创新动力系统的影响。

（1）科学技术的强度

科学技术是深圳经济特区创新动力系统的重要动力，因此研究科学技术强度的增加对深圳经济特区创新动力系统的影响具有重要意义。假设科学技术强度增加10%，即科学技术产品出口量和专利申请授权量分别增加10%，通过系统仿真，输出结果后，发现：当科学技术强度加大时，会增加创新人才数量、创新企业数量和创新载体数量，进而增强深圳经济特区创新驱动发展的动力；2012～2017年，创新人才数量的增加值、创新载体数量的增加值均呈现越来越大的趋势；2013～2017年，创新企业数量的增加值保持稳定。

（2）创新人才的强度

创新人才是深圳经济特区创新动力系统的主要参与者，研究创新人才强度的增加对深圳经济特区创新动力系统的影响情况具有重要意义。假设创新人才强度增加 10%，即创新人才数量和创新人才工作量分别增加 10%，通过系统仿真，输出结果后，发现：当创新人才强度加大时，会增加专利申请授权量、创新载体数量和科学技术产品出口量，进而增强深圳经济特区创新驱动发展的动力；2010～2017 年，专利申请授权量、创新载体数量和科学技术产品出口量的增加值呈现越来越大的趋势。

（3）创新企业的强度

创新企业是深圳经济特区创新动力系统的重要组成部分，研究创新企业强度的增加对深圳经济特区创新动力系统的影响情况具有重要意义。假设创新企业强度增加 10%，即创新企业数量和创新企业的创新投入分别增加 10%，通过系统仿真，输出结果后，发现：当创新企业强度加大时，会增加科学技术产品出口量、创新人才数量和 R&D 经费支出总额，进而增强深圳经济特区创新驱动发展的动力；2010～2017 年，科学技术产品出口量、创新人才数量和 R&D 经费支出总额均呈现持续增长的趋势，其中，科学技术产品出口量和创新人才数量的增幅逐渐扩大，而 R&D 经费支出总额的增幅保持稳定。

（4）创新平台的强度

创新平台是深圳经济特区创新动力系统进行科技创新的重要载体，研究创新平台强度的增加对深圳经济特区创新动力系统的影响情况具有重要意义。假设创新平台强度增加 10%，即创新载体数量增加 10%，通过系统仿真，输出结果后，发现：当创新平台强度加大时，会增加专利申请授权量，进而增强深圳经济特区创新驱动发展的动力；2014～2017 年，专利申请授权量的增幅较明显。

（5）金融资本的强度

金融资本是深圳经济特区创新动力系统运行所需的要素，研究金融资本强度的增加对深圳经济特区创新动力系统的影响情况具有重要意义。假设金融资本强度增加 10%，即 R&D 经费支出总额增加 10%，通过系统仿真，输出结果后，发现：当金融资本强度加大时，会增加专利申请授权量、创新企业的创新产出、创新企业数量和创新人才数量，进而增强深圳经济特区创新驱动发展的动力；2010～2013 年，专利申请授权量、创新企业的创新产出、创新企业数量和创新人才数量的增幅均呈现逐渐扩大的趋势；2014～2017年，专利申请授权量、创新企业的创新产出、创新企业数量和创新人才数量的增幅保持稳定。

（6）创新文化的强度

创新文化为深圳经济特区创新驱动发展营造良好的文化氛围，研究创新文化强度的增加对深圳经济特区创新动力系统的影响情况具有重要意义。假设创新文化强度增加10%，即文化多元化水平、城市文化设施数量和企业家精神分别增加10%，通过系统仿真，输出结果后，发现：当创新文化强度加大时，会增加创新企业数量和创新企业的创新投入，进而增强深圳经济特区创新驱动发展的动力；2015～2017年，创新企业数量和创新企业的创新投入增长幅度较明显，且呈现越来越大的趋势。

（7）创新政策的总强度

创新政策是政府为推动深圳经济特区创新驱动发展所制定和颁布的各项政策，研究创新政策总强度的增加对深圳经济特区创新动力系统的影响情况具有重要意义。假设创新政策总强度增加10%，即创新政策强度、创新政策协同度和创新政策完善度分别增加10%，通过系统仿真，输出结果后，发现：当创新政策总强度加大时，会增加文化多元化水平、创新载体数量、专利申请授权量、企业家精神和创新企业的创新产出，进而增强深圳经济特区创新驱动发展的动力；2010～2017年，文化多元化水平、创新载体数量、专利申请授权量、企业家精神和创新企业的创新产出的增加值均呈现越来越大的趋势。

五 深圳经济特区创新驱动的经验启示

深圳经济特区创新驱动发展态势良好，带动经济强劲增长，近几年其GDP已经超过了广州和香港，位居全国第三位。深圳经济特区创新驱动发展所取得的优异成绩，得益于深圳经济特区在创新驱动发展过程中已经形成的良好的城市创新生态系统。

深圳经济特区的城市创新生态系统是深圳坚持创新驱动发展战略的硕果，良好的城市创新生态系统对深圳创新驱动发展具有重大的推动作用，主要体现在以下两个方面。一方面，城市创新生态系统的循环效应推动创新驱动发展，创新驱动推动深圳经济发展，经济发展有助于提供更好的环境，进而吸引更多科技创新人员和金融资本进入深圳，集聚更多优良的创新资源，促进创新生态系统的发展，最终促进创新驱动发展，构成一个良性循环发展的系统。另一方面，在城市创新生态系统中，以创新驱动发展的各个参与者并不是独立存在的，而是与周围的环境相互影响、相互作用，形成叠加组合的系统，城市创新生态系统内部存在科学技术、金融资本、创新平台、创新文化、创新人才、创新企业等的交流和转化，如图6所示。深圳经济特区的经验对雄安新区创新驱动发展，建成雄安新区创新生态系统具有重要启示。

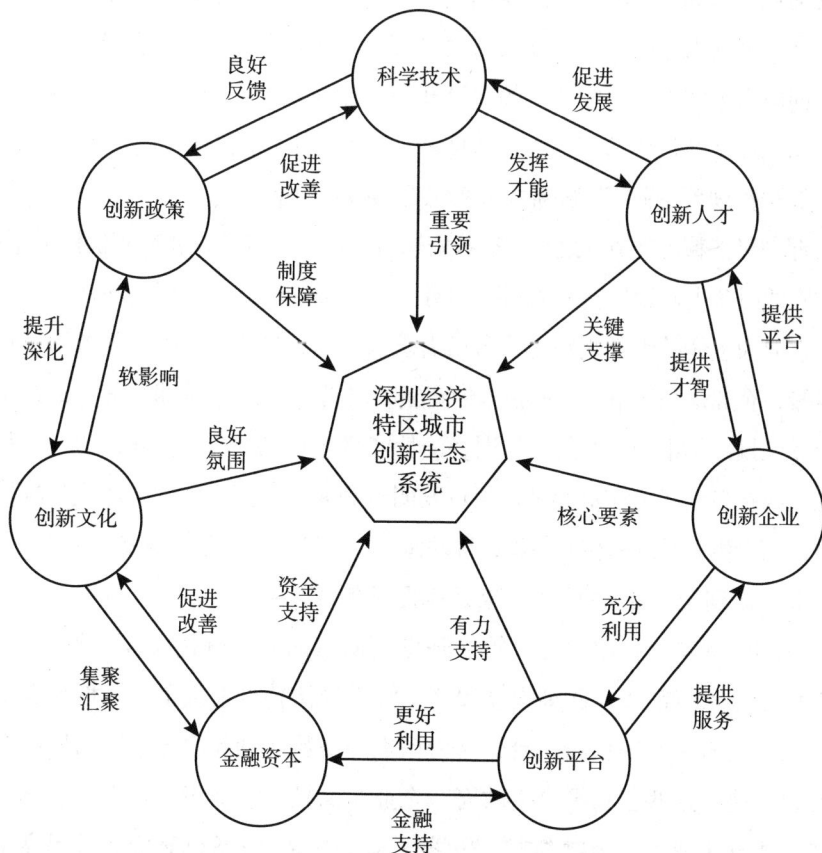

图6 深圳经济特区城市创新生态系统

1. 发展科学技术，为创新生态系统提供重要引领

深圳经济特区在建设创新型城市的过程中，始终坚持发展科学技术，引领创新生态系统发展。近年来，中共深圳市委、深圳市人民政府制定并发布了一系列文件，选择若干未来技术领域先行布局，以更大力度突破科学技术的限制，推动科学技术进步，促进科学技术发展，培育新产业，为深圳市创新生态系统的发展提供强大动力，引领创新生态系统的发展。

2. 集聚创新人才，为创新生态系统提供关键支撑

深圳经济特区以高层次创新人才队伍建设为抓手，大力集聚各类创新人才，推进深圳经济特区创新驱动发展工作的进行，为深圳经济特区创新生态系统提供了关键的支撑作用。近年来，深圳市人民政府先后出台了一系列引进高层次创新人才的政策，投入了大量资金，集聚了一大批高层次创新人才。这些创新人才掌握了科学技术的前沿知识，能够快速进行新产品研发和生产，增加深圳经济特区创新产出，大力推动了深圳经济特区创新生态系统的建设。

3. 培育创新企业，为创新生态系统提供核心要素

深圳经济特区在成立之初，科教资源匮乏，无法以高校和科研机构为主体，以政府的财政支持为经费开展科学研究，推进创新驱动。深圳经济特区选择的是以企业为主体的创新之路，以市场需求为导向，将研发、生产与市场进行有效对接，企业采用的是"反向技术创新驱动模式"，从市场需求出发，最终生产的产品又投向了市场。目前，深圳经济特区90%的科研人员、科研机构、科研投入、科技专利产出和重大科技项目发明专利来自企业。创新企业成为深圳经济特区创新生态系统的核心要素，推动深圳经济特区创新驱动发展。

4. 建设创新平台，为创新生态系统提供有力支持

深圳经济特区自成立起，始终坚持面向国内外引进优质高等教育资源，一大批国家重点高校在深圳设立校区。深圳经济特区建设了一大批重点实验室、工程技术中心等创新平台，这为深圳经济特区创新生态系统的发展提供了有力支持。这些创新平台由政府、企业、高校、行业组织等多元主体投入打造，能够快速整合金融资本、科学技术、创新人才等创新资源，提高了初创型创新企业管理者的管理水平，所研发的产业共性与关键性技术有效地提

高了深圳经济特区的创新能力，提高了创新企业的竞争力，为深圳经济特区创新驱动发展提供了重要的服务支持功能。

5. 加大金融投资，为创新生态系统提供资金支持

近年来，深圳发布了一系列文件，推动金融资本加大力度建设深圳经济特区创新生态系统。大力投入金融资本，能够为进行新产品研发生产的企业提供资金，支持企业进行创新，提升深圳经济特区创新水平。此外，风险投资是加快创新驱动发展的助推器，近几年，深圳经济特区相继成立了多个金融机构和组织，搭建起金融资本和科技创新对接的桥梁，促进金融链和创新链的有序融合。

6. 营造创新文化，为创新生态系统提供良好氛围

深圳是一个移民城市，从改革开放前只有3万人的小渔村，到现如今常住人口超过1000万人的大都市，深圳汇聚了富有创新精神、怀揣创业梦想的人。这些占深圳人口95%以上的新移民，来自全国各地，形成了"敢于冒险、追求成功、崇尚创新、宽容失败、兼容并蓄"的创新文化。在该创新文化的熏陶下，深圳人敢于冒险，不断进取，不断努力，为深圳经济特区创新生态系统的建设提供了良好氛围，促进深圳经济特区创新驱动发展。

7. 完善创新政策，为创新生态系统提供制度保障

中共深圳市委、深圳市人民政府所制定发布的创新政策，为深圳经济特区创新生态系统提供了制度保障。第一，深圳市委、深圳市人民政府把创新和产业发展结合在一起，制定了一系列产业振兴发展规划，有效推动了深圳经济特区创新生态系统的建设。第二，深圳经济特区不断加强创新政策的强度、协同度、完善度，将创新政策以制度的形式规定下来，使创新政策制度化、法制化，具有权威性，进而得到更好的执行，为深圳经济特区带来新优势，增强深圳经济特区创新生态系统的竞争力。

六 增强雄安新区创新动力的对策思路

借鉴深圳经济特区创新驱动发展的经验，雄安新区应当构建雄安新区创

新生态系统，汇聚全球高端创新主体，集聚优质创新要素，打造一流的创新服务体系，进而增强雄安新区的创新动力，将雄安新区打造为京津冀协同创新的重要平台，辐射带动河北乃至京津冀整个区域的发展，成为中国由大国迈向强国的重要创新支点。

（一）开放多元，构建城市创新生态系统

雄安新区的创新动力不足，是由雄安新区创新资源缺乏、创新基础薄弱等原因造成的，而要增强雄安新区的创新动力，必须要构建创新生态系统。雄安新区建立适合自身发展的创新生态系统，就是在集中承接北京非首都功能疏解的基础上，培育和发展具有根植性、异质性的创新生态系统。在政府搭平台、建基地、搞服务、做配套、造环境的基础上，在雄安新区内集聚知识、人才、资金、技术等创新要素，培育、引进和发展壮大一批具有竞争优势、转型能力的创新企业，共享创新基础设施，融合创新文化，协调创新制度，按照"创新源、创新组织、创新种群、创新链条、创新网络、创新生态系统"的思路，构建创新生态系统。

同时，在新一轮科技和产业革命浪潮下，雄安新区创新生态系统的构建需要特别关注两个方面。一是构建开放的创新生态系统。随着信息技术的不断发展，交易成本在不断降低，跨区域合作更加便捷，雄安新区创新生态系统面向全国乃至全球开放，知识交互网络能够增强创新主体与更广阔范围内其他主体之间的互动，突破地域限制，模糊地理边界，以无形的知识流动增强雄安新区的创新动力。二是构建多元化治理的创新生态系统。市场治理、政府治理和社会治理共存，形成一种平台式的多元化治理形态，充分发挥政府、企业、社会、文化等资源对雄安新区创新驱动发展的推动作用。

（二）高点定位，汇聚全球高端创新主体

创新主体的品质高低决定了雄安新区创新动力的强弱，而雄安新区被赋予"创新驱动发展引领区"的高点定位，势必要求汇聚全球高端创新主体。由于雄安新区创新驱动的基础薄弱、环境不佳，且创新要素的供给不足，因

此在汇聚全球高端创新主体的过程中，应当注重以互联网为依托的高端高新产业，围绕它们汇聚全球高端创新主体，提高雄安新区创新主体的品质。

雄安新区汇聚全球高端创新主体的思路主要有以下两个方面。一是以新一代信息技术、互联网、人工智能、生物医药、大数据等新经济和新业态为重点，吸引全球相关企业在雄安新区设立分支机构或投资办厂，落户雄安新区。二是加快推进合作大学办学进程，吸引国内外知名大学和科研院所落户雄安新区，同时吸引国内外相关科研机构来雄安新区建立联合研发基地、协同创新中心，最大限度地汇聚国内外的创新主体，推动雄安新区创新驱动发展。

（三）优化机制，吸引集聚优质创新要素

雄安新区应当优化机制，吸引优质人才，汇聚金融资本，有效集聚优质创新要素。雄安新区集聚优质创新要素的思路主要有以下两方面。一是优化人才引进机制，吸引国内外优秀人才，围绕人才落户需求，配套相关政策，加快推进教育、医疗、社会保障等相关政策的配套，留住优质人才。二是强化科技金融发展，汇聚金融资本，形成从科技创新、工厂生产、公司上市全过程的创新融资模式，同时支持各大金融机构在雄安新区开展先借后补、联保联贷等融资服务，推动雄安新区创新驱动发展。

（四）共建共享，打造一流创新服务体系

要构建一流城市创新动力系统，离不开一流创新服务体系的支持。雄安新区应当以共建共享的方式，突破行政边界，联合海内外各创新主体，共建创新生态系统，共享创新红利。雄安新区打造一流创新服务体系的思路有以下三个方面。一是联合全球各地的教育机构，以分校建设、联合办学、合作招生、网络教育等方式，在雄安新区开设高等教育、中等教育、职业教育等。二是从雄安新区对医疗服务的需求出发，联合全球的医疗机构，组建医疗联合体，打造集医疗、养老、护理等为一体的医疗服务承载地。三是推进"放管服"改革，推动政府职能向创新服务转变，科学合理地设置政府管理

机构，形成面向全球的高效率管理部门，利用多种形式提高创新服务能力，提升雄安新区创新效率，增强雄安新区创新动力。

参考文献

张贵：《京津冀协同发展新情况与雄安新区创新驱动发展》，《经济与管理》2017 年第 3 期。

张贵、刘霄：《雄安新区：创新生态系统建设与金融支撑》，《金融理论探索》2017 年第 6 期。

李峰：《雄安新区与京津冀协同创新的路径选择》，《河北大学学报》（哲学社会科学版）2017 年第 6 期。

孙丽文、米慧欣、李少帅：《创新驱动新旧动能转换的作用机制研究》，《河北工业大学学报》（社会科学版）2019 年第 1 期。

武义青、柳天恩、窦丽琛：《建设雄安创新驱动发展引领区的思考》，《经济与管理》2017 年第 3 期。

颜廷标：《努力把雄安新区建成创新驱动发展引领区》，《智库时代》2017 年第 1 期。

刘娟、马学礼：《雄安新区创新驱动发展实现路径研究——创新生态系统视角》，《科技进步与对策》2018 年第 8 期。

汪雁：《创新驱动战略对中国转型发展的影响》，《中共天津市委党校学报》2017 年第 5 期。

孔耀员：《雄安新区经济发展的驱动因素及其变动趋势研究》，《现代商业》2018 年第 25 期。

王丽、毛寿龙：《雄安新区创新型城市建设研究：一个概念分析框架》，《天津行政学院学报》2019 年第 4 期。

B.11

后　记

　　本书是国家社科基金重大项目"雄安新区创新生态系统构建机制与路径研究"（18ZDA044）、2019 年天津市社科规划资金重点委托项目"雄安新区国际一流的创新型城市建设机制与路径研究"（TJKSZDWT1928）的研究成果。

　　本书是继《京津冀经济社会发展报告（2018）——区域治理：京津冀协同发展新征程》后，河北工业大学京津冀发展研究中心的又一标志性成果。张贵教授负责本书的框架设计，王雅洁副教授负责组稿和与出版社联络，李峰副教授、张超副教授、孙丽文教授、齐晓丽副教授、梁林副教授、刘国燕讲师、邢会教授和李媛媛副教授，以及刘霁晴、吕晓静、赵玉帛、王宏、李佳钰、李涛等博士生，李彩月、张硕、刘思思、孙晨晨、武媛媛、张东旭、田一鸣、李海鹏、朱钰、王若冰、张淼等硕士生参与本书的撰写。感谢河北工业大学的双一流建设学科"管理科学与工程"专业对本书的大力支持；感谢社会科学文献出版社经济与管理分社恽薇社长、高雁副社长及其同人为本书出版付出的辛勤劳动。

Abstract

In the report of the 19th National Congress of the Communist Party of China, it was clearly pointed out that "the coordinated development of Beijing-Tianjin-Hebei should be promoted by removing the non-capital functions of Beijing, and the Xiongan New Area should be constructed with high starting point and high standard". *The Outline of the Planning of Xiongan New Area in Hebei Province* and *The Overall Planning of Xiongan New Area in Hebei Province* (2018 - 2035) emphasize the significance of the establishment of Xiongan New Area and its important position as a breakingpoint in promoting the coordinated development of Beijing-Tianjin-Hebei. Xiongan will be built into an international first-class innovative city. What are the innovative elements and dimensions of Xiongan's innovative development strategy? How can we refine the "Xiongan Model" in response to its grand strategic positioning? Based on the reality of the coordinated development of Beijing-Tianjin-Hebei, the report researches on innovation ecosystem, industrial system, human resources, technology finance and so on. It attempts to provide new thoughts and approaches for Xiongan to build an international first-class innovative city. It consists of three parts: the general report, the topical reports and the thematic reports, totaling 10 research reports.

The general report points out that the fundamental driving force for the development of Xiongan New Area is innovation, and the mode is to build an innovative ecosystem with "Xiongan characteristics". Based on the analysis of the theoretical basis, operation mechanism and governance mechanism of the innovation ecosystem of Xiongan New Area, the report proposes the innovation ecosystem 2.0 framework by combining the current situation of innovation ecosystem construction in the Beijing-Tianjin-Hebei Region and Xiongan New Area as well as typical cases of regional innovation ecosystem at home and abroad. Due to the short establishment time of Xiongan New Area, the system construction is still not perfect. In order to effectively form a dynamic evaluation mechanism with the process-oriented construction of innovative ecosystem in Xiongan New Area, 36 innovative cities in China are selected to conduct a comparative analysis of "comprehensive evaluation of innovative ecosystem". Three primary indicators are set up: growth, activity and suitability. The evaluation system of innovative ecological index, which is unified with "development index", "vitality index" and "suitable index", has been compiled. The construction and growth of innovation ecosystem in Xiongan New Area should be evaluated comprehensively. The results feedback, operation mechanism and coordination mechanism are established to better promote the breeding and generation of innovative ecosystem in Xiongan New Area, and to point out the direction for the growth path of innovative ecosystem.

Based on the reality of Beijing-Tianjin-Hebei coordinated development, the topical reports discuss the specific path and suggestions for Xiongan to become international first-class innovative city from the aspects of industry, talent, finance and so on. The main points are: in the initial construction of the industrial ecosystem, Xiongan should not only pay attention to the integration of the overall industrial layout of Xiongan and the industrial system of Beijing-Tianjin-Hebei, but also pay special attention to the coordination of the development relationship between high-end high-tech industries and traditional industrial communities. The development of the collaborative innovation system among Beijing, Tianjin and Hebei is unbalanced, Beijing continues to lead, and Tianjin and Hebei are lagging behind. It is suggested to build Xiongan New Area from the aspects of scientific and technological collaborative innovation, main part collaborative innovation, green collaborative innovation and industrial collaborative innovation; in the process of talent resource reconstruction in Xiongan New Area, main body is divided into the core level, the auxiliary level and the marginal level. There are great differences in the role intensity of the different levels of the main body. It is necessary to improve the efficiency of talent allocation under the joint promotion of multiple subjects. Technology finance has marked positive effect on the development of innovative cities. Government innovation investment or policy support and talent training or talent introduction play more direct role in the development of innovative cities. Xiongan New Area needs the transfer of knowledge capital, innovation resource and high-tech industries from Beijing-Tianjin-Hebei and even the whole country to improve the regional innovation ecosystem.

Based on domestic and foreign experience, the special reports suggest how to build Xiongan New Area into the world-class city. The main points are: government support and financial services have a significant positive impact on industrial innovation efficiency. In the process of transformation and upgrading of traditional manufacturing industry, government forces should be used and the development of high-end service industry should be highly valued. In the process of high-end high-tech industries seizing the high-end links in the value chain, we should choose the investment strategy from low to high, and improve our own strength to maximize the benefits of external investment. From domestic and foreign experience, capital investment, talent investment and scientific and technological achievements transformation are the main factors for Xiongan to build an innovative international first-class city. Drawing on the experience of innovation-driven Shenzhen Special Economic Zone, Xiongan New Area should build the innovative ecosystem, gather high-quality innovation elements and build first-class innovative service system

Keywords: Xiongan New Area; Innovation; World-class City

Contents

Ⅰ   General Report

Abstract: "Building an international first-class innovative city" is Xiongan New Area's strategic goal and Xiongan New Area's historical mission to explore innovative development models in the new era. This report points out that the fundamental driving force for Xiongan New Area's development is innovation, and the model is to build an innovative ecosystem with "strong and peaceful characteristics". Based on the analysis of the theoretical basis, operation mechanism and governance mechanism of the innovative ecosystem in Xiongan New Area, and combined with the construction status of innovative ecosystems in Beijing-Tianjin-Hebei region and Xiongan New Area as well as typical cases of regional innovative ecosystems at home and abroad, this report proposes the 2.0 framework of innovative ecosystems. Due to the short establishment time of Xiongan New Area and the imperfect system construction, in order to effectively form a dynamic evaluation mechanism for the "process-oriented" construction of Xiongan New Area's innovative ecosystem, 36 innovative cities in China are selected for comparative analysis of "comprehensive evaluation of innovative ecosystem", and three primary indicators are established: growth, activity and suitability. The evaluation system of innovation ecological index, which is composed of "development index", "vitality index" and "suitability index", should be compiled correspondingly. The construction and growth of innovation ecological system in Xiongan New Area should be comprehensively evaluated, and the results feedback and operation mechanism and coordination mechanism should be established to better promote the generation of innovation ecological system in Xiongan New Area and to point out the direction for the growth path of innovation ecological system.

Keywords: Xiongan New Area; Innovation Ecosystem; Innovation Index

II   Topical Reports

B. 2   Construction of Industrial Ecosystem and High Quality

Development of Xiongan New Area   / 060

Abstract: It is of great significance to construct industrial ecosystem dominated by high-end high-tech industries, in order to make up for and integrate the innovative ecosystem and drive the high-quality development of Xiongan New

Area synergistically. Based on the reality that the traditional low-end industrial communities are the main bodies of Xiongan New Area at current stage, it's very important to study the future industrial communities' development relationships and interactive evolution results. In order to achieve the goal of building a modern industrial system, the report uses Lotka-Volterra model to deduce the evolution process of interaction between high-end high-tech and traditional industrial communities, the results show that: the competitive substitution and complementary symbiotic relationships between high-end high-tech and traditional industrial communities are generally affected by their respective values, irreplaceable, competitiveness and the sizes of benefits created; opening access to resources can maintain the stability of complementary symbiotic relationships between communities; in the dynamic environment, the decrease of competition intensity can promote the industrial communities to maintain the best complementary symbiotic relationship after dynamic transformation. According to the results of theoretical analysis and the planning objectives and high quality development orientation of Xiongan New Area, from the perspective of guidance ideology and security mechanisms, the report puts out the general principles of grasping the development direction of the new area, handling the relationship correctly between industrial communities and integrating into the regional environment of Beijing-Tianjin-Hebei actively, and realize the idea of the construction of the industrial ecological system, including the mutual integration of industrial chain, the innovation chain, the value chain and the service chain; meanwhile, it's supposed to establish guarantee system of industrial communities from the aspects of institutional mechanism, industrial system, innovation system, capital acquisition and utilization.

Keywords: Industrial Ecosystem; Industrial Communities; High Quality Development; Xiongan New Area

B. 3 Beijing-Tianjin-Hebei Regional Collaborative Innovation Evaluation and the Construction and Development of Xiongan New Area / 087

Abstract: This report constructs an index system to measure the level of regional collaborative innovation. Then, based on the data of Beijing − Tianjin − Hebei from 2013 to 2017, the principal component analysis, entropy weight method and TOPSIS method are used to measure the level of regional collaborative innovation, and the characteristics and difficulties of regional collaborative innovation in Beijing − Tianjin-Hebei are analyzed. The results show that Beijing has the highest level of science and technology collaborative innovation, main body collaborative innovation and green collaborative innovation, while Tianjin has the highest level of industrial collaborative innovation. The development of collaborative innovation system among Beijing, Tianjin and Hebei is very unbalanced, which mainly shows that Beijing continues to lead and Tianjin and Hebei lag far behind. Finally, forward suggestions for the development of Xiongan New area, that is, to improve the level of scientific and technological innovation in Hebei Province through the creation of knowledge in scientific and technological collaborative innovation, to gather a large number of innovative subjects in the subject collaborative innovation, to promote the subject collaborative innovation in Hebei Province, to play a leading role in the green collaborative innovation, and to build an innovation ecosystem in the industry collaborative innovation to undertake Beijing's industrial transfer.

Keywords: Beijing-Tianjin-Hebei; Collaborative Innovation; Xiongan New Area

B. 4 Reconstruction of Talent Resources and Construction of Innovative City in Xiongan New Area / 108

Abstract: As the most important innovation resource, talent resources play a key role in the construction of an innovative city in Xiongan New Area. By retrieving and analyzing the WeChat public account big data of talents in Xiongan New Area, and using the method of content analysis to explore the multi-subjects and their relationship structure in the process of talent resource reconstruction in Xiongan New Area, and divide them into core-level subjects, auxiliary layer subjects and edge layer subjects, and compared and analyzed. The study found that with the development of the Xiongan New Area, the government's administrative intervention has declined, but the change has not changed too much, and the market has not yet played a major role. Among the auxiliary stratum, financial institutions are active entities, but their performance is not outstanding. The weight coefficient of edge layer subjects is the smallest, which reflects that the construction of public service system and living security is insufficient. Furthermore, from the perspective of optimizing the multi-subjects and their relationships in the reconstruction of talent resources in Xiongan New Area, this paper puts forward specific suggestions in order to promote the construction of an innovative city in Xiongan New Area.

Keywords: Talent Resources; Xiongan New Area; Innovative City

B. 5 Sci-tech Finance and the Construction of Innovative City
in Xiongan New Area   / 133

Abstract: Based on the panel data of 17 innovative cities in China from 2010 to 2017, this study uses factor analysis and entropy method to measure the sci-tech finance index and innovative city development index, and uses panel VAR model to explore the impact of sci-tech finance and its dimensions on innovative city. The empirical results showed: sci-tech finance has a significant positive influence on promoting the development of innovative cities, and it has a time lag effect. However, the impact of sci-tech finance on innovative cities is weak, and there is a threshold. Dimensions of sci-tech finance (government innovation input, human resource input, capital market input, enterprise R&D input) all have significant positive long-term effect on the development of innovative city. Among them, government innovation input or policy support and training of talents or talent introduction play a more direct role in the development of innovative cities. Finally, based on the current situation of Xiongan New Area, this study provides suggestions for the construction of Xiongan New Area into an international first-class innovative city from the aspects of increasing government innovation input, innovating capital market, strengthening enterprise research and development, and absorbing scientific and technological talents.

Keywords: Xiongan New Area; Sci-tech Finance; Innovative City; Panel VAR

B. 6 Defibering of Non-capital Functions and Construction of innovation ecosystem in Xiongan New Area / 154

Abstract: The Party Central Committee and the State Council decided to establish the Xiongan New Area, and the "Innovation-Driven Development Leading Area" became its strategic positioning. Relieving non-capital functions is the "bull-nose" of Beijing-Tianjin-Hebei coordinated development strategy. On the one hand, it strengthens the innovation leading function of the capital and play its demonstration leading role. On the other hand, it is necessary to guide the rational allocation of the capital city functions in a large region, promote the complementary advantages among the three regions of Beijing, Tianjin, Hebei, and build a competitive and innovative world-class city group. Xiongan New Area, as a non-capital function centralized undertaking area, will become an important pole of Beijing-Tianjin-Hebei world-class urban agglomeration. However, in terms of the current development of Xiongan New Area, it is difficult for Xiongan New Area to form and play the agglomeration effect of innovation resources and elements in a short period of time relying on its own resource endowment. This requires the transfer of knowledge capital, innovation resources and high-tech industries in Beijing, Tianjin, Hebei, and even the whole country to the Xiongan New Area, which will bring the technology, capital, and innovation elements to a wider range of spatial transfer and reintegration. It is necessary to improve the regional innovation ecosystem. By giving full play to the functions of the government, promoting the reform of the system and mechanism, laying out a number of national innovation platforms, promoting the deep integration of industry, University and research, building the innovation and development leading area and the comprehensive reform pilot area, implementing the new development concept, building a high-level socialist modern city, and becoming a national model for promoting high-quality development in the new era.

Keywords: Beijing-Tianjin-Hebei Coordinated Development; Defibering of Non-capital Function; Innovation Ecosystem

III   Special Reports

Abstract: The super-efficiency DEA model was used to measure the industrial innovation efficiency of the national new area without considering the undesired output and considering the undesired output, and further used the panel Tobit regression model to explore the factors affecting industrial innovation efficiency. The results of the study show that the industrial innovation efficiency of the national-level new zones in both cases shows a simultaneous change and decreases year by year; the industrial innovation efficiency of the new zones established later in the central and western regions is higher, while the economically developed eastern regions established earlier are lower; government support and finance Service has a significant positive impact on the industrial innovation efficiency of China's new zones. Based on the empirical research conclusions, and drawing on the experience of other national-level new area developments, it proposes specific countermeasures and suggestions for the industrial development of Xiong'an New Area.

Keywords: National new-district; Industrial Innovation Efficiency; Super-efficiency DEA; Tobit Regression Model

B. 8 The Construction of the International First-class Innovative City Construction in Xiongan New Area Based on High-end Industrial Development

—An Evolutionary Games Perspective on the Climbing of Global Value Chain / 203

Abstract: The construction of the international first-class innovative city in Xiongan New Area, which is based on the industry climbing to the high-end of the global value chain, is a necessary measure to build a national high-quality development model city in the new era. Based on the evolutionary game theory, this paper summarizes the existing experience of innovative city construction and the current situation of Xiongan New Area construction, and analyzes in detail the cooperative relationship between traditional manufacturing industry and high-end high-tech industry in Xiongan New Area and different stakeholders in the process of climbing to the high-end of global value chain. The result shows that in the construction process of international first-class innovative city, Xiongan New Area should make use of the power of governments at all levels, attach great importance to the development of high-end service industry, and help the transformation and upgrading of traditional manufacturing industry; at the same time, it should actively develop and expand high-end high-tech industry, actively seize the high-end links of the global value chain, choose the investment strategy of "low first, then high", and improve its own strength to realize the maximization of foreign investment interests.

Keywords: High-end Development of Industry; Global Value Chain; Innovative City; Xiongan New Area

B. 9 Experience of International Innovative City and Construction
of Innovative City in Xiongan New Area   / 230

Abstract: The construction of Xiongan new area is a major national development strategic, it carries the tasks of extracting Beijing's pressures from function and population, promoting the coordinated development of Beijing, Tianjin and Hebei, adjusting and optimizing the urban layout and spatial structure of Beijing, Tianjin and Hebei, cultivating the engine of innovation driven development. How to combine the development plan of Xiongan New Area and on the basis of the development status of Xiongan New Area, to build Xiongan new area into the world's first-class innovative cities is facing with arduous tasks. This report is based on the construction practice of international innovative cities, discusses the elements and development characteristics of innovative cities. And then combined with the needs of the construction of innovative cities in Xiongan new area, propose the countermeasures and suggestions for Xiongan new area.

Keywords: Xiongan New Area; Industry Positioning; International Experience; Innovative City

B. 10 Exploration of the Driving Force of Innovation in Xiongan
New Area
—*Based on the Experience of Shenzhen Special Economic Zone* / 259

Abstract: This report first analyzes the problems encountered in the innovation drive of Xiongan new area, and analyzes the current situation of innovation drive in Shenzhen special area. Secondly, from the perspective of science and technology, innovation talents, innovation enterprises, innovation platform, financial capital, innovation culture and innovation policy, it constructs the urban innovation power system. Thirdly, based on the principle of system dynamics, Vensim software is used to model and simulate the innovative power system in Shenzhen Special Economic Zone, and the simulation results are analyzed. Then, based on the above analysis, starting from the goal of building an urban innovation ecosystem, the paper summarizes the experience and enlightenment of innovation-driven development in Shenzhen Special Economic Zone. Finally, from the four aspects of building an innovation ecosystem, gathering high-end innovation subjects, gathering high-quality innovation elements and creating an innovation service system, this paper puts forward some countermeasures to enhance the innovation power of Xiongan New Area.

Keywords: Xiongan New Area; Innovation Driven; Innovation Ecosystem; Urban Innovation Power System

社会科学文献出版社

皮 书

智库报告的主要形式
同一主题智库报告的聚合

✦ 皮书定义 ✦

皮书是对中国与世界发展状况和热点问题进行年度监测，以专业的角度、专家的视野和实证研究方法，针对某一领域或区域现状与发展态势展开分析和预测，具备前沿性、原创性、实证性、连续性、时效性等特点的公开出版物，由一系列权威研究报告组成。

✦ 皮书作者 ✦

皮书系列报告作者以国内外一流研究机构、知名高校等重点智库的研究人员为主，多为相关领域一流专家学者，他们的观点代表了当下学界对中国与世界的现实和未来最高水平的解读与分析。截至2020年，皮书研创机构有近千家，报告作者累计超过7万人。

✦ 皮书荣誉 ✦

皮书系列已成为社会科学文献出版社的著名图书品牌和中国社会科学院的知名学术品牌。2016年皮书系列正式列入"十三五"国家重点出版规划项目；2013~2020年，重点皮书列入中国社会科学院承担的国家哲学社会科学创新工程项目。

S 基本子库
SUB DATABASE

中国社会发展数据库（下设 12 个子库）

整合国内外中国社会发展研究成果，汇聚独家统计数据、深度分析报告，涉及社会、人口、政治、教育、法律等 12 个领域，为了解中国社会发展动态、跟踪社会核心热点、分析社会发展趋势提供一站式资源搜索和数据服务。

中国经济发展数据库（下设 12 个子库）

围绕国内外中国经济发展主题研究报告、学术资讯、基础数据等资料构建，内容涵盖宏观经济、农业经济、工业经济、产业经济等 12 个重点经济领域，为实时掌控经济运行态势、把握经济发展规律、洞察经济形势、进行经济决策提供参考和依据。

中国行业发展数据库（下设 17 个子库）

以中国国民经济行业分类为依据，覆盖金融业、旅游、医疗卫生、交通运输、能源矿产等 100 多个行业，跟踪分析国民经济相关行业市场运行状况和政策导向，汇集行业发展前沿资讯，为投资、从业及各种经济决策提供理论基础和实践指导。

中国区域发展数据库（下设 6 个子库）

对中国特定区域内的经济、社会、文化等领域现状与发展情况进行深度分析和预测，研究层级至县及县以下行政区，涉及地区、区域经济体、城市、农村等不同维度，为地方经济社会宏观态势研究、发展经验研究、案例分析提供数据服务。

中国文化传媒数据库（下设 18 个子库）

汇聚文化传媒领域专家观点、热点资讯，梳理国内外中国文化发展相关学术研究成果、一手统计数据，涵盖文化产业、新闻传播、电影娱乐、文学艺术、群众文化等 18 个重点研究领域。为文化传媒研究提供相关数据、研究报告和综合分析服务。

世界经济与国际关系数据库（下设 6 个子库）

立足"皮书系列"世界经济、国际关系相关学术资源，整合世界经济、国际政治、世界文化与科技、全球性问题、国际组织与国际法、区域研究 6 大领域研究成果，为世界经济与国际关系研究提供全方位数据分析，为决策和形势研判提供参考。

法律声明

"皮书系列"（含蓝皮书、绿皮书、黄皮书）之品牌由社会科学文献出版社最早使用并持续至今，现已被中国图书市场所熟知。"皮书系列"的相关商标已在中华人民共和国国家工商行政管理总局商标局注册，如 LOGO（▇）、皮书、Pishu、经济蓝皮书、社会蓝皮书等。"皮书系列"图书的注册商标专用权及封面设计、版式设计的著作权均为社会科学文献出版社所有。未经社会科学文献出版社书面授权许可，任何使用与"皮书系列"图书注册商标、封面设计、版式设计相同或者近似的文字、图形或其组合的行为均系侵权行为。

经作者授权，本书的专有出版权及信息网络传播权等为社会科学文献出版社享有。未经社会科学文献出版社书面授权许可，任何就本书内容的复制、发行或以数字形式进行网络传播的行为均系侵权行为。

社会科学文献出版社将通过法律途径追究上述侵权行为的法律责任，维护自身合法权益。

欢迎社会各界人士对侵犯社会科学文献出版社上述权利的侵权行为进行举报。电话：010-59367121，电子邮箱：fawubu@ssap.cn。

社会科学文献出版社